요한복음 강해 Ⅳ

하나님 나라, 그 사명에로 부르시다

남정웅 지음

하나님 나라, 그 사명에로 부르시다

초판 1쇄 찍은 날 · 2005년 10월 7일 | 초판 1쇄 펴낸 날 · 2005년 10월 14일

지은이 · 남정웅 | **펴낸이** · 김승태

편집장 · 김은주 | **편집** · 박지영, 권소용 | **디자인** · 김규혜, 이승희
영업본부장 · 오상섭 | **영업** · 변미영, 장완철 | **제작** · 한정수
홍보 · 주진호 | **드림빌더스** · 박지연 | **물류** · 조용환, 정경호

등록번호 · 제2-1349호(1992. 3. 31.) | **펴낸 곳** · 예영커뮤니케이션
주소 · (110-616) 서울 광화문우체국 사서함 1661호 | **홈페이지** www.jeyoung.com
출판유통사업부 · T. (02)766-7912 F. (02)766-8934 e-mail: jeyoungsales@chol.com
출판사업부 · T. (02)766-8931 F. (02)766-8934 e-mail: jeyoungedit@chol.com

copyright ⓒ 2005, 남정웅

ISBN 89-8350-368-8 03230

값 9,000원

▪ 잘못 만들어진 책은 언제든지 교환해 드립니다.

요한복음 강해 IV

하나님 나라, 그 사명에로 부르시다

남정웅 지음

예영커뮤니케이션

서 문

　　요한복음의 시작은 빛이 어두움 가운데 왔으나 어두움이 깨닫지 못하는 괴리와 반목의 상황으로부터 그리스도의 사역을 소개합니다. 이러한 서로 상반되는 목적을 가진 하나님과 인간 사이에서 일어나는 오해와 반목의 과정에서 예수께서 겪으셨던 고난은 처음부터 예견되었던 것이었으며 십자가에서 그 절정을 이룹니다. 십자가는 인간이 하나님에 대하여 얼마나 무지하냐 하는 것을 고발함과 동시에 그 무지에 대한 하나님의 공의를 완성한 표입니다.

　　예수께서 행하신 일은 인간이 저질러놓은 죄로 인하여 깨어지고 가리어진 하나님의 영광을 회복하고 나아가 하나님의 통치가 실현되는 하나님 나라를 건설하는 것이 목표입니다. 마침내 주님은 십자가를 지심으로 율법의 마침이 되셨고 부활하심으로 각 사람의 심령에 하나님의 나라가 이루어지도록 모든 준비를 완성하셨습니다.

그러나 이는 주님의 단독사역이었지 아직 제자들에게는 그 영광을 이동시키지는 못한 상태였습니다. 좌절과 실패감에 빠진 제자들에게 하나님의 나라에 대한 환상을 갖게 하시면서 평소에 가르치시고 행하시던 일을 맡기시고 떠나가시려는 대목에서 안타까움을 느끼게 합니다. 결국 미완성된 제자사역에도 불구하고 앞으로 이루어질 사도행전의 교회시대를 내다보시면서 제자들의 심령에 그 나라의 사명을 불러 일으키시는, 사랑의 지혜가 빛나는 장면을 남기시고 떠나십니다.

요한복음 강해를 끝내면서 하나님께서 우리의 죄의 문제를 푸시는 역사가 얼마나 난관이면 십자가를 지셨을까 하는 대목을 만나면서 지금 내가 누리는 구원의 기적성과 가치를 다시 한 번 감격하며 주께 영광을 돌립니다. 동시에 십자가를 바라보는 순간, 하나님은 그의 뜻을 이루는 일에는 능치 못할 일이 없으신 분이심을 확인하고 신앙의 경외심을 갖습니다. 아울러 하나님 나라의 사명을 불태워봅니다.

이 책이 나오기까지 늘 곁에서 기도하고 격려해 준 아내에게 고마움을 전하고 특히 목회자를 돕는 손길들을 잊지 못하면서 이 책에서 받은 감동의 은혜를 함께 나누고 싶습니다. 이 책을 위하여 원고를 정리해준 유효영양, 주아내 교회 문서선교회 박은일 집사와 회원들에게 감사를 드립니다. 끝으로 출판을 허락해주신 예영 커뮤니케이션 김승태 사장님과 편집부 직원들에게 더할 나위 없는 감사를 드립니다.

이 책을 읽는 자들에게 주님의 은혜가 갑절이나 넘치기를 기도합니다.

2005년 10월 주아내 교회 서재에서

남 정 웅 목사

차 례

제 16장
세상을 이기신 예수 그리스도

무지한 열심

> "내가 이것을 너희에게 이름은 너희로 실족지 않게 하려 함이니 사람들이 너희를 출회할 뿐 아니라 때가 이르면 무릇 너희를 죽이는 자가 생각하기를 이것이 하나님을 섬기는 예라 하리라 저희가 이런 일을 할 것은 아버지와 나를 알지 못함이라 오직 너희에게 이 말을 이른 것은 너희로 그 때를 당하면 내가 너희에게 이 말 한 것을 기억나게 하려 함이요 처음부터 이 말을 하지 아니한 것은 내가 너희와 함께 있었음이니라"

지금은 십자가의 죽음이 임박한 때입니다. 정확하게는 9시간이 지나면 예수님은 십자가를 지시게 됩니다. 두려워 떨고 있는 제자들에게 죽음 이후에 있을 일에 대하여 경고하시고 또한 용기와 위로를 더해주는 장면입니다.

주님이 십자가에서 강도보다도 못한 죄인 취급을 당하시면서 힘없이 죽고 나면 제자들을 비롯하여 많은 사람들에게 걷잡을 수 없는 혼란과 당혹함이 일어날 것입니다. 상상할 수 없는 권능과 기적을 일으키시던 하나님과 같은 분이 저토록 힘없이 죽는다는 것 자체가 큰 오해와 혼란을 빚게 될 것입니다. 사람들은 저 분이라면 이스라엘의 모든 문제를 해결해 주실 것이라고 믿고 따라 다녔습니다.그 전능한 분이 죽는다는 것은 상상에도 없었던 일입니다. 제자들마저도 주님이 지실 십자가에 대하여 이해하는 수준에 와 있지 않았습니다.

1절, 2절, "내가 이것을 이름은 너희로 실족지 않게 하려 함이니 사람들이 너희를 출회할 뿐 아니라 때가 이르면 무릇 너희를 죽이는 자가 생각하기를 이것이 하나님을 섬기는 예라 하리라."

주님이 세상을 떠나시면 제자들에게 출회 당하는 핍박이 불어 닥칠 것입니다. 유대인들은 어디를 가나 회당을 짓고 회당중심의 공동체를 이루면서 삽니다. 회당에 등록된 사람만이 유대의 정통과 규례에 의한 혜택을 누리게 됩니다. 교육, 문화, 신앙, 경제활동 등 온갖 관계에서 시민으로서 갖는 특권과 혜택을 입을 수 있습니다. 이 회당공동체에서 쫓겨난다는 것은 죽는 것이나 다름없습니다. 설사 누가 그를 죽인다 해도 법의 보호를 받지 못할 만큼 이방인이 되는 것입니다.

예수님이 날 때부터 소경된 자의 눈을 뜨게 해주셨지만 그 부모들이 출교를 두려워한 나머지 아들의 눈뜬 것을 부정하는 사건이 있었습니다. 소경으로 살던 아들의 눈이 뜨게 되었다면 이것보다 더 큰 기쁨이 없을 것입니다. 그럼에도 불구하고 당국으로부터 출교당하는 것이 겁이 나서 부정할 만큼 유대인들에게는 사형선고나 다름이 없는 가혹한 형벌입니다.

유대인들도 하나님을 믿습니다. 제자들도 하나님을 믿습니다. 그럼에도 불구하고 유대인들은 왜 제자들을 그토록 핍박하였을까요? 우리에게는 두 사람 이상의 존경하는 신앙인들이 있을 것입니다. 두 분 다흠잡을 데가 없는 훌륭하신 지도자들입니다. 우리는 그들 두 지도자를 신뢰하고 존경하고 있지만 두 분 사이에는 도저히 같이 앉아 있을 수 없는 괴리가 있을 수 있습니다. 때로는 서로 비방하고 싸우기도 합니다.

인격도 훌륭하고 삶도 아름답고 사회적으로 덕망도 높습니다. 그러나 두 분 사이에는 분명히 다른 점이 있어 다투곤 합니다. 그렇다면 우리가 아무리 존경하더라도 둘 중에 한 사람은 분명히 잘못된 것입니다.

오늘날 기독교계는 이러한 문제에 대하여 너무나 관대해진 것 같습니다. 같은 하나님을 섬기면서 왜 이런 분쟁이 일어나는가? 무엇이 잘못된 것인가에 대한 관심이 없어져 버렸습니다. 진리에 대한 정확한 규명 없이 외형적인 성공을 정당화하는 가치가 팽배해져 있습니다. 세상과 교회의 경계선이 없습니다. 남북통일 하듯이 우리가 만들어낸 평화만이 있습니다. 동서화해와 같은 의미로 십자가의 복음을 증거하고 있습니다. 화해가 다 좋은 것이 아닙니다.

승려들과 신부들의 합장하는 성불예식 같은 것을 종교의 아름다움으로 묘사합니다. 성가와 찬불가를 함께 부르는 것이 보기에 얼마나 화해답습니까? 진리를 상대화하는 자들을 사회는 고상한 모습으로 평가하고 화해의 이슈로 기사화 합니다. 화해가 다 좋다면 에스키모들은 자기 집에 방문한 자와 화해하는 뜻에서 아내를 선물로 주는 전통을 숭고하다고 해야 할 것입니다.

유대인들은 예수님을 처형할 때에 그들은 정정당당하게도 하나님을 섬기는 충성으로 했습니다. 바울이 스데반 집사를 돌로 쳐 죽일 때에도 하나님을 섬기는 열심을 다해 아주 당당하게 법을 집행한 것입니다.

왜 이런 일이 일어났습니까? 다 같이 하나님을 섬기는 열심이 특별한데 말입니다. 주님은 이렇게 될 것을 제자들에게 경고하셨습니다.

3절, "저희가 이런 일을 할 것은 아버지와 나를 알지 못함이라."

유대인들에게는 하나님에 대한 지식이 풍부합니다. 율법의 규모와 내용을 다 아는 지식을 가지고 있었습니다. 그럼에도 불구하고 주님은 그들의 지식을 무지한 것으로 평가하셨습니다. 무엇을 기준으로 지식을 평가하셨습니까?

　"아버지와 나를 알지 못함이라" – 성경의 내용을 파악하는 데 있어서 그 근거를 아버지와 아들의 관계로 연결하지 아니하면 아무리 율법을 송두리째 외운다 해도 결국은 무식의 소치일 수밖에 없다는 것입니다. 하나님의 지식을 가지고 있기는 한데 그 기초가 객관적이질 않고 자기 중심의 지식이란 것입니다.

　'알다' 라는 단어는 사랑하는 관계를 전제하는 뜻입니다. 지식을 내용으로만 가지고 있는 것이 아니라 서로 나누고 사귀고 함께 움직이고 활동하고 침식을 같이 하면서 서로에 대하여 틈이 없는 관계를 뜻합니다. 부부의 사랑과 같은 사귐을 말합니다. 유대인들은 율법을 연구하고 묵상하고 지키면서 아버지와 아들을 중심으로 하나님을 섬기며 함께 사귀며 함께 활동하는 것이 아니라 모두가 다 자기 의며 자기 자랑으로 삼는 근거로 응용하였다는 것입니다.

　성경은 우리를 향하신 하나님의 사랑에 관한 이야기입니다. 하나님이 갖고 계시는 어떤 권능도 능력도 의로우심도 사랑을 출발점으로 해서 나타나는 하나님에 관한 설명들입니다. 사랑은 하나님의 행하시는 모든 능력의 근거요 힘의 원천입니다. 우리가 오해하고 있는 것 중에 하나가 사랑이 감정이라고 생각하는 것입니다. 사랑을 이상으로만 생각합니다. 관념적인 것으로 묘사합니다. "당신을 사랑하면서부터 그리움이 생겼다", " 그리움은 사랑할 때보다 더욱 가슴 저려 온다", "사랑하면 예뻐요 기인이 된다"고 표현합니다.

　그러나 사랑은 우리가 생각하듯이 그렇게 낭만적이지를 않습니다. 고통과 아픔을 동반하는 삶의 기나긴 여정과 같은 축적된 지식이며 분명한 경험이며 사실입니다. 감성적인 것보다 훨씬 이성적입니다. 기독교 신앙을 감정에다가 맡겨버리면 우선 느낌이 있으니까 가슴이 맑아지고 명랑해지고 표정이 예뻐 보입니다. 감정은 무한한 힘을 가지고 있어서 열심도 나게 하고 추진력도 있게 하는 강한 힘을 갖습니다.

그래서 신앙은 감성적인 요소가 훨씬 더 보기에 좋고 풍요롭게 느껴집니다. 사랑을 감성적으로 표현하면 마치 아름다운 한 송이 꽃과 같습니다. 우리는 활짝 핀 꽃에 매혹되어 버립니다. 그러나 우리가 반드시 알아야 할 것은 뿌리에서 공급되는 영양소를 흡수하지 아니하면 꽃이 필 수 없다는 것입니다. 꽃이 없는 나무는 보기에 흉합니다. 그러나 뿌리가 없는 꽃은 없습니다. 만일 있다면 그것은 죽은 꽃, 조화입니다. 지식은 보이지 않습니다. 땅 속 깊이 뿌리내리고 있습니다. 지식이 없이 핀 꽃은 생명 없는 조화와 같습니다. 향기를 발하지 않습니다.

기독교를 사랑이라는 이름으로 대변될 만큼 사랑이 널리 강조되고 있습니다. 그래서 신앙을 표현하는 양식도 다분히 아름답게 치장하려고 감성적 기술을 개발하는 경우가 많습니다. 심각할 정도입니다. 예배나 기도의 형식이 매우 감성적입니다. 삶의 무거움으로부터 벗어나게 하려는 여러 가지 기법들이 유행하고 있습니다. 감성적 분위기를 중요시하는 프로그램들이 홍수를 이룹니다.

여러분의 신앙을 어디에 두고 평가해야 할 것입니까? 느낌이 좋으면 다 좋습니까? 기분이나 감정이 좋으면 그 교회가 살아 있는 교회입니까? 우리가 분명히 짚고 넘어가야 할 것은 신앙을 꽃으로만 피워낼 것이 아니라 그 기초가 무엇인가를 더 깊이 고민해야 할 것입니다.

마태복음 7장은 우리의 신앙을 다시 돌아보게 하는 도전을 줍니다.

"그러므로 누구든지 나의 이 말을 듣고 행하는 자는 그 집을 반석 위에 지은 지혜로운 사람 같으리니 비가 내리고 창수가 나고 바람이 불어 그 집에 부딪히되 무너지지 아니하나니 이는 주초를 반석 위에 세운 연고요 나의 이 말을 듣고 행치 아니하는 자는 그 집을 모래 위에 지은 어리석은 사

람 같으리니 비가 내리고 창수가 나고 바람이 불어 그 집에 부딪히매 무너
저그 무너짐이 심하니라"(마 7 : 24 - 27).

집이 왜 무너집니까? 기초가 반석이냐, 모래냐 하는 문제입니다. 이
는 실천하느냐 안 하느냐의 문제가 아닙니다. 내 말을 듣고 실천하는 자
가 있고 내 말을 듣지 않고 실천하는 자가 있다는 것의 비교입니다. 즉,
내 말을 듣고 실천하지 않는 자가 초점이 아니라 내 말을 듣고 행하기는
하는데 그 행함이 내 말에 기초하지 아니했다는 것을 지적하는 것입니
다. 집을 지어라, 그래서 둘 다 지었습니다. 실천하였습니다. 보기에 둘
다 좋고 아름답습니다. 그러나 행했다는 데에 초점이 있는 비유가 아니
라 기초를 어디에 두었느냐에 강조점이 있는 비유입니다.

하나님에 관한 지식은 신앙생활에서 기초공사와 같은 작업입니다.
기초가 돌이면 돌과 같은 재질의 자재로 집을 지어야 비가오거나 폭풍
이 불어도 넘어지지 않는 법입니다. 기초가 돌인데 그 위에 흙이나 나무
로 쌓으면 비가 오고 홍수가 나면 무너지고 맙니다. 신앙을 그리스도의
말씀을 기초로 분명한 지식체계를 갖추지 아니하면 기초공사 없이 세
운 거대한 건축물처럼 무너지고 맙니다.

우리의 신앙에 있어서 흔들림이 있다면 신앙의 기초를 자기방식과
자기감정에 기초를 두었을 때입니다. 환난과 핍박이 불어 닥칠 때 극복
할 수 있는 힘이 하나님에 관한 지식에서부터임을 명심해야 할 대목입
니다. 지식은 뿌리이고 기초공사와 같습니다. 영원토록 솟아나는 샘물
과 같은 원천지입니다. 고갈되지 않는 하늘의 원천지입니다.

우리는 언제나 영적 갈증을 호소합니다. 답답하다는 감정입니다. 신
앙에 대하여 확실하고 정당하게 사는 다른 길이 없을까 하고 방법을 찾
아 나섭니다. 주로 어떤 것들입니까? 기적이나 은사들입니다. 갑자기
어떤 신비로운 경험들을 하고 싶은 것입니다.

성경은 거의 대부분을 기적의 사건들로 나열되어 있습니다. 그렇다고 생각하여야 할 것은 기적이 날마다 일어나는 일상적인 것은 아니라는 것입니다. 불연속성입니다. 어느 날 갑자기 나타납니다. 하나님의 뜻에 의해서만 일어납니다. 우리의 열심의 결과로가 아닙니다. 기적이나 성령의 은사들은 우리의 일상적인 생활을 힘 있게 하고 하나님의 약속을 굳세게 붙들게 하는 사랑의 선물입니다. '하나님이 나를 이렇게 사랑하시는구나' 하는 것을 확인시켜 주시는 표증입니다.

기적만이 전부가 아닙니다. 하나님이 베푸실 권능의 기적들과 성령의 은사들은 삶의 힘으로 축적하고 간직해 두어야 할 신령한 경험들이요 지식입니다. 그러나 그것은 하나님께서 사랑하시는 증거물로서 신앙생활의 배경이 될 수 있지만 그것은 신앙의 근거와 본질은 아닙니다.

하나님은 우리가 생각하듯이 쉽게 기적만을 가지고 사랑을 나타내지 않으셨습니다. 말로만 사랑하신 것이 아닙니다. 육체로 오셔서 사랑을 나타내셨습니다. 십자가의 고통을 가지고 사랑하셨습니다. 우리의 가난을 경험하시면서 사랑을 보여 주셨습니다. 홍해를 가르시고 만나를 내리시고 반석에서 강을 흐르게 하시고 가나안 일곱 족속을 기적을 동원하여 무찌르시고 죽은 자를 살리시고 각색 병을 고치시고 물위를 걸으시고 친히 부활하시고 구름타고 승천하셨습니다. 이루 형용할 수 없는 이적과 표적들을 동원하사 우리를 사랑하시는 증표를 입증해 주셨습니다. 다 우리를 위하여 지금도 유효한 약속의 목록들입니다.

그렇지만 하나님은 초자연만을 가지고 우리에게 하나님의 나라를 이루시지 아니하십니다. 오히려 더 많은 경우 우리의 풍파 많은 자연을 더욱 사랑하십니다. 아무리 죄로 오염되고 더럽고 냄새나는 현실일지라도 그래도 세상은 여전히 하나님께서 영광을 받으실 장소입니다.

우리에게 삶의 무대가 없다면 하나님이 나를 사랑하신다는 것을 확인할 길이 없습니다. 환난이나 고난을 통하여 우리는 하나님의 사랑과 은혜를 배웁니다. 삶의 역경을 지나면서 하나님의 전능하심을 경험하게 됩니다. 환난 중에도 즐거워할 이유가 있는 것은 환난이 나로 인내에 이르게 하고 인내를 통하여 내가 믿음의 사람으로 연단되어 어떤 환난에도 무너지지 아니하는 견고한 기둥으로 성장하는 과정임을 알기 때문입니다.

아이들은 감정을 위주로 생각하고 판단합니다. 아이들의 특성은 어른들과 같이 지식을 가지고 사물을 판단할 지혜가 없다는 것입니다. 아이들은 자기가 원하는 것 하나 안 들어주면 부모님이 자기를 사랑하지 않는 것으로 판단해버립니다. 이때까지 낳아서 자신을 기르느라 고생하며 뒷바라지하며 잠을 설치며 마음조리며 살아온 부모의 사랑을 한꺼번에 부정해버리고 맙니다. 왜 이런 갈등이 부모와 자녀 간에 빈번히 일어나는 것일까요? 부모의 사랑에 관한 지식을 아이들에게 가르치고 훈계하지 않았기 때문입니다.

신앙은 하나님의 사랑에 관한 지식을 하나 둘 씩 쌓아가는 싸움입니다. 하나님의 사랑을 날마다 순간마다 사모하고 기다리고 추적하고 목말라하되 이미 이루신 하나님의 사랑에 대한 지식을 근거로 하나님과 함께 살아가는 훈련이 있어 야 할 것입니다. 성경에서 줄기차게 흐르는 주제는 하나님의 사랑입니다. 그 사랑의 강도가 얼마나 크냐 하는 것을 십자가로 증명해보이셨습니다. 십자가에서 나타내신 사랑은 지금도 나를 향하여 불타고 있다는 것을 성령께서 증거 해 주심으로 그 사랑에서 나를 끊을 자가 없습니다. 하나님은 한 번 사랑으로 완성하신 것이 아니라 지금도 끊임없이 사랑하심으로 나의 변덕스러움과 미련함에도 불구하고 내가 지금도 하나님의 나라로 가고 있는 것입니다.

설악산 가서 비행기타고 구경하는 사람은 없습니다. 한 발자국씩 내

디디면서 하나하나 음미하며 자연의 아름다움을 감상하며 등반하는 것입니다. 우리에게 외면할 수 없는 길, 꼭 필요한 길이라면 환난이나 핍박이 와도 그 고난을 통하여 더 지혜롭게 하나님의 사랑을 경험하는 감동을 놓쳐서는 안 될 것입니다. 꿈꾸듯이 천국을 가는 사람 없습니다. 편한 길이 없습니다. 현실이라는 오색찬란한 난관들을 지나면서 하나님의 사랑을 배우며 그 사랑의 설복에 날마다 감격과 기쁨으로 살아가는 훈련을 쌓는 것입니다.

● ● ● ● ● ● ● ● ● ●

본문은 제자들을 향하신 주님의 사랑을 이렇게 요약하고 있습니다.

"내가 떠나면 장차 너희를 출회할 것이다. 죽임을 당할 날도 올 것이다. 당국자들은 하나님을 섬기는 예라 하면서 정정당당하게 너희를 어려움에 처하게 할 것이다. 그러나 반드시 기억해야 할 것은 내가 가서 보혜사 성령을 보낼 것이니 그가 너희에게 내 말을 기억나게 할 것이며 하나님의 사랑이 모든 핍박을 이기게 할 것이니 두려워하지 말라. 성령의 지혜와 권능을 구하라."

(요 16:5-11)

"지금 내가 나를 보내신 이에게로 가는데 너희 중에서 나더러 어디로 가느냐
묻는 자가 없고 도리어 내가 이 말을 하므로 너희 마음에 근심이 가득하였도다 그러하나
내가 너희에게 실상을 말하노니 내가 떠나가는 것이 너희에게 유익이라 내가 떠나가지
아니하면 보혜사가 너희에게로 오시지 아니할 것이요 가면 내가 그를 너희에게로 보내리니
그가 와서 죄에 대하여, 의에 대하여, 심판에 대하여 세상을 책망하시리라 죄에 대하여라
함은 저희가 나를 믿지 아니함이요 의에 대하여라 함은 내가 아버지께로 가니 너희가
다시 나를 보지 못함이요 심판에 대하여라 함은 이 세상 임금이 심판을 받았음이니라"

제자들에게 있어서 예수님은 삶의 전부였습니다. 주님의 행하시는
일이 진리이며 생명이기 때문이 아닙니다. 자신들의 출세가 훤히 내다
보이기 때문입니다. 군중들이 "우리의 왕이 되소서"라고 소리치며 따라
다니고 있고 정치권의 지지기반이 흔들리고 있는 상황입니다. 주님의
말 한마디로 권력은 자기들의 손아귀에 들어오게 되어 있습니다. 그 꿈
틀거리는 세상의 욕망이 바로 코앞에 채워질 순간입니다.

그런데 주님으로부터 청천벽력과 같은 소리를 듣게 됩니다. 그렇게
믿고 따르던 선생님이 자신들을 떠난다는 것입니다. 꿈이 물거품이 되
는 순간입니다. 주님은 제자들의 세상 근심을 위로하고 해결하는 방편

으로 보혜사 성령을 보내시겠다고 약속하십니다. 그러나 제자들의 근심은 더욱 깊어가고 있었습니다.

5, 6절, "지금 내가 나를 보내신 이에게로 가는데 너희 중에서 나더러 어디로 가느냐 묻는 자가 없고 도리어 내가 이 말을 하므로 너희 마음에 근심이 가득하였도다."

주님이 가신다는 것은 십자가에 죽으시고 삼일 만에 다시 살아나시고 그 후 사십일 동안 천국복음을 가르치시다가 승천하여 천국에 가신다는 것입니다. 승천하셔서 자신을 보내신 아버지의 보좌로 가신다는 것인데 이것보다 더 큰 영광과 자랑이 없습니다. 이러한 사실을 알고 확신한다면 제자들의 입장에서도 더 이상 두려워하거나 근심해야 할 일이 아닙니다. 그런데 주님이 아버지께로 가신다는 말을 듣고도 오히려 더욱 근심에 쌓였다고 안타까워 하셨습니다.

하나님은 우리의 과거와 미래를 알아 맞추시는 분이 아니라 역사자체를 계획하신 분이십니다. 한 번 뜻하신 것을 이루시는 일에는 실패가 없으신 분이십니다. 그의 입에서 발하신 말씀은 어떤 경우에라도 반드시 이루신다는 것을 굵직한 진리로 하여 성경이야기를 들려주고 있습니다. 우리가 사는 현실은 우연일 수 없고 다 하나님이 아시는 일로서 거기에는 하나님이 이루시는 특별한 뜻이 있음을 아는 싸움, 이것이 신앙생활입니다.

우리는 바람이 우연히 불지 않고 폭풍이 그냥 자연현상으로 일어나지 않고 사람이 우연히 출생하지 않고 우연히 이 병 저 병으로 죽지 않음을 압니다. 이 세상의 모든 범사들, 미세한 벌레들의 움직임까지도 다 하나님이 아시는 사실들이요, 하나님의 영원한 뜻을 따라 일어나는 현상들입니다. 우리의 근심과 걱정이 무엇을 내용으로 일어나느냐 하면 모두가 다 현실에서 일어나는 물질에 관한 것들입니다. 궁극적으로 가장 두려운 것은 죽는 것입니다. 그 때가 언제일가 하는 불안과 두려움입니다.

우리가 예수를 믿는 자로서 하나님의 약속과 신성을 참으로 나의 확고부동한 지식으로 간직하고 있다면 우리는 더 이상 세상일로 두려워하거나 근심에 쌓여 있을 이유가 없습니다. 왜 근심이 일어납니까? 하나님을 모르기 때문입니다. 하나님에 대하여 무지한 채 신앙의 형식만을 가지고 있기 때문입니다. 전지전능의 하나님이 나를 사랑하사 그 자신을 죄의 대속물로 십자가에 못 박으셨다는 것을 가장 보배로운 진리로, 분명한 사실로 아는 지식을 가지고 있다면 이 세상일로 인하여 근심에 쌓여 있을 이유가 없습니다.

하나님이 나를 죄와 사망의 심판에서부터 구원하시기 위하여 십자가를 지셨다면 그렇게 구원해놓으신 나의 삶을 그대로 방치하시겠는가하는 것이 약속입니다. 십자가의 구원을 믿는다면 그 이후의 삶도 십자가만큼의 사랑과 관심으로 나를 지킬 것이며 하나님은 나에 대하여는 언제나 은혜와 복을 내리시는 분이심을 믿는 것은 당연한 것입니다.

본문의 주제는 성령강림에 대한 약속입니다. 주님은 세상문제로 근심에 쌓여 있는 제자들에게 위로하시고 힘을 내도록 약속하시는 내용이 성령강림입니다.

7절에서 11절, "그러하나 내가 너희에게 실상을 말하노니 내가 떠나가는 것이 너희에게 유익이라 내가 떠나가지 아니하면 보혜사가 너희에게로 오시지 아니하실 것이요 가면 내가 그를 너희에게로 보내리니 그가 와서 죄에 대하여, 의에 대하여, 심판에 대하여 세상을 책망하시리라 죄에 대하여라 함은 저희가 나를 믿지 아니함이요 의에 대하여라 함은 내가 아버지께로 가니 너희가 다시 나를 보지 못함이요 심판에 대하여라 함은 이 세상 임금이 심판을 받았음이니라."

성령이 오시면 그 자체가 세상을 책망하는 증거가 된다고 하십니다. 제자들의 입장에서는 이것보다 더 큰 위로와 자랑이 없습니다. 이때까지 세상으로부터 조롱을 당하고 핍박을 받는 일밖에는 없었는데 성령이 강림하시면 제자들의 행동을 적극적으로 성원하실 뿐 아니라 세상을 책망하실 것이라는 약속입니다. 제자들은 성령의 약속을 유일한 소망으로 굳게 붙들 수밖에 없습니다.

하나님은 육안으로는 보이지 않습니다. 예수님은 보이지 않는 하나님을 우리의 오감을 가지고 볼 수 있는 하나님의 다른 모습입니다. 예수님이 나타나시자 세상에는 이상한 현상이 일어나게 되었습니다. 예수님이 오셔서 하신 말씀 중에 우리를 당혹케 하는 대목입니다.

> "내가 세상에 화평을 주러 온 줄로 생각지 말라 화평이 아니요 검을 주러 왔노라"(마 10 : 34).

예수님은 이 땅에 분쟁을 일으키시고자 오시지 않았습니다. 그는 화목제물로 오셨습니다. 그럼에도 불구하고 예수님이 오심으로 이 땅에는 싸움이 일어나게 된다고 하십니다. 사람들은 하나님 편을 들지 않는 현실에서 오직 예수님만이 하나님의 뜻을 이야기하시면서 회개하라고 외치십니다. 누구에게 입니까? 이 세상에서 가장 잘난 사람들에게입니다. 가장 가까운 식구들에게 외칩니다. 결국 예수님은 하나님의 뜻을 외치심으로써 검을 주러 오신 격이 된 셈입니다.

이제 성령께서 오시면 이와 똑같은 현상이 일어날 것이라고 합니다. 성령이 오시면 세상은 심판을 받을 것이라고 하십니다. 사실은 주님이 재림하실 때 심판하기로 되어 있습니다. 그럼에도 불구하고 성령이 오시면 세상은 심판을 받는 입장에 설 수밖에 없습니다. 어떻게 이런 일이 가능할까요?

"내가 떠나는 것이 너희에게 유익이라 내가 떠나가지 아니하면 보혜사가 너희에게로 오시지 아니하실 것이요 가면 내가 그를 너희에게로 보내리니…"

예수님이 가셔야 만이 보혜사 성령께서 오실 수 있습니다. 제자들에게 성령강림의 표적이 나타나면 그 자체로 무엇이 입증이 됩니까? 예수님은 더 이상 여기 이 땅에 계시지 아니하시고 지금 아버지의 나라에 가셔서 아버지의 영광 가운데 계신다는 증거가 됩니다.

앞으로 제자들에게 성령이 강림하시면 자신들도 감당할 수 없는 크고 놀라운 권능과 영광이 나타날 것입니다. 자신의 것이 아닌 전혀 다른 간섭에 의하여 사도들은 하나님의 뜻을 증거하는 일에 더 이상 겁쟁이가 아니라 세상이 감당치 못하는 사람들로 저들의 내면으로부터 솟구쳐 오르는 기쁨과 환희와 행복감을 온 세상을 향하여 담대하게 외치며 증거하게 될 것입니다.

제자들은 거의 갈릴리 어부출신들입니다. 세상 편에서 볼 때 비천하고 가난한 자들입니다. 관심 밖의 인물들입니다. 그러나 이러한 사람들에게 당시 최고의 학식과 지위를 가진 자들도 감당할 수 없는 지혜와 권능이 나타났던 것입니다. 당시 권력과 식자들에게 너무나 충격적인 도전임과 동시에 호기심을 불러일으키는 일이 아닐 수 없습니다. 제자들의 모습은 주님께서 평소에 약속하신 대로 성령이 저들에게 임하신 증거가 아닐 수 없습니다.

"하나님이 오른 손으로 예수를 높이시매 그가 약속하신 성령을 아버지께 받아서 너희 보고 듣는 이것을 부어 주셨느니라" (행 2 : 33).

너희 보고 들은 것이 무엇입니까? 사람들이 보는 가운데 나사렛 예수의 이름으로 앉은뱅이를 일으킨 기적으로부터 시작된 사도들의 담대한 증거의 말씀입니다. 사도들의 입에서 터져 나오는 말씀을 사람들이 감당할 수 없었습니다. 당시 당국자들을 향하여 쏟아놓는 사도들의 증거를 통하여 밝히 드러난 사실은 이렇습니다.

'너희들이 십자가에 못 박아 죽인 예수는 하나님께서 선지자들의 입을 의탁하사 예언하신 대로 보내심을 받은 그리스도이시며 너희들은 그를 버렸으나 아버지께서는 예수를 다시 살리셨고 그를 보좌에 앉히시고 그 이름을 모든 이름 위에 뛰어나게 하심으로 모든 정사와 권사를 그 발아래 무릎 꿇게 하셨다'는 것입니다.

예수님은 이 땅에 사시는 동안 높아지신 적이 한 번도 없으셨습니다. 그는 끊임없이 사람들로부터 조롱과 멸시를 받으셨습니다. 그런데 높아지신 것은 승천하셔서입니다. 승천하셔서 거기로부터 성령을 보내주셨습니다. 성령이 약속대로 제자들에게 임하셨습니다. 사도들의 모습에서 성령강림은 객관적으로 증명이 되었습니다. 이러한 현상은 결과적으로 예수님은 더 이상 세상에 계시지 않고 지금 하나님과 함께 천국에 계신다는 확실한 증거가 되기에 충분합니다.

사도들의 성령충만한 모습은 예수님이 세상에 계실 때에 조롱하고 핍박하고 십자가에 못 박던 자들의 입장에서는 말로 할 수 없는 당혹스러움과 가슴 출렁이는 무서움과 불안이 아닐 수 없습니다.

요한복음 초두에 예수님을 빛이라고 묘사하면서 이렇게 말씀하십니다.

"빛이 어두움에 비치되 어두움이 깨닫지 못하더라"(요 1 : 5).

"자기 땅에 오매 자기 백성이 영접지 아니하였으나"(요 1 : 11).

"이 지혜는 이 세상 관원이 하나도 알지 못하였나니 만일 알았더면 영광의 주를 십자가에 못 박지 아니하였으리라"(고전 2 : 8).

사람들은 그를 영접하지 않았을 뿐 아니라 그를 못 박아 죽였습니다. 창조주이신 하나님을 이 땅에서 내쫓아버렸습니다. 예수님을 하나님으로 알아보는 자가 아무도 없었습니다. 하나님을 섬긴다고 율법을 연구하고 율법의 규모를 안다고 하는 자들이 결국 하나님을 바로 알지 못한 죄를 범하고 말았습니다. 그럼에도 불구하고 그들은 자신들의 잘못을 모르고 있습니다.

이러한 무지와 횡포가 자행되고 있는 중에 성령강림은 결과적으로 당시 유대인들의 죄를 책망하고 심판하는 객관적인 사건이 된 것입니다.

9절, "죄에 대하여라 함은 저희가 나를 믿지 아니함이요."

예수님을 십자가에 처형할 때 유대인들은 신성 모독죄로 정죄하여 다스렸습니다. 그런데 예수님은 지금 하나님이 지극히 높여 천국에 계십니다. 유대인들은 변명할 여지가 없게 되었습니다. 이제는 그들이 믿지 않았던 죄에 대하여 심판을 각오해야 된 입장이 된 것입니다.

오늘 우리의 모습이 성령 충만을 받고 하늘나라를 경험하는 기쁨과 만족을 이루며 살면 우리를 보는 세상에 대하여 심판을 경고하는 격이 됩니다. 우리의 모습 속에서 천국의 아름답고 영광스러움이 보인다면 우리를 보는 자들에게 세상의 가치가 무너지는 심판을 느끼게 할 것입니다. 우리의 표정이 하나님의 나라를 가진 자의 행복과 영광일 때 그 모습자체가 세상을 정죄하고 부끄럽게 하여 회개를 유도하는 지적이 되는 것입니다.

10절, "의에 대하여라 함은 내가 아버지께로 가니 너희가 다시 나를 보지 못함이요."

유대인들은 예수님을 처형할 때 정정당당하게 행동하였습니다. 그들은 적어도 하나님을 섬기는 충성심으로 행동하였습니다. 하나님을 바로 알지 못하는 무지가 빚은 참극입니다. 그들은 하나님 편에서 열심을 부리다가 결과적으로 하나님의 뜻을 꺾어 버리는 무지의 죄를 범한 것입니다.

유대인들이 의라고 생각하고 행동한 것이 틀렸고 예수님이 옳았다는 것을 무엇으로 입증하고 있습니까? 성령강림을 통해서입니다. 성령 강림하셔서 제자들을 충만하게 하신 결과 유대인들의 의가 잘못되었고 예수님의 행적이 의로웠고 모든 말씀이 옳았다는 것이 확연히 드러난 것입니다. 예수님은 말씀대로 지금은 그들의 육안으로는 다시 볼 수 없는 곳으로 올라가셨습니다. 하나님과 함께 영광 중에 계셨던 원래의 보좌로 가신 것입니다.

성령께서 우리를 충만하게 하시면 첫 번째로 나타나는 현상은 내가 고집하던 의가 잘못되었음을 가슴아파하는 통회가 일어납니다. 지난 날 내가 정당하다고 여겼던 것들이 틀렸다는 것을 알고 회개하게 됩니다. 나는 어느 정도 지식이 있고 분별력이 있는 줄 알았는데 성령 충만을 받고 보니 나는 어리석기 한이 없고 나의 수준이 평균치도 안 되는 부끄러움을 호소하게 됩니다. 내가 가진 재물이 가소롭게 여겨집니다. 나의 인격이나 도덕성이 몇 푼 안 되는 저급한 것임을 알게 됩니다.

성령강림하시면 이제는 적극적으로 하나님의 의를 인정하게 됩니다. 하나님이 행하시는 모든 일이 항상 옳으시다는 것에 대한 깊은 인식이 일어납니다.

11절, "심판에 대하여라 함은 이 세상 임금이 심판을 받았음이라."

예수님을 누가 죄인으로 심판하여 십자가에 못 박아 죽였습니까? 세상의 임금입니다. 이제 예수님이 하나님이심을 증명하는 사건으로 성령께서 강림하셨습니다. 사람들은 예수님을 신성모독죄를 적용하여 그를 십자가에 처형하였습니다. 하나님의 이름을 망령되이 일컬었다는 죄입니다. 그러나 하나님은 예수님을 모든 이름 위에 뛰어난 이름을 주사 조롱받던 예수님을 지고至高의 자리로 높이셨습니다.

건축자의 버린 돌이 집 모퉁이의 머릿돌이 된 것입니다. 어떤 건축가가 쓸모없다고 버린 돌을 또 다른 건축가가 수천 만 원의 값을 주고 사 갔다면 버린 사람이 무식하다는 것이 증명된 셈이 됩니다. 이렇게 세상 임금은 자신의 행위에 대하여 이미 심판을 받고 있을 수밖에 없습니다. 자기의 잘못이 만천하에 확연히 드러나는 부끄러운 죄를 걸머지고 살아가는 심판에 이르게 된 것입니다.

우리가 이 땅에서 하나님의 나라를 이루며 살면 세상의 것들이 상대적으로 심판을 받게 되는 격이 됩니다. 우리에게 성령의 표적이 나타나면 그것은 바로 십자가에 달리셨던 예수님께서 지금은 가장 존귀한 하늘의 보좌에 계신다는 것을 입증하는 증표가 됩니다. 평소에 십자가의 복음을 멸시하고 거절하던 자들의 입장에서는 심판을 면할 길이 없습니다. 이토록 성령 충만한 교회가 세상을 책망하며 심판할 권세를 가집니다.

우리가 가난하고 메마르면 세상을 향하여 줄 것이 없습니다. 물질의 넉넉함이 세상을 이기지 못합니다. 예수의 이름으로 세상을 발아래 누르는 권세가 있어야 할 것입니다. 성령의 충만한 표적이 따르는 영광이 임할 때 세상이 교회의 권세 아래로 굴복하게 됩니다.

오순절에 임하셨던 성령은 세상일로 근심하던 사도들을 하늘나라의 사람들로 완전히 바꾸어놓았습니다. 세상근심 간 데 없고 하늘의 영광만이 가득하였습니다. 복음을 전파하다가 당하는 환난과 핍박을 당연한 것으로 여기며 하나님의 영광이라면 무엇이든지 가능한 사람들이 되었습니다. 그 힘과 용기와 기백이 어디서부터 온 것일까요? 예수님이 승천하셔서 약속대로 보내신 보혜사 성령의 능력으로부터 공급된 것입니다.

오늘 우리의 힘없고 맥빠진 신앙생활과 비교하여 그들이 쏟아낸 고백 속에는 이 세상의 것이 아닌 전혀 다른 세계 곧 하나님이 함께 행하시는 일들이 충만하였습니다. 그 특징은 하늘나라가 주는 기쁨과 환희, 평강과 희락이었습니다. 윤리나 도덕성 같은 것이 아니었습니다. 초막에도 궁궐에도 어디서나 하늘나라를 경험하는 능력이었습니다.

초대교회 성도들에게는 우리에게 찾아볼 수 없는 삶의 힘이 주어졌습니다. 세상일로 좌절하거나 근심에 쌓여 있지 않았습니다. 하나님의 영광을 위하여 힘이 닿는 대로 뛰었습니다. 순교적 정신으로 살았습니다. 그만큼 사는 것이 기뻤고 보람으로 가득하였으며 장래의 소망으로 넘쳐흘렀습니다.

● ● ● ● ● ● ● ● ● ●

　성령 충만은 세상을 비껴 사는 것이 아니라 직면한 삶을 더욱 힘을 가지고 살도록 성원하며 말씀으로 앞날을 비춰 줍니다. 성령은 적극적인 형태로 약속을 이루게 하는 능력과 지혜를 공급하십니다. 동시에 세상을 책망하고 돌이키게 하는 말씀과 더불어 우리에게 위로와 소망을 굳게 붙들게 합니다.

진리의 성령

(요 16:12-15)

> "내가 아직도 너희에게 이를 것이 많으나 지금은 너희가 감당치 못하리라 그러하나 진리의
> 성령이 오시면 그가 너희를 모든 진리 가운데로 인도하시리니 그가 자의로 말하지 않고 오직
> 듣는 것을 말하시며 장래 일을 너희에게 알리시리라 그가 내 영광을 나타내리니 내 것을
> 가지고 너희에게 알리겠음이니라 무릇 아버지께 있는 것은 다 내 것이라 그러므로 내가
> 말하기를 그가 내 것을 가지고 너희에게 알리리라 하였노라"

성령이 오시면 그 오신 표적자체가 그 동안 그리스도에 대하여 잘못
하였던 세상을 책망하게 될 것이며 동시에 제자들을 옹호하며 위로하
는 증거를 나타낼 것입니다. 성령이 오시면 세상의 임금과 권세자들이
그들의 죄에 대하여 심판을 받게 될 것임이 만천하에 드러날 것입니다.
성령강림의 영광과 권능에 대하여 "내가 떠나는 것이 너희에게 유익이
라"고 까지 하시면서 위로하시고 힘을 돋우시는 장면입니다.

12절, "내가 아직도 너희에게 이를 것이 많으나 지금은 너희가 감당
치 못하리라."

제자들은 아직도 예수께서 말씀하시는 내용을 제대로 파악하지 못하고 있습니다. 주님이 왜 십자가를 지셔야 하는지, 평소에 행하신 권능의 기사와 표적이 무슨 뜻인지, 앞으로 일어날 부활과 승천에 대하여 이해하고 납득이 갈 만한 분별이나 통찰이나 지혜가 없었습니다.

지금은 자신들의 눈앞에 보이는 현실 밖에는 보이는 것이 없습니다. 주님의 말씀이 무슨 뜻인지 그 깊은 진리를 이해할 만한 수준에 와 있지 않습니다. 주님이 아무리 설명하여도 말씀을 받을 만한 상태가 아닙니다.

주님의 말씀을 받기 위해서는 말씀을 이해할 만한 분별력이나 지혜가 있어야 하는데 아직 제자들은 성령의 권능을 받지 못한 상태입니다. 오늘 우리의 신앙생활이 힘이 없고 맥이 빠진 것도 그 이유가 결국은 하나님의 말씀에 대한 이해와 흥미를 잃었기 때문입니다. 하나님에 관한 지식을 내용으로 이해하기보다 우리의 기호와 관심사에 맞추어 이야기하다보니 진리에 대해서는 빈약한 체질이 되어버렸습니다. 하나님의 계획이나 그 뜻을 이루시는 경륜經綸의 비밀이나 목적에 대하여 잘 알지 못하고 있습니다. 우리가 가지고 있는 것은 신앙의 형태와 그 속에서 발산하는 종교적 열정입니다. 내면의 환희와 기쁨 등 감동의 분량에다가 신앙의 기초를 두고 있는 실정입니다.

하나님에 관한 지식이 없는 상태에서는 우리의 신앙이 나의 편견과 상식에 맡겨져 있는 셈이 되어버렸습니다. 상식과 자기편견을 가지고 하나님을 요구하면 그 것은 구도의 길은 될 수 있어도 하나님을 믿는 길은 아닙니다. 기독교 신앙은 하나님에 관한 지식을 확고부동한 진리로 아는 것을 토대로 합니다. 하나님에 대한 올바른 지식 없이 발산하는 어떤 열심과 진심도 그 것은 우리의 정욕과 자존심의 싸움일 가능성이 있습니다. 나 자신을 문질러 빛나게 하면 그것은 인본주의 사상입니다. 인간다움이나 휴머니즘은 기독교의 적입니다.

우리가 어떻게 살 것인가의 문제가 나오면 우리는 너무나 쉽게 선하고 착하게 살아야 한다는 것을 상식으로 가지고 있습니다. 그러나 성경에서는 선행의 기초와 목적이 무엇인가를 더욱 심각하게 다루고 있습니다. 하나님을 알지 못한 채 행하는 선행을 인정하지 않습니다. 인정 안 하는 정도가 아니라 정욕의 산물로 정죄하고 있습니다. 물론 일반 은 총론적으로 이야기하면 자연 질서와 안녕을 위하여 필요한 가치이기는 하지만 결과적으로는 하나님의 뜻과는 반대의 것이기 때문에 탐심으로 규정합니다.

신앙은 하나님께서 우리를 보실 때 지금 복을 주실 만한가를 생각하며 사는 것입니다. 나를 보실 때 하나님은 지금 기쁘신가 아니면 형벌을 내리시는가를 아는 지식을 토대로 나를 하나님 편에 서도록 굳히는 싸움입니다. 성경의 가장 굵직한 핵심은 하나님의 영광입니다. 그 창조주 하나님의 영광을 위하여 싸우는 삶이 신앙입니다.

우리가 반드시 명심해야 할 신앙의 근거는 하나님이 나를 어떻게 보시느냐하는 것을 아는 것입니다. 하나님은 나를 천하보다 귀한 존재로 보십니다. 하나님의 영광을 위한 유일한 존재로 평가하신다는 것을 영원한 진리로 고백하는 것입니다. 나의 감정이나 의식 상태는 비록 부끄럽고 면목이 없는 처지일지라도 하나님은 그래도 나를 왕 같은 제사장이요, 하나님의 거룩한 백성으로 불러주신다는 것을 놓쳐서는 안 됩니다.

하나님은 나를 자연인으로 보지 않으시고 그리스도의 인격체로 보십니다. 나의 일거수일투족이 다 하나님 보시기에 좋으신 상태입니다. 초기 에덴동산에서 죄가 들어오기 전에 아담을 보시고 보시기에 좋으셨던 것처럼 적어도 신분상으로는 우리는 그리스도 안에서 하나님이 사랑하는 자녀입니다. 하나님 편에서는 우리만이 세상에서 유일한 빛이요 생명의 증인들입니다. 문제는 하나님의 자녀답지 않다는 데 있습니다. 그러나 신분과 수준은 별개의 문제입니다. 수준이 미달이라고 나의 아들이 아니라고 부정할 수는 없습니다. 신분에 맞도록 권면하고 채찍질하면 됩니다. 그 권면과 채찍의 기능이 교회입니다.

제자들은 하나님의 더 높은 계시의 말씀에 대하여 이를 받을 만한 수준에 이르지 아니하였다고 합니다. 아직도 준비가 안 된 상태입니다. 우리가 얼마나 연약하고 오해의 가능성이 많고 실족할 가능성이 있는 존재입니까? 물질을 많이 주어도 문제이고 너무 가난하여도 문제입니다. 기도를 너무 많이 하여도 문제이고 너무 안 해도 문제입니다. 지식이 많아도 문제이고 없어도 문제입니다. 계시를 보여주어도 문제이고 안 보여줘도 문제입니다.

바울의 경우 그는 삼층 천까지 가본 사람입니다. 그런데 하나님은 그에게 몸에 가시를 찔러 늘 아프게 하셨습니다. 가시가 없으면 받은 계시를 가지고 교만할 가능성이 너무나 농후하기에 오히려 아픔을 허락하셨습니다. 바울과 같은 사람에게도 가시가 필요할 정도로 우리가 많은 경우에 하나님 앞에서 문제의 가능성을 가지고 있습니다.

13절 상반절, "그러하나 진리의 성령이 오시면 그가 너희를 모든 진리 가운데로 인도하시리니"

성령은 진리에 대하여 완전하십니다. 예수님은 진리를 규명하러 오셨습니다. 기적과 표적들은 하나님의 뜻을 설명하시려는 의도로 보이신 사건인데 사람들은 회개하고 하나님께로 돌아오지 않고 오히려 예수님을 이용하여 자기의 세상을 채워달라고 요구하고 있었습니다. 제자들도 군중들과 다를 바 없었습니다. 같은 생각을 가지고 있었습니다. 세상에 대하여 근심이 가득할 수밖에 없습니다.

그러나 성령이 강림하시면 제자들을 진리 가운데로 인도하실 것입니다. 하나님의 뜻에 대하여 깊어지고 풍성해지는 날이 올 것입니다. 우리가 세상의 문제로 근심하는 이유는 하나님을 모르기 때문입니다. 하나님이 이루실 것인데 우리는 그 동안 너무나 조급하였습니다. 하나님의 뜻을 무시하고 우리는 우리의 상식대로 졸속하게 일을 처리하였습니다. 하나님을 무시하였고 기도하기를 게을리 하였습니다. 하나님의 말씀을 멀리하였고 교회의 행사에 대해서도 등한히 하였습니다.

말씀을 가르치는 자를 존귀하게 여기지 아니하였으며 교회의 지체들을 동일한 가치로 높이지 못했습니다. 그러나 진리의 성령이 오시면 하나님의 뜻을 통달하게 되어 예수 그리스도를 이해하게 될 것입니다.

> "하나님의 사정도 하나님의 영 외에는 아무도 알지 못하리라" (고전 2 : 11 하반절).

어떤 사물을 보려면 시력과 빛이 있어야 합니다. 눈이 있다 하여도 빛이 없으면 볼 수 없습니다. 커튼을 열면 바깥의 풍경을 볼 수 있습니다. 그러나 장님에게는 커튼을 열어 주어도 안 보입니다. 진리도 마찬가지입니다. 하나님의 말씀을 가르치고 설명하고 목이 터져라 고함을 쳐도 성령께서 눈이 되고 귀가 되어주시지 않으면 진리를 붙들 수 없습니다. 하나님의 오묘한 뜻에 대하여 깊은 통달이 없으면 설교가 지루합니다.

본문은 성령의 세 가지 기능을 말해주고 있습니다.

첫째, 13절 하반절, "그가 자의로 말하지 아니하고 오직 듣는 것을 말하시며" – 성령은 아버지와 아들과 관련된 것을 말씀하십니다. 성령은 없는 것을 있게 하시는 일을 하지 않으십니다. 이미 있는 것을 말씀하십니다. 예수께서 이루신 것을 나의 생각 속에 기억나게 하십니다. 하나님에 관한 이야기를 필요에 따라 기억나게 하심으로 나의 길을 밝히십니다. 들었던 말씀을 나의 삶에 적용하고 활용하게 하시는 지혜와 능력을 공급하십니다.

둘째, 14절, "그가 내 영광을 나타내리니 내 것을 가지고 너희에게 알리겠음이라" – 성령강림의 목적은 그리스도의 영광을 나타내는 것입니다. 예수님은 이 땅에서는 한 번도 영광을 받지 못하셨습니다. 가는 곳마다 오해와 조롱과 비방뿐이었습니다. 수많은 기적과 권능의 표적으로 굶주린 자들을 배부르게 하셨고 병든 자들을 건강하게 고치셨고 하나님의 나라에 관하여 소망을 주셨습니다. 그러나 예수님은 권능의 기적을 가지고 사람들의 칭찬이나 환영이나 영광을 받지 아니하셨습니다. 사람들의 요구를 거절하시고 아버지의 뜻을 따라 사셨기 때문입니다. 주님은 이 세상에서는 하나님의 영광을 드러내지 못하셨습니다. 오히려 사람들로부터 오해되고 조롱을 받으셨습니다. 단 하나의 이유, 사람들이 주님을 알지 못하였기 때문입니다. 그러나 성령이 강림하시면 그가 내 영광을 드러내실 것이라고 하셨습니다.

사도들에게 성령이 임하시면 주님의 영광이 온 세상에 드러나게 되었습니다. 실로 사도들의 모습 속에는 이 세상이 감당치 못하는 전혀 다른 능력과 권능이 역사하고 있었습니다. 그들에게는 오늘 우리에게는 찾아 볼 수 없는 힘이 있었습니다. 그리스도를 위하여 받는 고난을 즐겁게 당하는 모습이 감동스럽습니다. 열악한 환경에서도 하나님의 진리를 증거 하는 데 필요하다면 모든 경우 능치 못할 일이 없었습니다.

"내 것을 가지고 너희에게 알리겠음이라" 하였습니다. 성령 충만은 곧 그리스도의 다른 모습입니다. 성령의 권능 받기를 기도하는 것만이 신앙을 굳세게 하는 길입니다. 성령은 어떤 힘이나 능력이나 바람이나 냄새와 같은 유기물이 아닙니다. 인격체이십니다. 성령 충만하면 예수 그리스도의 인격과 품성이 열매 맺습니다.

교회생활은 내가 없어지고 내게서 예수 그리스도가 나타나는 삶을 훈련하는 것입니다. 나의 존재가치는 그리스도가 살아나는데 있습니다. 인간화가 아닙니다. 윤리적 인간이 되는 것이 아닙니다. 예수화가 일어나는 곳입니다. 하나님의 영광을 위하여 순교적 정신을 가진 자로 배양되는 곳입니다.

셋째, 13절 하반절, "장래 일을 너희에게 알리겠음이라" – 성경은 과거, 현재, 미래에 대하여 이야기하고 있습니다. 역사자체를 설명합니다. 경전이 아닙니다. 교훈이나 의미나 사명과 같은 내용을 담아 엮은 위인전이나 역사가 아닙니다. 시간의 시작과 끝을 누가 만드셨는가? 시작하실 때 상황은 어떠했으며 진행과정은 어떻게 변했는가? 그리고 하나님은 어떻게 세상의 역사를 종지부 찍을 것인가? 에 대한 것을 기록하고 있습니다. 성경은 반복되는 역사의 이야기를 언제나 오늘의 말씀으로 재해석하고 장래의 일을 예언하고 있습니다.

요엘서에는 성령의 권능이 임하시면 너희 젊은이들이 예언할 것이며 늙은이들이 꿈을 꿀 것이라 하였습니다.

"그 후에 내가 내 신을 만민에게 부어 주리니 너희 자녀들이 장래 일을 말할 것이며 너희 늙은이는 꿈을 꾸며 너희 젊은이는 이상을 볼 것이며" (욜 2 : 28).

● ● ● ● ● ● ● ● ● ●

예언대로 오순절 성령강림으로 사도들을 비롯하여 초대교회 성도들에게는 말씀에 사로잡혀 그들의 생각 속에는 하나님의 나라를 이루려는 열정과 충성으로 가득하였습니다. 성령의 충만한 역사가 우리 가운데서도 임하여서 진리에 대하여 밝아지고 하나님의 말씀에 붙잡히는 능력의 복에 대하여 도전하는 계기가 되어야 할 것입니다.

빼앗길 수 없는 기쁨

"조금 있으면 너희가 나를 보지 못하겠고 또 조금 있으면 나를 보리라 하신대 제자 중에서 서로 말하되 우리에게 말씀하신바 조금 있으면 나를 보지 못하겠고 또 조금 있으면 나를 보리라 하시며 또 내가 아버지께로 감이라 하신 것이 무슨 말씀이뇨 하고 또 말하되 조금 있으면이라 한 말씀이 무슨 말씀이뇨 무엇을 말씀하시는지 알지 못하노라 하거늘 예수께서 그 묻고자 함을 아시고 가라사대 내 말이 조금 있으면 나를 보지 못하겠고 또 조금 있으면 나를 보리라 하므로 서로 문의하느냐 내가 진실로 진실로 너희에게 이르노니 너희는 곡하고 애통하겠으나 세상은 기뻐하리라 너희는 근심하겠으나 너희 근심이 도리어 기쁨이 되리라 여자가 해산하게 되면 그 때가 이르렀으므로 근심하나 아이를 낳으면 세상에 사람 난 기쁨을 인하여 그 고통을 다시 기억지 아니하느니라 지금은 너희가 근심하나 내가 다시 너희를 보리니 너희 마음이 기쁠 것이요 너희 기쁨을 빼앗을 자가 없느니라"

본문에서 "조금 있으면 너희가 나를 보지 못하겠고 조금 있으면 나를 보리라" 라는 말이 반복되고 있습니다. 떠나신다는 주님의 말씀에 근심이 쌓여 있는 제자들에게 격려하시는 말씀입니다. 이에 대한 제자들의 반응은 이렇습니다.

17, 18절, "제자 중에서 서로 말하되 우리에게 말씀하신바 조금 있으면 나를 보지 못하겠고 또 조금 있으면 나를 보리라 하시며 또 내가 아버지께로 감이라 하신 것이 무슨 말씀이뇨 하고 또 말하되 조금 있으면 이라 한 말씀이 무슨 말씀이뇨 무엇을 말씀하시는지 알지 못하노라 하거늘"

앞으로 정확하게 9시간이 지나면 제자들은 예수님을 볼 수 없게 됩니다. 주님이 대속물로 십자가에서 못 박혀 돌아가실 것이기 때문입니다. 그러나 조금 있으면 다시 보게 될 것입니다. 죽은 지 삼일 만에 다시 살아나시기 때문입니다. 그런데 제자들은 예수께서 십자가에 못 박혀 돌아가실 것과 삼일 만에 부활하실 것에 대하여 전혀 알지 못하고 있습니다. 알지 못하고 있는 정도가 아니라 아무런 느낌조차도 없는 상태입니다. 주님이 하시고자 하는 일에 이렇게 무지할 수가 없습니다. 조금 있으면 이라는 말씀이 무슨 이야기인지 짐작하는 자가 아무도 없었습니다.

주님이 하시는 일과 제자들의 반응은 이렇게 서로가 엇갈리고 있었습니다. 제자들의 시각에서는 주님이 십자가에 죽으시는 것, 다시 살아나시는 것과 성령강림하시는 것이 무슨 뜻인지 도무지 이해가 안가는 사안事案들이었습니다. 제자들의 입장에서는 처음부터 기대하지 않았던 일들이었습니다. 제자들이 주님을 따라다니면서 기대하고 있었던 것은 오직 세상문제를 풀기 위한 것이었습니다.

그 당시는 로마의 압제 아래 있었던 피지배민족의 슬픔과 고통을 겪고 있었던 처지라 예수님의 등장은 모든 백성들의 지지를 받고 있었고 또 얼마든지 국권을 회복시킬 만한 권능과 능력을 지니고 있었던 지도자였습니다. 민족의 해방과 아울러 굶주림과 속박을 풀어줄 능력과 지혜를 가진 메시아로 추대되고 있었습니다. 하나님이 보내신 구세주였습니다. 선지자들이 예언한바 대로였습니다. 제자들의 기대는 주님이 이스라엘을 회복하실 것이라는 꿈이었습니다. 이제 그때가 바로 눈앞에 온 것입니다.

그러나 제자들은 조금 있으면 주님을 볼 수가 없게 될 것입니다. 육체는 만나볼 수 없는 죽음의 벽에 부딪치게 될 것입니다. 이러한 절망의 상황에서 주님이 약속하신 것은 그러나 조금 있으면 보게 될 것이란 것입니다. 그 약속의 증거가 성령강림입니다. 주님이 떠나시는 것은 성령을 보내실 것을 대 전제로 하여 떠나시는 것이기 때문에 제자들은 성령강림을 통하여 예수님을 다시 만나보게 될 것입니다. 이제는 육체로 만나는 것이 아니라 영으로 만납니다. 그리스도의 영으로 만나는 것이기 때문에 주님이 곁에 계시는 것보다는 성령이 오시는 것이 더욱 유익이 될 것입니다.

성령강림은 주님이 육체로 곁에 계셨을 때 보다 제자들을 훨씬 감동케 하실 것이며 주님이 가지셨던 능력과 지혜를 직접 체험하는 놀라움과 환희를 만나게 될 것입니다. 왜 그럴까요? 주님은 더 이상 세상으로부터 조롱이나 멸시를 받으시는 분이 아니십니다. 주님은 죄와 사망을 이기시고 세상과 사탄의 권세를 그의 발아래 두신 승리의 영광을 한 몸에 입으신 분이시기 때문입니다. 영광을 취하신 후에 보내신 성령으로 만나시기 때문에 이전보다 더욱 영광스럽게 자신을 나타내실 것입니다.

영광의 성령이 오시면 제자들은 주님이 하신 일 보다 더 큰일을 하게 될 것입니다. 성령의 권능을 받으면 예수님처럼 아버지의 뜻을 이루는 일을 능히 감당할 것이며 아버지를 영화롭게 할 것입니다. 성령의 권능을 입으면 예수의 증인으로 살게 될 것입니다. 하나님이 원하시면 세상 어디든지 달려가는 용기와 담대한 기백으로 자신을 하나님께 바칠 것입니다. 억지로가 아니라 하나님이 공급하시는 힘으로, 그 기쁨과 행복감을 가지고 하나님의 역사에 뛰어들 것입니다.

성령강림은 하나님께서 예수 그리스도를 통하여 이루신 역사를 우리 개개인이 구체적으로 보다 확실한 증거로 마치 자신이 행한 것처럼 경험하게 하는 하나님의 계획입니다. 성령의 권능을 받으면 예수님이 행하신 일을 나의 경험으로 감동하는 기쁨을 갖습니다. 이미 이루어진 하나님의 일들이 마치 내가 경험한 것처럼 나의 가장 명료한 지식이 되고 나의 가장 소중한 가치요 이 세상의 무엇과 견주어 비교될 수 없는 보배로운 진리로 약동하게 될 것입니다. 성령의 권능을 받으면 나를 하나님의 영광을 위한 도구로 하나님께 내어놓게 됩니다.

20절, "내가 진실로 너희에게 이르노니 너희는 곡하고 애통하겠으나 세상은 기뻐하리라 너희는 근심하겠으나 너희 근심이 도리어 기쁨이 되리라."

제자들이 기대하였던 것과 주님이 약속하셨던 것이 서로 얼마나 빗나가고 있습니까? 제자들은 주님이 곁에 안계시면 세상에서 자신들의 삶이 온통 절망과 애통일 것이라는 근심이었는데 예수님은 그 근심과 애통이 변하여 도리어 기쁨이 되리라고 하셨습니다. 제자들에게는 상상에도 없던 것을 약속하고 있습니다.

예수님의 죽으심으로 제자들은 슬픔에 잠겼습니다. 반면에 세상은 저들이 마치 승리한 것처럼 기뻐하고 있었습니다. 실제로 예수님이 잡혀주시자 폭도들은 이리저리 주님을 끌고 다닐 수 있게 되었습니다. 의기양양하게 십자가에 못 박아 버렸습니다. 반면 제자들의 슬픔과 절망은 한없이 깊어만 갔었습니다. 뿔뿔이 옛 생업으로 되돌아가는 처량한 신세들이 되었습니다. 세상은 이겼고 제자들은 패배자들이 되었습니다. 세상 사람들이 그렇게 보았고 제자들마저도 그렇게 좌절하고 자시 자신을 포기하고 말았습니다.

"너희 근심이 도리어 기쁨이 되리라" – 주님은 성령을 보내시면서 제자들의 상황을 기쁨이 넘치는 감동과 행복을 약속하셨습니다.

하나님이 현실에서 받는 고통의 문제로 허덕이는 우리를 어떻게 변화시키십니까? 환경의 변화가 아니라 영적인 변화를 약속하셨습니다. 이 세상의 여건이 호전됨으로 기쁨이 일어날 것이라고 하지 않으셨습니다. 나의 삶의 환경 그대로 지금도 환난과 고통의 현실이 하나님을 생각나게 합니다. 나의 영혼의 문제를 심각하게 묵상하게 합니다. 하나님께 나를 의존하여 사는 법을 알게 합니다. 오직 하나님만이 나의 목자시며 나의 의지할 바위시며 피난처이심을 간절히 고백하게 됩니다. 환난이 나의 영안을 열게 해줍니다. 믿음의 눈을 뜨게 합니다.

성령이 나의 전 인격을 사로잡아 나를 하늘나라로 이끌어 주십니다. 이제는 육체로 보이던 세상이 영적으로 보이는 놀라운 변화를 경험하게 됩니다. 하나님이 행하신 역사를 나의 전인격과 지식으로 굳히는 견고한 믿음이 생깁니다. 나를 위하여 일으키신 하나님의 신성을 나의 삶의 근원으로 삼고 나의 변치 아니하는 지식으로 간직하게 되는 자신감이 생깁니다.

사람의 가치는 그가 가지고 있는 내면의 지식에 있습니다. 보이지 않는 그의 근본이 무엇인가 하는 것입니다. 물질의 많고 적음이 그 사람의 가치를 결정하는 표준이 아닙니다. 돈은 있는데 정신이 텅 빈 사람은 저급한 사람으로 취급받습니다. 칼이 강도에게 쥐어지면 사람을 살인하는 무기가 됩니다. 그러나 훌륭한 의사에게 쥐어지면 사람을 살리는 도구가 됩니다.

사도 바울은 에베소 교회에게 편지를 쓰면서 이렇게 기도하였습니다.

"이러하므로 내가 하늘과 땅에 있는 각 족속에게 이름을 주신 아버지 앞에 무릎을 꿇고 비노니 그 영광의 풍성을 따라 그의 성령으로 말미암아 너희 속사람을 능력으로 강건하게 하옵시며 믿음으로 말미암아 그리스도께서 너희 마음에 계시게 하옵시고…"(엡 3 : 14 - 17 상반절).

바울은 지금 로마의 감옥에 갇혀있습니다. 여기서 그는 교인들에게 나를 출옥하게 하여 너희들에게 속히 설교하도록 해달라는 기도를 하지 않았습니다. 그는 기도에서 물질과 환경문제를 거론하지 않았습니다. 속사람의 환경문제를 거론하면서 기도하고 있습니다. 영혼의 문제가 잘 풀려지기를 위하여, 영적인 사람으로서 강건하기를 위하여 기도하고 있습니다.

현실은 핍박과 환난의 파도가 출렁이는 바다와 같습니다. 파도치는 바다를 잠재울 방법이 없습니다. 우리가 할 수 있는 일은 하나님께 기도하는 것입니다. 지금은 기도의 상황입니다. 당연히 이 파도의 출렁임을, 내 삶의 흔들림을, 이 위험한 위기를 잠잠케 해달라고 간구하여야 마땅합니다.

그러나 바울의 기도는 예상을 뒤엎습니다. "성령으로 말미암아 너희 속사람을 강건케 하옵소서"– 속사람은 하나님과 함께 사는데 필요한 영양소를 풍요롭게 먹고 마셔야 강건해집니다. 영적인 영양소는 하늘에서 내리는 만나입니다. 하늘에서 임하는 성령의 충만입니다. 하나님에 관한 지식과 이 지식을 나의 인격과 삶을 통하여 나타낼 생명력과 힘이 공급되어야 하는데 곧 성령의 권능입니다.

육체 곧 겉 사람은 돈이나 명예나 권력이나 쾌락 같은 것으로 치장하면 보기에 좋게 보입니다. 거의 대부분의 사람들은 현실에서 보이는 것을 치장하는 일이라면 목숨을 걸고 싸웁니다. 사는 날 동안 무시할 수 없는 싸움입니다. 현실은 순간들이 온갖 위험과 불행이 숨어있게 마련입니다. 그러나 현실과의 싸움에서 중요한 것은 사는 것 자체가 갖는 싸움의 가치이지 꼭 돈을, 명예를, 권력을 얻어내는 결과로써 가치를 평가해서는 안 됩니다. 지금 당장 손에 쥐는 결과가 없다 할지라도 희망을 버리지 않는 삶에 대한 투혼의 정신이 숭고합니다. 일반적으로 철학과 문학이 결론으로 갖고 있는 교훈입니다. 세상의 가치도 겉 환경보다 내면의 것을 더 고상한 가치로 높입니다.

성경은 삶의 가치나 행복을 하나님과 관련하여 약속하고 있습니다. 물질의 많음보다 가난하더라도 하나님과 함께 사는 것을 더 없는 행복으로 설명하고 있습니다.

그런데 우리의 기도는 무엇을 내용으로 하느냐 하면 주로 겉 사람에
관한 것입니다. 출세하는 것입니다. 돈 자체를 목표로 구합니다. 세상
의 것에 대한 거대한 욕망입니다. 이를 위하여 교회가 필요하고 목사
도 중요합니다. 하나님이 해결해주시면 보답하겠다는 심리를 가지고
있습니다.

오늘날 교회의 심각한 병폐는 용병주의입니다. 직접 싸우지 않고 대
신 싸워줄 전문 용사를 사는 것입니다. 그래서 목사가 참으로 힘이 드는
상황에 있습니다. 교회의 일이 거의 대부분 목사에게 넘어와 있다는 것
은 교회의 비극입니다. 목사가 해야 할 일은 교인들을 부추기고 치켜세
우는 일입니다. 피곤한 삶을 위로하고 격려하고 따뜻하게 해주는 역할
입니다. 많은 교회가 그 쪽으로 가버렸습니다. 여기 올라와서 하나님의
뜻을 강요하면 목사의 자리가 위태로워집니다. 목사가 위로하고 격려
하는 기술을 얼마든지 개발할 수 있습니다. 그러나 용병이 되어 성도들
의 삶을 대신 살아줄 수는 없습니다. 영적 신앙적 삶은 개개인의 고백으
로 당사자들이 책임을 질 문제입니다.

"너희 속사람이 강건하게 하옵시며" - 바울은 에베소 교회의 용병이
아닙니다. 돈 받고 뛰는 대리 전투자가 아닙니다. 하나님은 나의 속사람
을 강건케 하기 위하여 여러 가지 사건을 일으키십니다. 사건이 중심이
아니라 내가 중심입니다. 삶은 나의 속사람이 강건케 되는 소중한 기회
들로 짜여 있습니다.

속사람은 하나님을 대상으로 나의 삶을 송두리째 의존하여 사는 믿
음을 내용으로 하는 인격을 말합니다. 예수님께서 아버지의 뜻을 따라
십자가의 길을 줄기차게 가셨듯이 오직 아버지의 약속을 믿고 따라 가
는 것입니다.

21절, "여자가 해산하면 그때가 이르렀으므로 근심하나 아이를 낳으면

세상에 사람 난 기쁨을 인하여 그 고통을 다시 기억지 아니 하느니라.”

산모의 고통은 근심거리입니다. 출산의 고통은 해산하기까지입니다. 시한부입니다. 약속이 있는 고통입니다. 아무리 무거운 고통일지라도 장래를 약속받는 일이라면 얼마든지 견딜 수 있습니다. 더 큰 영광과 상급을 받는 일이라면 지금의 고통은 당연한 수고요 헌신의 기쁨이 되는 것입니다. 해산의 고통은 아기가 출산됨으로 그 고통이 기억되지 않습니다. 그토록 근심이 변하여 도리어 기쁨이 되는 것입니다.

22절, “지금은 너희가 근심하나 내가 다시 너희를 보리니 너희 마음이 기쁠 것이요 너희 기쁨을 빼앗을 자가 없느니라.”

빼앗을 자가 없는 기쁨, 성령강림으로 이루어지는 하나님의 역사를 누가 막을 수 있습니까? 환난 중에서도 즐거워하나니 이는 환난은 인내를 인내는 연단을 연단은 소망을 낳는 줄 아는 지식이 있는 한, 우리의 소망의 기쁨을 막을 장애물이 없습니다. 고통은 제한된 날 동안에만 허락되어 있습니다. 육체의 고통일 뿐입니다. 살아있는 날 동안입니다. 오늘로 족한 고통입니다. 내일은 언제나 영광이며 평강이며 형통의 복된 날입니다. 영혼은 언제나 하나님을 향하여 살아있기에 기쁩니다.

● ● ● ● ● ● ● ● ●

“너희 근심이 도리어 기쁨이 되리라” 하는 이 말씀, 우리를 향하신 하나님의 사랑의 이야기에 귀를 기울이십시오. 우리의 속사람이 믿음으로 누릴 기쁨과 평안이며 세상의 근심으로 인하여 빼앗길 수 없는 주님의 약속입니다. 성령의 충만을 약속대로 이루어 주사 나로 하늘의 기쁨으로 채워주소서. 아멘.

그날에는 묻지 아니하리라

(요 16:23-24)

> "그날에는 너희가 아무것도 내게 묻지 아니하리라 내가 진실로 진실로 너희에게 이르노니
> 너희가 무엇이든지 아버지께 구하는 것을 내 이름으로 주시리라 지금까지는
> 너희가 내 이름으로 아무 것도 구하지 아니하였으나 구하라 그리하면 받으리니
> 너희 기쁨이 충만하리라"

지금 제자들은 주님이 떠나신다는 말씀에 근심과 걱정에 빠져 있습니다. 근심과 걱정에 쌓여있는 제자들에게 주님은 위로의 말씀을 전하셨습니다. "내가 떠나는 것이 너희에게 유익하리라", "너희 근심이 변하여 기쁨이 되리라" 여러 가지 말씀으로 위로하고 격려하시는 대목을 살펴보았습니다.

예수님의 위로의 말씀이 계속되고 있습니다.

23절, "그날에는 너희가 아무 것도 내게 묻지 아니하리라 내가 진실로 진실로 너희에게 이르노니 너희가 무엇이든지 아버지께 구하는 것

을 내 이름으로 주시리라." 그리고 결론을 이렇게 내리고 있습니다.

24절, "지금까지는 너희가 내 이름으로 아무것도 구하지 아니하였으나 구하라 그리하면 받으리니 너희 기쁨이 충만하리라."

이해가 잘 안가는 내용입니다. "그날에는" 성령이 강림하시는 날입니다. "내게 아무 것도 묻지 아니하리라" 난외주에 보면 "구하지 아니하리라" 고 되어있습니다. 이를 다시 번역하면 "내가 아버지와 아들의 이름으로 성령을 너희에게 보내는 날에는 너희가 내게 아무 것도 구하지 아니하리라" 는 뜻이 됩니다.

그 다음 구절은 반대로 "너희가 무엇이든지 구하는 것을 아버지께서 내 이름으로 주시리라" "구하라 그리하면 받으리니 너희 기쁨이 충만하리라"고 되어 있습니다.

"구하지 아니하리라" 하셨는데 다음 구절은 "구하라 그리하면 받으리니 너희 기쁨이 충만하리라" 고 하셨습니다. 신앙생활에서 우리가 놓치고 있는 도전의 내용입니다.

아직까지 제자들은 예수님이 하시는 일을 이해하지 못하고 있었습니다. 왜 십자가인지, 왜 떠나야 하는지에 대해서 알지 못하고 있습니다. 제자들은 삼 년 동안 주님의 권세 있는 이적과 표적들을 보고 전하시는 말씀을 직접 들어 왔습니다. 그러나 주님이 떠나신다는 말씀에 그만 세상근심에 쌓여 헤어나지 못하고 있습니다. 만일 제자들이 주님의 행하시는 것과 가르치시는 진의를 간파하고 있었다면 세상근심에 쌓일 이유가 없었을 것입니다. 제자들은 보고 듣는 것까지만 이해하고 있었습니다. 눈에 보이는 것과 귀에 들리는 것 이외에는 더 이상 이해하는 수준까지는 미치지 못했습니다. 예수님이 행하신 일은 그 속에 인간을 구원하시는 하나님의 공의와 사랑을 내용으로 담고 있었습니다.

예를 들면 오병이어와 기적, 나사로를 살리신 기적, 38년 된 앉은뱅이를 일으키신 기적, 문둥병을 깨끗하게 하신 일, 모두가 다 십자가의 죽으심과 부활을 설명하는 사건들이었습니다. 심지어 베드로는 예수님이 지실 십자가를 부인하기까지 하였습니다. "주여, 이 일이 결단코 주님에게서 일어날 수 없나이다"라고 하였습니다. 십자가의 대속의 죽으심을 만류하다가 꾸중을 들었을 정도로 하나님이 행하시는 일에 대하여 무지한 상태에서 따라 다니고 있었습니다.

"사단아, 내 뒤로 물러가라, 네가 하나님의 일을 생각지 아니하고 사람의 일을 생각하는도다"(막 8 : 33)라고 주님으로부터 호된 꾸중을 들을 정도로 하나님의 일에 대해서는 감각이 없었습니다.

예수님의 행적을 병 고치는 것과 기적을 일으키는 것으로만 이해한다면 예수님은 한낱 용한 의사나 요술쟁이나 우리 문제를 풀어주는 해결사 정도의 인물일 것입니다.

성경의 내용은 모두가 하나님이 우리를 왜 구원하시며 우리의 구원을 위하여 무엇을 하셨는가하는 것을 주제로 사건을 소개하고 있습니다. 하나님은 어떤 분이신가? 생명의 본질은 무엇인가? 죄는 무엇이며 어떻게 사함을 받는가? 만물의 시작은 어디며 그 끝과 방향은 어딘가? 인생의 목적은 무엇인가? 하는 것 등이 내용입니다.

제자들의 근심은 주님이 떠나시는 데 있습니다. 그대로 자신들의 곁에서 권능과 능력을 가지고 계셨으면 좋았습니다. 오직 그것뿐입니다. 결국은 그를 통하여 출세하는 것이었습니다.

그러나 예수님은 제자들이 원하는 대로 행하실 수가 없으십니다. 십자가를 지셔야 합니다. 이는 해산하는 고통과 같은 아픔입니다. 이런 일이 있은 후에야 성령께서 보내심을 받아 제자들에게 강림하실 수 있습니다. 죄와 사탄을 이기셔야 합니다. 하나님의 영광을 떠난 인간을 다시 회복하기 위해서는 인간이 저질러 놓은 죄의 짐을 대신 지셔야 합니다. 사람을 죽이는 율법으로부터 자유롭게 하는 방법은 율법을 완성하는 것입니다. 그렇게 완성하시고 이기신 후에 영광을 취하신 입장에서 성령을 보내셔야 제자들의 영안이 밝아질 것이며 평소에 친히 행하시며 가르치시던 일에 대한 이해력이 생기게 될 것입니다.

그날에야 모든 의문이 말끔히 씻겨 질 것입니다. 성령께서 강림하시는 바로 그 때에야 세상근심의 문제가 완전하게 풀려질 것입니다. 인생의 사는 목적이 무엇이며 살아 있다는 것의 뜻이 무엇이며 마지막 도착하여 받을 상급은 무엇인가에 대한 확실한 지식과 분명한 해답을 받게 될 것입니다. 성령이 강림하시면 더 이상 예수 그리스도의 말씀으로 인하여 근심할 필요가 없습니다. 왜 그렇습니까? 다 알기 때문입니다.

인간은 현상만을 알지 현상의 본질은 알 수 없습니다. 인간은 한계가 있습니다. 보는 것과 듣는 것이 전부가 아닙니다. 눈에 보인다고 다 보는 것이 아닙니다. 구두를 사러 가는 사람의 눈에는 구두 밖에는 안 보입니다. 자기 관심만큼 듣고 봅니다. 식당 벽에 걸린 그림이 아무리 고가의 작품이라도 시간이 지남에 따라 좋아하는 감정이 점점 사라집니다. 처음 뜨거운 물에 들어 갈 때에 답답하지 두세 번 왕복하면 시원함을 느끼게 됩니다. 이처럼 인간의 경험은 시시각각으로 다르게 반응합니다.

우리는 우주의 소리를 다 들을 수 없습니다. 지구가 태양을 돌아가는 소리를 듣는다면 우리의 고막이 찢어질 것입니다. 지금도 어딘가 화산이 폭발하는 굉음, 폭풍우 속에서 벼락 치는 천둥소리를 다 들을 수 없습니다. 이러한 현상들은 다 못 듣도록 감추어져 있습니다. 다 듣는다면 우리가 죽게 될 것이기 때문입니다.

이 세상에는 우리의 이해를 초월하는 사건들이 헤아릴 수 없을 만큼 일어나고 있습니다. 그렇게 정밀하게 만든 비행기가 갑자기 고장을 일으켜 공중 폭발합니다. 사람이 죽지 않을 건강한 조건을 가지고 수술을 하다가 갑자기 혈압이 떨어지고 숨을 거둡니다. 불가항력적인 재앙들이 끝없이 일어나고 있습니다.

우리는 누가 힘의 근원인지, 누가 힘의 방향을 정하는지, 물질을 움직이게 하는 근원은 무엇인지, 바람의 방향을 누가 정하는지에 대해서 인간은 모릅니다. 다만 현상을 파악할 뿐이지 생명의 본질은 모릅니다. 사물의 의미도 모릅니다. 자연 그대로 있으면 불안과 무서움이 찾아듭니다. 모르기 때문입니다.

그러나 성령이 오시면 예수님에 대하여 확실한 이해와 믿음이 생깁니다. 성령 그가 주님의 것을 가지고 우리에게 말씀하십니다. 이미 이루어 놓으신 하나님의 역사, 그리스도의 생애를 이해하고 납득하는 영안이 열려지게 됩니다. 하나님이 창조주이심과 동시에 나를 구원하시기 위하여 십자가를 지셨다는 사실 앞에 항복하게 됩니다. 그토록 나를 사랑하신 창조주 하나님이 약속대로 나를 떠나지 아니하시며 함께 계시는 한 세상 문제로 두려워 할 이유가 없어집니다. 나를 향하여 가지시는 뜻이 언제나 사랑이시며 장래에 소망을 주시려는 생각이심을 아는 한 겁낼 것이 없습니다.

고뇌의 명수는 고타마 싯달타, 불교의 창시자입니다. 왜 생로병사生老病死입니까? 일생을 고민하다가 생자필멸生者必滅이라는 사실을 깨치고 죽었습니다. 철학은 고민하는 깊이를 따라 학문의 수준을 평가합니다. 철하에는 확실한 답이 없습니다.

우리는 더 이상 고민할 일이 없습니다. 모든 답을 가지고 있습니다. 하나님이 이루신 일을 믿으면 구원을 얻고 더 풍성히 얻습니다. "그날에는 너희가 아무 것도 내게 묻지 아니하리라", "구하지 아니하리라"하신 말씀과 같이 성령강림하시면 평소에 예수님께서 행하시던 일의 내용을 다 아는 상태이기 때문에 오직 풍족할 뿐입니다.

성령이 임하시면 하나님의 뜻에 대하여 밝아져서 세상의 일을 무서워하지 아니합니다. 그 증거가 사도행전의 역사입니다. 4장은 더욱 뚜렷합니다.

예루살렘 성전 미문에 앉아서 매일 구걸하던 앉은뱅이를 예수의 이름으로 일으킨 것이 죄가 되어 베드로와 요한 사도들이 옥에 갇히게 되었습니다. 그러나 사도들이 너무나 담대히 그리스도에 대하여 말하는 것이 겁이 나서 정치권의 사람들이 풀어주게 됩니다. 풀려난 사도들이 평소에 함께 교제하던 동료에게 가서 기도한 내용입니다.

> "… 대주재여, 천지와 바다와 그 가운데 만유를 지은 이시요 … 헤롯과 빌라도는 이방인과 이스라엘 백성과 합동하여 하나님의 기름 부으신 거룩한 종 예수를 거스려 하나님의 권능과 뜻대로 이루려고 예정하신 그것을 행하려고 이 성에 모였나이다"(행 4:24-28).

복음이 온 세상을 향하여 확장되어 가는데 전하는 자들에게 가해오는 환난과 핍박을 이해하기 어렵습니다. 어이없게도 매를 맞고 옥에 갇힙니다. 그러나 사도들의 기도가 무엇을 요구합니까? 우리가 위험함에 처해있다, 우리를 구원해 달라, 원수를 격파해 달라고 하지 않았습니다. "하나님의 권능과 뜻대로 이루려고 예정하신 그것을 행하려고 이 성에 모였나이다 우리에게 담대히 하나님의 말씀을 전하게 하옵시며 손을 내밀어 병을 낮게 하옵시고 표적과 기사가 예수의 이름으로 이루어지게 하옵소서"라고 기도합니다.

사도들은 지금 당하고 있는 환난과 핍박을 하나님이 허락하신 것으로 당연하게 받아드리고 있습니다. 환난이 없어져야 된다는 생각이 없습니다. 하나님은 대주재시요 창조주신데 자신들이 당하고 있는 핍박과 환난의 문제가 하나님의 예정하신 뜻을 이루려는 간섭의 사건임을 고백하는 믿음이 사도들을 굳세게 붙들고 있습니다. 사도들의 생각 속에는 저들의 반대 세력들도 결국 하나님의 뜻을 이루는 일에 등용되는 도구들임을 인식하고 있습니다. 적대 세력들도, 약한 자들도, 마귀의 세력도 다 하나님의 예정하신 뜻을 이루는 일을 위한 보조도구들임을 알고 있었습니다.

사도들에게는 이 원수들이 없어져야 일이 잘 될 것이란 생각이 없습니다. 이 불유쾌한 환경이, 이 유익하지 않음이, 이 어려움이 없으면 하나님의 일이 잘 될 것이란 생각이 없습니다. 사도들에게는 이 더럽고 냄새나는 세상도 하나님이 영광을 받으실 장소이며 하나님이 친히 지으신 곳으로 하나님의 뜻이 이루어지기를 원했습니다. 이 위험함 속에서도 하나님께서 하실 일이 있어서 자신들을 사용하시는 하나님의 놀라운 간섭에 대하여 오히려 감격하고 있습니다.

온 천하를 만드시고 세계의 역사를 주장하시고 그 뜻대로 이끄시는 이가 오늘 이 난관을, 이 아픔의 현실을 통과하게 하셨습니다. 놀랄 일이 아닙니다. 두려워할 일이 아닙니다. 통과해야 할 이유가 하나님께 있음을 아는 것이 신앙입니다.

우리의 삶은 하나님의 뜻이 이루어지고 있을 뿐 악한 마귀가 이기지 못합니다. 인간의 불의가 하나님의 뜻을 거스르지 못합니다. 오직 우리가 하나님의 뜻을 위한 유일한 존재들입니다. 우리에게는 유익한 일들만이 있을 뿐입니다. 세상과 하나님 사이에서 더 이상 갈등할 일이 아닙니다. 하나님의 뜻이 이루어지고 있습니다.

23, 24절 "내가 진실로 진실로 너희에게 이르노니 너희가 무엇이든지 아버지께 구하는 것을 내 이름으로 주시리라 지금까지는 내 이름으로 아무것도 구하지 아니하였으나 구하라 그리하면 받으리니 너희 기쁨이 충만하리라."

기도가 무엇을 위하여 허락되어 있습니까? 현실적인 어려움으로부터 시작되지만 목적은 어려움을 해결하기 위함이 아니라 영적인 것을 풀기 위함입니다. 기도의 응답은 왜 이 일이 내게 허락되었는가, 내가 해야 할 일이 무엇인가, 누가 이 일의 주권자인가를 아는 것입니다.

새들은 염려하지 않습니다. 먹을 것이 없으면 공중으로 뛰어 오릅니다. 만일 새가 자신이 뿌리고 심은 것에서 거두어 드리는 양식이 있다면 공중으로 날아오르겠습니까? 절박한 새가 날아오릅니다. 걱정만 하고 울지 않습니다. 먹을 곳이 있는 방향으로 날아갑니다. 하나님이 예비해 놓으신 양식이 있는 곳으로 날아갑니다. 본능적으로 하나님을 믿는 확신을 가지고 날아오릅니다.

● ● ● ● ● ● ● ● ● ●

하나님의 뜻을 알면 성령의 인도하심 따라 움직이며 활동합니다. 하나님과 함께라면 실망할 일이 없습니다. 기도에서 하나님과 사귐이 있는 자는 실망할 일이 없습니다. 하나님과 함께 가면 거기서 또 다른 간섭을 만나게 될 것입니다. 상상에도 없는 응답의 기쁨을 만나게 될 것입니다.

하나님이 원하시는 사람은 하나님 자신의 뜻에 대하여 깊은 통달이 있는 자입니다. 그에게 많은 일을 맡기실 역사에 대하여 기대하는 한, 구하기를 멈추지 아니합니다. "구하라 받을 것이니 너희 기쁨이 충만하리라."

내가 세상을 이기었노라

(요 16:25-33)

> "이것을 비사로 너희에게 일렀거니와 때가 이르면
> 다시 비사로 너희에게 이르지 않고 아버지에 대한 것을 밝히 이르리라 그날에 너희가
> 내 이름으로 구할 것이요 내가 너희를 위하여 아버지께 구하겠다 하는 말이 아니니
> 이는 너희가 나를 사랑하고 또 나를 하나님께로서 온 줄 믿은 고로 아버지께서 친히
> 너희를 사랑하심이니라 내가 아버지께로 나와서 세상에 왔고 다시 세상을 떠나 아버지께로
> 가노라 하시니 제자들이 말하되 지금은 밝히 말씀하시고 아무 비사도 하지 아니하시니
> 우리가 지금에야 주께서 모든 것을 아시고 또 사람의 물음을 기다리시지 않는 줄 아나이다
> 이로써 하나님께로서 나오심을 우리가 믿삽나이다 예수께서 대답하시되 이제는 너희가
> 믿느냐 보라 너희가 다 각각 제 곳으로 흩어지고 나를 혼자 둘 때가 오나니 벌써 왔도다
> 그러나 내가 혼자 있는 것이 아니라 아버지께서 나와 함께 계시느니라
> 이것을 너희에게 이름은 너희로 내 안에서 평안을 누리게 하려 함이라
> 세상에서는 너희가 환난을 당하나 담대하라 내가 세상을 이기었노라 하시니라"

예수님이 떠나시는 문제로 제자들은 큰 혼란에 빠졌습니다. 이때까지는 주님이 제자들의 문제를 다 걸머지시고 해결해오셨습니다. 의식주의 문제뿐만이 아니라 앞으로 이스라엘의 국권을 회복하실 전망이 바로 눈앞에 다가오고 있었습니다. 출세할 절호의 기회가 포착된 것입니다. 이러한 기대 속에 주님을 따라다녔는데 이제 와서 예수님이 세상을 떠나 아버지의 집으로 가시겠다는 것입니다.

예수님이 떠나시면 세상문제 뿐만 아니라 권력을 잡은 사람들로부터 핍박을 받아 환난에 처하게 될 것이라고 경고하십니다. 이에 절망하고 있는 제자들에게 주님은 보혜사 성령이 강림하실 것이며 그때에는 너

희가 내게 아무것도 묻지 아니할 것이며 너희가 직접 아버지께 무엇이든지 묻게 되는 영광을 경험하게 될 것이라고 약속하셨습니다. 그 내용이 24절입니다.

24절, "지금까지는 너희가 내 이름으로 아무것도 구하지 아니하였으나 구하라 그리하면 받으리니 너희 기쁨이 충만하리라."

세상에서는 도리어 환난이 닥치는 상황입니다. 그러나 너희에게 허락된 기도로 말미암아 근심이 변하여 기쁨이 넘칠 것이며 너희 기쁨을 세상이 빼앗지 못할 것이라고 위로하셨습니다.

계속되는 위로의 약속, 25절, "이것을 비사로 너희에게 일렀거니와 때가 이르면 다시 비사로 너희에게 이르지 않고 아버지에 대한 것을 밝히 이르리라."

이제까지 주님은 아버지 하나님에 대하여 비유로 설명하셨습니다. 이해하지 못하는 제자들에게 하나님에 관하여 일일이 비유를 들어 설명하셨습니다. 비유를 가지고 설명하는 것은 이해를 돕기 위한 것이었습니다. 복음서에 보면 천국에 대하여 설명하는 데 온통 비유뿐입니다. 제자들은 아직 비유가 아니면 이해가 안 될 정도로 신령한 것에 대하여 초보단계에 있었다는 것입니다. 비유로 설명하였는데도 아직도 하나님에 대하여 혼란한 가운데 온통 근심으로 가득 차 있었습니다. 주님께서 행하시는 일을 종잡을 수가 없었습니다.

그러나 때가 이르면 다시 비유로 설명할 필요가 없을 것이라 합니다.

26절, "그날에 너희가 내 이름으로 구할 것이요 내가 너희를 위하여 아버지께 구하겠다 하는 말이 아니니"

그날은 성령께서 강림하실 때입니다. 성령이 오시면 하나님에 관한 비밀을 깊이 알도록 지혜와 권능을 주실 것입니다. 비유가 없어도 하나님을 직접 경험하여 알도록 하실 것입니다. 평소에 예수님이 말씀하시던 것을 기억나게 하실 것입니다. 예수님에게 일일이 물어서 알던 때와는 달리 이제는 주님이 곁에 계시지 않더라도 하나님의 뜻에 대하여 환히 아는 자로서 그 기쁨을 감출 수가 없게 될 것이라 합니다.

예수님은 제자들에게 천국의 비밀에 대하여 온통 비유가 아니면 말씀하시지 않으셨습니다. 하나님의 계시를 받아들일 만한 영안이 열려 있지 않았다는 뜻입니다. 하나님과 그 나라에 대하여 이야기해도 알아들을 귀가 없었던 것입니다. 오병이어를 일으켰더니 사람들은 예수님을 이스라엘의 국권을 다시 찾을 왕으로 추대하고 있었습니다. 주님 자신이 아버지께서 보내신 아들이시며 구속주이심을 설명하고 증명하는 장면에서 사람들의 반응은 엉뚱하게도 세상의 문제를 풀어달라고 요구하고 있었습니다. 예수님이 오셔서 이루시고 싶으신 일과 이에 반응하는 사람들의 요구와는 이렇게 괴리와 간격이 컸었던 것입니다.

그러나 주님이 떠나시고 성령께서 임하시는 그 날에는 모든 오해가 풀려지고 괴리가 사라지고 하나님께서 행하시는 일에 대하여 깊은 화답이 일어나게 될 것입니다. 더 이상 비유를 꺼내실 필요가 없어진 것입니다. 이해가 안 될 것이 하나도 없어지는 시대가 열린 것입니다. 그래서 서신서에는 비유가 없습니다. 하나님은 더 이상 비유로 말씀하지 아니하시고 약속대로 성령의 지혜와 능력으로 분명하게 알도록 역사하셨습니다. "아버지에 대하여 밝히 일러주실 것이라" 하신 대로 성령강림하신 이래로 제자들에게는 하나님께서 하시는 일에 대하여 한 번도 의심하거나 불안해하거나 근심한 적이 없습니다.

"그날에"- 성령께서 오신 이후로는 제자들에게는 두려움이 없었습니다. 삶에 대하여 불안한 기색이 전혀 없었습니다. 성령의 강하신 간섭으로 제자들에게 일어난 현상들이 무엇입니까? 위로부터 임하시는 성령강림의 분명한 증거로 그들의 입에서 나가는 말씀이 거침없이 그리고 폭발적으로 능력을 나타내기 시작하였습니다.

오순절 성령강림에 부딪친 사도들의 입에서 하나님에 관한 말씀이

각 국 나라의 방언으로 퍼져나갔던 것입니다. 사도들은 더 이상 겁에 질려 다락방에서 다른 무엇을 더 기다릴 수가 없었습니다. 예루살렘 네거리에 나가서 예수의 다시사심을 외치기 시작하였습니다. 평소 같으면 엄두도 못 낼 일들이 그들의 내면에서 솟구치고 있었습니다. 예루살렘 성전 미문에 앉아 구걸하던 앉은뱅이를 예수의 이름으로 일으켜 세운 것은 더할 나위 없는 감격이며 기쁨이 아닐 수 없습니다.

제자들이 성령강림 이후에 주님께서 행하시던 일과 동일한 기사와 권능을 행하면서 모든 세상의 권세를 이기신 그리스도 예수님의 창조주 되심과 구주되심을 더욱 확실히 믿지 않을 수가 없었습니다. 평소에 말씀하시던 대로 지금 경험하고 있는 것입니다. 이것보다 더 확실한 증거가 없습니다. 사도들의 성령체험은 주님이 지금 아버지의 보좌우편에 가장 높으신 자리에 계신다는 것을 믿게 하는 가장 분명한 증거인 것입니다.

26절, "그날에 너희가 내 이름으로 구할 것이요 내가 너희를 위하여 아버지께 구하겠다 하는 말이 아니니"

성령이 임하시면 평소처럼 예수님께서 아버지에 대하여 비유로 말씀하시고 또 대신 기도하시는 일이 없을 것입니다. 그럴 필요가 없게 되었습니다. 뿐만 아니라 아버지께서 성자 그리스도를 보내셨다는 것을 알게 될 것이다. 이것보다 더 크고 놀라운 지식이 없습니다. 예수님이 하늘에 계시는 성부 하나님으로부터 보내심을 받은 그리스도임을 안다는 것은 하나님께서 인간에게 알리고 싶으신 사실 중 가장 핵심되는 지식입니다. 하나님이 육신을 입고 이 땅에 오셨다는 사실은 기독교의 핵심교리입니다. 인간이 초월자를 믿는 것은 인간의 본성으로도 가능한 일입니다. 그러나 하나님이 인간이 되신 것을 사실로 믿는다는 것은 불가능합니다. 성령으로 하지 않고는 믿을 수가 없습니다.

더욱 놀라운 것은 이제는 아버지께서 친히 제자들을 사랑하신다는 것을 확신하게 될 것이라는 것입니다.

27절, "이는 너희가 나를 사랑하고 또 나를 하나님께로서 온 줄 믿은 고로 아버지께서 친히 너희를 사랑하심이니라."

이제까지는 인간의 몸을 입고 오신 그리스도를 통하여 하나님의 사랑을 알았지만 성령강림하시면 하나님이 친히 사랑하신다는 것을 알게 될 것입니다. 눈으로 보고 사랑을 확인하던 것을 이제는 영으로 하나님의 사랑을 확신하게 될 때가 온 것입니다.

성경의 일관된 주장은 하나님은 우리를 영원 전부터 사랑하셨다는 것입니다. 예수님이 십자가를 지시고 우리의 죄를 사하여 주셨기 때문에 사랑하신 것이 아닙니다. 회개했기 때문에 사랑하신 것이 아닙니다. 주님이 십자가를 지신 것은 우리에게 하나님의 사랑을 전하시는 방법에 불과합니다. 하나님의 사랑의 계획을 이루시기 위하여 지신 십자가입니다. 영원 전에 사랑하신 사실을 십자가를 통하여 완성시키시러 오셨습니다.

성부 하나님이 예수 그리스도를 보내셨습니다. 정하신 뜻을 따라 보내셨습니다.

"때가 차매 하나님이 그 아들을 보내사 여자에게 나게 하시고 율법 아래 나게 하신 것은 율법 아래 있는 자들을 속량하시고 우리로 아들의 명분을 얻게 하려 하심이라" (갈 4 : 4, 5).

영원부터 우리는 하나님의 사랑을 받고 있었습니다. 예수님이 오셔서 이 사랑을 확인시키시는 구체적인 삶을 사시면서 보여주셨습니다. 우리가 실감할 수 있는 방법으로 우리와 같이 사시면서 하나님의 사랑을 보이셨습니다. 예수님은 나를 사랑하사 구원하시려는 하나님의 뜻을 이루시려고 희생제물이 되신 것입니다. 하나님의 사랑을 확증시키기 위하여 십자가를 지셨습니다. 십자가는 인간역사 속에서 이루어진 사건입니다. 보이는 현실을 가지고 이루신 사실입니다. 직접 보고 만지는 황홀한 사건과 함께 진행된 진리의 사건입니다.

이제 성령께서 보내심을 받은 것은 이러한 그리스도의 일을 모든 인류들에게 개별적으로 적용하시려는 목적을 가지고 오셨습니다. 우리가 하나님의 사랑을 친히 받고 있었다는 것을 알게 해주시려는 뜻을 따라서 오셨습니다.

극심한 환난 중에서도 소망을 놓칠 수 없는 것은 성령으로 말미암아 우리 마음에 하나님의 사랑을 넘치게 하시기 때문입니다. 하나님의 사랑이 세상을 이기게 합니다. 사도들의 환난을 기쁨으로 당하게 한 근거는 하나님의 사랑이었습니다. 하나님이 친히 나를 사랑하신다는 것은 객관적인 사실입니다. 그러나 실제로 그 사랑이 어려움에 처해 있는 나에게 무슨 효과가 있을까요?

우리는 하나님의 말씀이 이해가 안 될 때가 많습니다. 설교를 들을 때 어렵고 불필요해 보이는 내용들이 많다고 느껴집니다. 설교에 흥미를 잃고 조는 사람들도 있습니다. 왜 그럴까요? 잘 알아들을 수 있는 이야기가 아니기 때문입니다.

만일 여기서 우리가 매일 일상적으로 접하는 흥미로운 이야기를 한다면 좋겠습니까? 돈을 어떻게 벌 수 있을까? 어떻게 성공할 수 있을까? 승진하는 요령이나 합격하는 비결이나 증식의 비밀을 이야기한다면 우리의 삶에 얼마나 도움이 되며 흥미롭겠습니까? 그것도 하나님의 지혜로 하나님의 도우심으로 이루어지는 비결이라면 좋지 않을 것입니다.

그러나 성경은 하나님의 사랑에 관한 이야기입니다. 이것이 오늘날 우리가 현실 문제로 어려움을 겪고 있는 우리에게 무슨 가치가 있습니까? 하나님은 자신에 관한 지식을 쌓아 우리로 하여금 행복의 진수를 누리기를 바라십니다. 세상이 주는 행복과는 비교가 안 되는 하늘나라가 주는 영광의 행복을 맛보며 살기를 원하십니다.

성경은 성령이 우리의 심령 깊은 곳에서 하나님의 지혜와 권능을 불어넣어 주시면 우리의 생애가 모든 세상근심과 방황이 말끔히 씻겨 지는 자유를 누리게 될 것이라고 합니다. 내가 세상문제로부터 자유로워지는 것은 물질 이전의 문제입니다. 죄의 문제로 오는 가책들을 안고 살고 있는 한 행복하다 할 수 없습니다.

죽음의 어두운 회색복장을 하고 살고 있는 한, 나는 아직도 행복하다 할 수 없습니다. 사망하고 있는 비참한 처지에서 돈을 벌어서 행복하다고 한다면 짐승과 다를 바 없습니다. 사형장으로 끌려가면서 물이 고인 곳을 피해가려는 죄수를 본 적이 있습니다. 곧 사형이 집행될 터인데 찰나의 편리를 놓고 싸우는 짐승과 같습니다.

하나님이 나를 사랑하신다는 것에 대해서 이론이 아니라 현실로서 감격하는 입장이라면 그에게는 더 이상 세상이 문제될 것이 없습니다. 하나님의 사랑을 십자가를 통하여 확인하셨다면 이제는 십자가를 바라볼 때마다 지금도 나를 사랑하신다는 것을 기초로 세상에 대하여 두려워해야 할 일이 없습니다.

하나님이 나를 사랑하신다는 것을 전제로 나의 현실을 보십시오. 인생을 고통으로 보지 말고 사랑의 안목으로 보면 나로 살게 하신 현실을 그대로 하나님의 사랑이 있는 간섭으로 인정하게 될 것입니다. 이 현실, 이 가족들, 이 사회와 직장, 생업과 관계들, 이 교회와 직분과 사명들을 사랑의 안목을 가지고 바라보면 하나님이 행하시는 일의 결과임이 틀림이 없기 때문에 절망할 이유가 없습니다.

기독교 신앙은 하나님을 배우고 경험하는 기회로서 나의 삶을 이해하는 싸움입니다. 내 진심과 양심대로 하나님을 요구하는 열정이 아니라 하나님의 요구 앞에 나를 어떻게 바치느냐에 대한 싸움입니다. 기도대로 안 되는 안타까움이 있습니까? 내 뜻대로 아니기 때문에 불만입니까? 그래도 하나님이 나를 사랑하사 이루신 간섭임을 믿고 이 처지 이 형편대로 하나님께 감사하며 사는 것입니다. 언젠가는 하나님이 허락하신 기쁨이 성령의 역사하심을 따라 충만하게 될 것입니다.

여기서 살기 까지 우리의 생각대로 왔으리라 생각합니까? 우리가 하고 싶은 대로 방치하셨다면 우리는 지금쯤 상당히 멀리 떠나가서 살았을 것입니다. 하나님의 사랑이 아니었다면 우리는 영육 간에 하나님이 친히 예비하신 약속과는 아주 거리가 먼 사람이 되었을 것입니다. 우리는 어떤 경우에라도 지금은 회개하고 하나님께로 나아가야 할 입장이지 절망하여 뒤로 물러갈 수는 없습니다. 하나님이 우리를 놓치지 않으시기 때문입니다.

32절은 제자들이 주님을 떠나 제각기 흩어지게 될 것이라고 예언하십니다. 그러나 주님은 나 홀로가 아니라 아버지와 함께이심을 확신시키십니다. 그리고 내리신 결론은 이렇습니다.

33절, "이것을 너희에게 이름은 너희로 내 안에서 평안을 누리게 하려 함이라 세상에서는 너희가 환난을 당하나 담대하라 내가 세상을 이기었노라."

예수님은 제자들에게 마저 버림을 당할 것을 예언하시면서 그러나 성부 하나님께서 함께 하실 것임을 강조하신 것은 그 목적이 어디에 있습니까? 제자들로 하여금 내 안에서 평안을 누리게 하려 함을 목적으로 합니다. 주님은 다 버리고 떠나간 고독의 상황에서 평안을 누렸습니다. 핍박이 닥치면 제자들마저 다 도망치고 주님은 홀로 남게 될 것입니다. 바로 그 홀로 남아 있을 때가 오히려 평안을 누리는 기회라는 것입니다. 왜일까요? 하나님이 함께 하시는 순간이기 때문입니다.

● ● ● ● ● ● ● ● ● ●

하나님과의 직선적인 관계가 확인될 때 세상일 다 잊어버리고 평안을 가지게 됩니다. 바꾸어 말하면 세상적으로 고독한 순간에는 하나님과의 관계는 적극적으로 평안을 누리게 됩니다. 그러므로 우리는 종종 배타적 공간을 확보하며 살아가야 할 필요를 느낍니다.

우리는 너무나 사람과의 관계에 얽매여 있어서 하나님과의 일대일의 관계를 놓치고 살 때가 많습니다. 가족에게 얽매여 있고 직장에 붙들려 있고 사회적 활동에, 정치활동에, 학문에 매여 있으므로 영적으로는 아주 메마른 상태에서 살고 있습니다. 자기 할 일 다 하고 남은 시간을 내어 봉사하려 하니 남은 시간이 없는 것입니다.

영적 유익을 위해서는 배타적 공간을 가질 필요가 있습니다. 나만의 시간을 일부러 내십시오. 삶의 기본적인 힘의 원천인 하나님과 사귐이 있게 하십시오. "담대하라, 내가 세상을 이기었노라." 예수님은 하나님과의 풍성한 교제와 사귐을 가지고 세상을 이기셨습니다. 승리의 근거가 되셨습니다.

신앙은 예수 그리스도의 승리로 나의 삶을 승리로 외치며 찬양하며 사는 운동입니다. 우리의 힘겨운 삶을 이기신 그리스도의 승리로 넉넉히 이기는 자의 영광을 만나는 자리가 되기를 바랍니다.

제 17장
영광과 기쁨이 되신 예수 그리스도

기도 - 영화롭게 하소서

(요 17:1-5)

"예수께서 이 말씀을 하시고 눈을 들어 하늘을 우러러 가라사대 아버지여 때가 이르렀사오니
아들을 영화롭게 하사 아들로 아버지를 영화롭게 하게 하옵소서 아버지께서 아들에게 주신
모든 자에게 영생을 주게 하시려고 만민을 다스리는 권세를 아들에게 주셨음이로소이다
영생은 곧 유일하신 참 하나님과 그의 보내신 자 예수 그리스도를 아는 것이니이다
아버지께서 내게 하라고 주신 일을 내가 이루어 아버지를 이 세상에서 영화롭게 하였사오니
아버지여 창세 전에 내가 아버지와 함께 가졌던 영화로써
지금도 아버지와 함께 나를 영화롭게 하옵소서"

다른 복음서와는 달리 요한복음은 마지막 십자가를 지시기 전에 있었던 일을 소상히 기록하고 있습니다. 13장에서부터 17장까지 무려 다섯장을 할애하여 기록하고 있습니다. 유월절 식사하는 중에 제자들의 발을 씻기시는 장면으로부터 시작하여 고별설교가 진행되다가 마지막에는 기도로 마치게 됩니다. 주님의 기도는 제자들에게 남기시는 유언적 성격을 띱니다.

1절, "눈을 들어 하늘을 우러러 가라사대 아버지여 때가 이르렀사오니 아들을 영화롭게 하사 아들로 아버지를 영화롭게 하게 하옵소서."

때가 이르렀다는 것은 십자가의 때가 임박했다는 것입니다. 자신이

대속물로 십자가에서 죽는 때입니다. 그때가 바로 눈앞에 다가와 있습니다. 예수님은 아버지의 영광을 위하여 기도하시는데 자신의 죽음과 관련시키고 있습니다. 하나님의 영광이 우리가 알고 있는 것과는 달리 하나님의 권능과 전지전능하심과 거룩하심이나 충만하심과 같은 개념이 아닙니다. 십자가의 참혹한 죽으심과 깊이 관련되어 있습니다.

성경의 대부분의 경우 하나님의 영광은 우리를 구원하시는 구속사역과 관련되어 있습니다. 이미 주님께서는 유월절 식사가 진행되고 있는 중에 유다가 회개할 기회를 버리고 문을 박차고 나갔을 때 '인자가 영광을 얻었고 이를 인하여 아버지도 영광을 얻었다' 고 선포하신 적이 있습니다. 유다가 문을 박차고 나가는 순간은 십자가의 죽음이 확정되는 때입니다.

기도의 내용이 아버지의 영광을 놓고 싸우십니다. 특히 "때가 이르렀다"는 것은 아버지께서 영원 전에 계획하신 뜻이 이루어지는 때입니다. 이는 반드시 성취되어야 할 일입니다. 아버지의 계획하신 대로 이루어지는 것이라면 어떤 일이든지 하나님의 영광이 드러나는 순간입니다.

이미 살펴본 대로 예수님은 자신의 뜻과 생각을 따라 우리를 구원하러 오시지 않으셨습니다. 우리를 위하여 십자가를 지신 것이 아니라 아버지의 뜻을 따라서였습니다. 어떤 경우에도 독자적으로 행하시지 않으셨습니다. 오직 아버지의 뜻이 복종하셨고 순종하셨습니다. 그 절정이 십자가입니다.

예수님은 성부 하나님의 영광의 뜻을 두고 싸우셨는데 십자가를 지심으로 하나님의 공의와 사랑을 나타내신 것입니다. 아버지의 뜻이 나타나는 것 자체를 영광으로 받으셨습니다. 주님의 전 생애는 아버지께서 우리를 향하여 갖고 계시는 공의와 사랑의 절정인 십자가를 지시는 것을 최고의 진리로 규정하시고 사셨습니다. 한마디로 예수님의 생애는 아버지를 증거 하시는 것으로 일관하셨습니다.

우리의 존재가치도 예수 그리스도 안에서 하나님의 영광과 관련하여 찾아야 할 것입니다. 신앙고백서마다 사람의 제일 되는 목적은 하나님을 영화롭게 하는 것이라고 한 것도 예수님의 전철을 따라 규범화 한 것입니다. 우리가 세상의 빛과 소금으로 존재하는 것도 하나님의 영광과 관련하여 부르신 이름입니다. 하나님이 아니시면 우리가 아무리 선하고 착하게 살아도 세상의 빛일 수가 없고 소금일 수가 없습니다. 우리의 선행이 빛이 아니라 하나님의 영광을 위하여 사는 가치로서 우리는 존재론적으로 세상의 빛입니다. 다만 고민이 있고 부끄러움이 있다면 빛답지 못하다는 데 있습니다. 세상 사람들은 아무리 훌륭하다 해도 빛일 수가 없습니다. 왜 그럴까요? 하나님과 관련되어 없기 때문입니다.

우리의 삶은 하나님의 영광과 관련이 있기 때문에 우리의 선행이나 아름다움이 어떤 경우에라도 나의 자랑이나 나의 얼굴이 될 수 없습니다. 우리가 깨끗하고 성결하게 사는 것도 하나님의 영광을 목적으로 힘쓰는 싸움이지 나의 아름다움이나 나의 도덕적 가치로서가 아닙니다. 나의 삶은 하나님께서 이루신 구원의 은혜가 주도하기 때문에 하나님의 영광이 본질인 것입니다. 삶의 본질이 하나님의 영광이 된 것은 나의 의사가 아니라 전적으로 하나님의 뜻으로 이루어진 것입니다. 그러므로 나는 아직도 하나님의 영광을 위하여 살아간다는 인식이 없다하더라도 하나님은 나를 보실 때에 자신의 영광을 위한 존재로서 그 가치를 평가하고 계신다는 것을 절대로 놓쳐선 안 될 것입니다. 내가 나를 책임지는 입장이라면 삶을 좌절과 방황으로 넘어질 수밖에 없습니다. 하나님의 영광을 위한 유일한 존재로서 갖는 가치와 사명을 분발하도록 간섭하시겠다는 약속이 임마누엘 곧 나와 함께 하시겠다는 것입니다.

성자 예수님의 목적이 아버지를 영화롭게 하는 것임을 고백하신 후에 이어서 만민을 다스리는 권세를 주신 것에 대한 목적을 확인하고 있습니다.

2절, "아버지께서 아들에게 주신 모든 자에게 영생을 주게 하시려고 만민을 다스리는 권세를 아들에게 주셨음이로소이다."

권세란 권위란 뜻입니다. 세력과 힘의 뜻을 가진 복합어입니다. 인간은 본성상 권위를 싫어합니다. 권위를 속박이나 강압하는 어떤 힘으로 이해하기 때문입니다. 그리고 권위의 반대를 자유로 이해하기도 합니다. 그래서 권위에 대해서는 상당한 저항감을 가지고 있습니다. 모두가 죄의 본성입니다.

죄란 권위로부터의 이탈입니다. 권위로부터의 분리요 독립의 상태는 언제나 죄가 활약하는 상황입니다. 사단이 인간을 하나님의 품에서 꾀어낼 때에 상급으로 내건 것이 무한대한 자유입니다. 너도 하나님과 같이 될 수 있다는 것이었습니다. 왜 하나님의 명령 아래서 살아야 하느냐 하는 속박의 문제를 자극한 것입니다. 사단이 하나님의 영광을 파괴하기 위하여 사용한 무기가 하나님으로서 갖는 자유였습니다. 자유를 갈망하여 인간이 하나님의 계명을 깨뜨리고 사단의 길로 나왔더니 약속대로 자유가 기다리고 있는 것이 아니라 다른 권세가 기다리고 있었다는 것이 인간 비극의 시작이었습니다.

이로써 인간은 죄와 죽음의 권세 아래로 굴복하는 비참한 형벌의 운명을 맞게 된 것입니다. 사단이 내건 자유는 결국 거짓을 바탕으로 한 유혹이었습니다. 사단의 목적은 오직 인간을 꾐으로써 하나님의 영광을 실추시키는 것이었음이 만천하에 드러나게 된 것입니다.

주님께서 아버지께 기도하신 내용은 이렇게 깨어져나간 하나님의 권위를 회복하는 것입니다. 아버지는 아들에게 권세를 주셨는데 그 목적이 아버지께서 아들에게 주신 모든 이들에게 영생을 주기 위해서입니다. 영생을 주기 위한 목적으로 권세를 허락하셨습니다. 아버지께서 가장 원하시는 것은 궁극적으로 우리를 구원하시고 하나님과 함께 있게 하시려는 것입니다. 우리를 하나님과 함께 살게 하심으로써 결과적으로는 하나님께 영광이 되게 하시려는 것입니다. 예수님께서 이를 위하여 십자가에 오르신 것입니다.

영생이란 무엇입니까? 3절, "영생은 곧 유일하신 참 하나님과 그의 보내신 자 예수 그리스도를 아는 것이니이다" 하였습니다. 영생은 하나님을 아는 것입니다. 영원히 산다는 개념이 아닙니다. 안다는 것은 남편이 아내를 알고 아내가 남편을 아는 상태입니다. 서로의 체질이 어떤지, 무엇을 좋아하는지, 성격이 어떤지를 속속들이 아는 상태를 말합니다.

책을 보고 아는 것이 아니라 전인격적 사귐과 삶을 통해서 서로를 알게 되는 사이를 말합니다. 떼어놓을 수 없는 만남이요, 틈이 없는 온전한 관계를 뜻합니다. 서로 서로에게 모르는 것이 없고 무엇이든지 비밀로 감추어둘 수 없는 사이입니다. 속성과 인격이 일치되어 있고 존재양식이나 표현하는 양식이 하나입니다.

그런데 우리가 아무리 하나님을 굳세게 믿고 그의 은혜 속에 산다 하여도 하나님이 요구하시는 영생의 수준에는 미치지 못합니다. 죄에서 해방이 되어 의인의 신분으로 살지만 의인답게 거룩함의 온전한 수준에는 아직도 부족합니다. 우리는 맡겨주신 삶을 하나님의 뜻을 온전하게 이루며 살만큼 능력과 지혜를 갖고 있지 않습니다.

득히 돈이니 권력이나 명예를 맡기시면 이를 하나님의 영광을 위하여 신령하게 사용할 지혜가 없습니다. 나에게 유리하면 얼마든지 하나님의 뜻을 따르기 보다는 나의 세상 쪽으로 가는 사람들입니다. 아버지께서 아들에게 모든 권세를 주신 것은 우리의 연약과 무능의 체질을 아시기 때문입니다. 우리로 영생의 풍성함을 누리기 위해서는 우리를 권위로 간섭하실 수밖에 없으십니다.

주님께서 가지신 권위는 우리를 억압하거나 속박하는 힘이 아닙니다. 아버지께서 약속하신 것을 반드시 이루시는 주권을 말합니다. 사랑하는 자녀들에게 베풀고 싶은 풍성한 삶의 복을 약속대로 이루시겠다는 하나님의 주권적인 간섭입니다. 무한대이신 하나님 사랑의 간섭으로 자신의 고집과 편견을 버리고 하나님의 뜻 아래로 순복하게 하는 능력과 지혜의 수준과 역량을 권위라고 합니다. 감동과 기쁨으로 항복하여 돌아오게 하는 사랑의 권위입니다. 억압하고 폭행하여 받아내는 항복이 아닙니다. 인격적이고 자발적인 순복의 상태를 이루어 하나님과 깊고 풍성한 교제의 자리로 이끄는 권위입니다. 이를 위하여 주님은 아버지께로부터 다스리는 권세를 받았다는 사실을 확인하고 이를 제자들에게 가르치고 있는 것입니다.

십자가를 통하여 주님은 아버지께로부터 가장 높으신 자리를 되돌려 받으셨습니다.

"하나님이 그를 지극히 높여 모든 이름 위에 뛰어난 이름을 주사 하늘에 있는 자들과 땅에 있는 자들과 땅 아래 있는 자들로 모든 무릎을 예수의 이름에 꿇게 하시고 모든 입으로 예수 그리스도를 주라 시인하여 하나님 아버지께 영광을 돌리게 하셨느니라"(빌 2:6-11).

예수님은 지금 그 권세를 누구를 위해 쓰십니까? 자신을 위한 것이 없습니다. 주님에게 허락한 권위는 모두가 다 우리를 위하여서입니다. 주님은 우리의 체질을 아시고 우리의 고통을 아시는 분이십니다. 우리의 배고픔을 아시고 우리의 목마름을 친히 경험하신 분이십니다. 그가 지금 하늘 보좌에 계셔서 그 큰 권세로 우리를 위하여 친히 간구하고 계십니다.

우리는 하나님의 일을 완성하는 데에 필요한 희생양으로 요구되는 입장에서 살지 않습니다. 희생양은 주님 한 분만으로 족합니다.

주님의 희생으로 우리가 드디어 구속함을 힘입어 하나님의 영광을 위한 유일한 가치로 평가되는 존귀한 존재들이 되었습니다. 우리가 아니면 하나님의 기쁘심과 영광을 기대할 근거를 찾을 수 없을 만큼 우리만이 하나님의 일의 배역들입니다. 이에 필요한 것은 세상을 이기신 그리스도의 승리를 우리의 것으로 외치고 증거 하는 능력과 지혜의 충만함입니다. 이에 우리를 다스리고 통제하는 신령한 권위는 반드시 필요한 상황입니다. 예수님은 충분히 그 권위로 우리를 위하여 중보 사역을 하실 수 있으십니다. 그만큼 설복할 능력과 우리로 승리케 할 지혜와 지식을 가지고 계십니다.

부모로서 우리가 자녀를 어떻게 기릅니까가? 교사된 우리가 아이들을 어떻게 가르칩니까? 우리의 생각과 권세만큼 가르치고 양육합니다. 우리의 능력이나 지혜의 수준 이상을 뛰어넘질 못합니다.

하늘과 땅의 모든 권세를 가지신 예수님이 땅 끝까지 함께 하시리라 약속하셨는데도 제자들은 세상에서 평안하게 살았다는 기록이 없고 모두 순교하였습니다. 비록 순교하였지만 예수님께서 가지신 권위만큼 능력과 감동과 기쁨을 외치며 증명하면서 하나님의 영광을 선포하였습니다. 사도들은 자신들의 것이 아니 전혀 다른 간섭에 의하여 이 세상 어느 누구보다 더 크고 충만한 행복과 자랑으로 인생을 감사와 찬양으로 참으로 억제할 수 없는 감동의 세월을 살았습니다. 주님께서 가지셨던 권세 만큼이있습니다.

● ● ● ● ● ● ● ● ●

하나님께서 우리를 사랑하셔서 여기까지 인도해 주셨습니다. 그동안 오해와 조롱도 있었지만 억울할 게 없습니다. 예수를 믿는 것 때문에 손해보고 불 유익한 환경에 처하였다 할지라도 절망할 이유가 없습니다. 우리로 영생을 얻게 하시려고 권세를 가지신 주님께서 다스리시고 간섭하신 걸음임을 나의 생의 유일한 자랑과 영광으로 간직하는 것만은 놓쳐서는 안 될 것입니다.

영화롭게 하옵소서

(요 17:5-6)

> "아버지여 창세 전에 내가 아버지와 함께 가졌던 영화로써
> 지금도 아버지와 함께 나를 영화롭게 하옵소서 세상 중에서 내게 주신 사람들에게
> 내가 아버지의 이름을 나타내었나이다 저희는 아버지의 것이었는데 내게 주셨으며
> 저희는 아버지의 말씀을 지키었나이다"

십자가를 앞에 두고 예수님은 제자들을 향하여 아버지께 제사장적 기도를 드리고 있습니다. 기도의 내용이 아버지의 영광을 요구하고 있습니다. 1절에 이어 4절에서 영광이 반복되고 있습니다.

4, 5절, "아버지께서 내게 하라고 주신 일을 내가 이루어 아버지를 이 세상에서 영화롭게 하였사오니 아버지여 창세 전에 내가 아버지와 함께 가졌던 영화로써 지금도 아버지와 함께 나를 영화롭게 하옵소서."

주님은 아버지를 이 세상에서 영화롭게 하셨는데 그 방법이 아버지께서 하라고 하신 대로 이루었다는 것입니다. 주님은 혼자서 독자적으

로 일하신 적이 없으십니다. 예수님도 만물을 다스리시는 권세를 가지셨지만 그의 하신 일들은 모두가 아버지의 계획하신 것을 이루시는 일이었습니다. 주님께서 십자가에 오르신 것은 다 아버지를 영화롭게 하시려는 목적이었습니다.

신앙은 우리를 향하여 갖고 계시는 하나님의 궁극적인 뜻이 무엇인가를 아는 것입니다. 구원하신 목적이 하나님의 영광에 있습니다. 주님의 기도에서 아버지의 영화를 구하신 것은 우리와 무관하지 않습니다. 주님이 친히 그렇게 하셨듯이 우리도 하나님의 영광에 대하여 열망하며 갈급한 심령으로 살아야 할 것을 가르치시는 기도입니다.

11절 하반절, "우리와 같이 저희도 하나가 되게 하옵소서" 그리고 22절 "내게 주신 영광을 내가 저희에게 주었사오니 이는 우리가 하나가 된 것 같이 저희도 하나가 되게 하려 함이니이다."

주님께서 이 땅에 오셔서 십자가를 지신 것은 아버지와 아들이 하나 된 것 같이 우리도 하나 되게 하시려는 뜻이 있었습니다. 아버지와 아들처럼 저희도 하나 되는 것입니다. 이를 가장 강조하는 대목, 3절입니다. "영생은 곧 유일하신 참 하나님과 그의 보내신 자 예수 그리스도를 아는 것이니이다."

아는 것은 더 이상 가까워질 수 없는 사이, 곧 하나를 이루는 것입니다. 다시 말하면 영생이란 하나님과 우리가 하나 되는 상태인데 같은 수준의 뜻, 동등한 위치에서 갖는 영광인 것입니다.

지금 주님은 우리를 어디로 이끌어 가시느냐 하면 자신이 최초로 가지셨던 영광의 자리입니다. 5절의 말씀처럼 "창세 전에 내가 아버지와 함께 가졌던 영화로써 지금도 아버지와 함께 나를 영화롭게 하옵소서"라고 기도하셨습니다. 주님이 우리를 데려가시고자 하는 곳은 창세 전에 아버지와 함께 계셨던 자립니다. 거기로 우리를 데려 가시겠다는 것입니다.

신앙생활에서 우리가 가서 누릴 영광의 자리를 알지 못한다면 믿는 자의 자랑이나 기쁨이 사라지게 됩니다. 예수를 믿는 다는 것의 영광을 모르면 예배나 성도의 교제나 교회생활이 무미건조해질 수밖에 없습니다. 신앙생활이 흥미가 없고 짜증스러운 것은 그 이유를 하나님의 영광에 대하여 무지하였기 때문이라고 지적합니다.

"그러나 우리가 온전한 자들 중에서 지혜를 말하노니 이는 이 세상의 지혜가 아니요 또 이 세상의 없어질 관원의 지혜도 아니요 오직 비밀한 가운데 있는 하나님의 지혜를 말하는 것이니 곧 감취었던 것인데 하나님이 우리의 영광을 위하사 만세 전에 미리 정하신 것이라 이 지혜는 이 세대의 관원이 하나도 알지 못하였나니 만일 알았더면 영광의 주를 십자가에 못 박지 아니하였으리라"(고전 2:6-8).

"영광의 주를 못 박지 아니하였으리라" – 당시 유대인들과 로마의 관원들이 십자가에 예수님을 못 박은 것은 영광의 주님을 알아보지 못하였기 때문이었습니다. 그들이 재판한 죄목이 무엇이었습니까? 예수님이 자칭 유대인의 왕이라는 것과 하나님의 아들이라고 했다는 것입니다. 그러니까 세상적인 안목에서 보면 예수님이 왕이니 하나님의 아들이니 하는 것이 불경스럽고 참람하기 짝이 없는 발언입니다. 또 실감이 가지 않는 것은 그에게 왕 같은 기상이나 품위나 힘이나 영광이 보이지 않기 때문입니다. 유대인들은 거침없이 예수를 십자가에 처형하고 말았던 것입니다.

그러나 성경은 예수님만이 영광의 주라고 선포합니다. 누구만이 알아보는 감동입니까? 세상에는 안 보이는 영광입니다. 오로지 우리에게만 보이는 영광입니다. 하나님이 육신을 입고 여기 우리가 살고 있는 저주와 형벌의 땅에 오셔서 우리를 구원하시는 사랑의 열정과 진심을 알아본 자의 심령은 하나님의 품안에 있는 독생자의 영광을 보고 감격과 환희의 감탄을 쏟아냅니다. 요한복음 초두에 기록하였듯이 독생자의 모습에서 은혜 위에 은혜가 넘치는 감동을 주체할 수 없습니다.

이 영광을 세상적인 안목에서 확인하려고 하면 우리의 세상을 채워 달라는 기도밖에는 할 이야기가 없습니다. '병이 낫게 해 달라, 사업이 잘 되게 해 달라, 합격하게 해 달라' 등 우리의 현실을 꺼내놓고 하나님의 영광을 구하는 열심을 신앙이라고 자부하게 됩니다. 그러다가 낙심하면 기도의 수준을 낮추어 빌게 되는 시험에 빠지게 됩니다.

병이 낫는 것보다는 의사의 처방이 잘못되지 않도록, 약의 효험이 있도록 기도의 수준을 낮춥니다. 합격을 놓고 비는 것이 아니라 공부한 것을 잊지 않고 잘 쓰도록, 평소에 알고 있는 것만이라도 실수하지 않게 해달라고 기도합니다. 그래서 다분히 내가 기도하는 것은 적어도 신비주의나 기복신앙은 아니라는 것을 증명하고자 합니다.

이렇게 우리는 내가 할 수 있는 한 기도할 이유가 없어져 버렸습니다. 교회도 기도할 내용이 점점 없어져 가는 현상들 속에서 영성이 메마르게 되는 현실을 경험하고 있는 실정입니다. 우리가 할 수 없는 일이 거의 없어진 상태에서 하나님의 전지전능하심이나 무소 부재하심 같은 신성을 요구할 근거가 없어진 것입니다.

기독교 신앙을 세상의 영광을 구하는 쪽으로 가다보니 당초에 있었던 하늘의 영광에 대한 약속들을 놓치고 마는 허탈감에 빠지게 됩니다. 이러한 신앙의 부작용으로 인하여 우리가 겪고 있는 난관이 더욱 힘들어지는 상황입니다. 신앙은 내가 사는 것이 이미 하나님의 계획에 의한 것이고 하나님이 아니면 여기 내가 존재할 수도 없을 뿐 아니라 여기 이 지점에서 살 이유도 없다는 것을 아는 것입니다. 내가 할 수 있는 일과 할 수 없는 일을 따로 구분하여 살 입장이 아닙니다. 아주 자연스러운 일상까지도 하나님과 함께 살아가는 운동이 신앙생활입니다.

"만일 우리 복음이 가리었으면 망하는 자들에게 가리운 것이라 그 중에 이 세상 신이 믿지 아니하는 자들의 마음을 혼미케 하여 그리스도의 영광의 복음의 광채가 비취지 못하게 함이니 그리스도는 하나님의 형상이니라… 어두운데서 빛이 비취리라 하시던 그 하나님께서 예수 그리스도의 얼굴에 있는 하나님의 영광을 아는 빛을 우리 마음에 비취셨느니라" (고후 4:3-6).

우리가 얼마나 놀라운 존재냐 하면 만세 전에 하나님이 가지셨던 영광을 아는 빛을 우리 마음에 비춰 주셨다고 합니다. 이 영광을 예수 그리스도의 얼굴을 통하여 볼 수 있었고 이제는 우리에게 나타난바 되었습니다. 어두운데서 빛이 비취리라 하시던 하나님께서 우리의 마음에 그 동일한 빛을 비춰주셨습니다. '빛이 있으리라' 언제의 일입니까? 창조 때의 일입니다. 아무 것도 없는 흑암의 상태에서 빛을 명령하시던 하나님이 그 동일 한 능력으로 우리의 죽어 있던 심령에 하나님의 영광을 아는 빛을 비춰 주셨습니다.

세상 신에 사로잡힌 자들은 볼 수 없는 하나님 나라의 빛을 우리에게는 비춰주신 것입니다. 이는 성령으로 거듭나지 아니하면 결단코 하나님의 나라를 볼 수 없느니라 한 것과 같습니다. 물질세계와 그 안목으로는 절대로 볼 수 없는 영광의 약속들입니다.

우리의 신앙생활에서 실수하는 것은 신령한 것을 신령한 약속들에 대한 싸움으로 쓰지 아니하는 데 있습니다. 세상적인 것에 비중을 두고 말씀을 듣기 때문에 신령한 것에 대한 흥미를 잃게 됩니다. 나와 상관이 없는 이야기들로 들리니까 졸음이 쏟아집니다. 오늘도 졸고 갈 수 없습니다. 무료한 시간이 아니라 성경에서 신령한 지식을 가진 자들의 생애를 얼마나 적극적으로 불태우며 살았는가를 되돌아보게 하고 도전해 오고 있기 때문입니다.

"내가 이제 너희를 위하여 받는 괴로움을 기뻐하고 그리스도의 남은 고난을 그의 몸 된 교회를 위하여 내 육체에 채우노라 내가 교회 일군 된 것은 하나님이 너희를 위하여 내게 주신 경륜을 따라 하나님의 말씀을 이루려함이니라 이 비밀은 만세와 만대로부터 옴으로 감취었던 것인데 이제는 그의 성도들에게 나타났고 하나님이 그들로 하여금 이 비밀의 영광이 이방인 가운데 어떻게 풍성한 것을 알게 하려하심이라 이 비밀은 너희 안에 계신 그리스도니 곧 영광의 소망이니라"(골 1 : 24 - 27).

바울이 복음을 위하여 왜 그토록 열심을 내어 충성하였습니까? 그리스도의 고난을 자신의 육체에 가득히 채우면서까지 열심을 낸 이유가 무엇이었습니까? 그리스도의 남은 고난으로 평가되는 즐거움이 그에게 있기 때문입니다. 그리스도의 얼굴에 있는 영광을 그의 얼굴에서도 간직하고 싶다는 것입니다. 예수님과 동일한 경험 속으로 뛰어 들어가서 그리스도의 영광을 갖고 싶어 했습니다. 그리스도를 위하여 받는 괴로움과 고통을 당연하게 받아들이고 여기고 오히려 기쁘게 여기면서 살았습니다. 영광으로 가는 길임을 알기 때문입니다.

전쟁 중에 조종사에게 내리는 최고의 벌은 비행정지명령입니다. 전쟁 중에 전투기를 안타는 것이 얼마나 행복입니까? 대기실에서 장기나 바둑이나 두고 있으면 안전하지 않는가? 그것이 왜 벌이 되는가? 전투 조종사로서 비행기를 타지 못하고 국가의 위기를 지키고 국민의 안전을 지키는 부름에 대하여 아무 역할도 못한 채 전투에서 제외되는 것은 조종사로서는 가장 큰 불명예가 되는 것입니다. 병사의 자랑은 빛나는 계급장에 있는 것이 아니라 적군과 싸우느라 피로 얼룩진 군복을 입고 국민들 앞에 나타날 때 환영과 영광의 갈채를 받게 되는 것입니다.

사도가 세상에는 감추고 계시는 복음의 비밀의 영광을 알게 된 것만도 말할 수 없는 감격이며 영광인데 이를 전하는 일군이 되게 하심으로 영광의 복음을 전하다가 당하는 고난과 괴로움을 오히려 기뻐하는 것은 그리스도의 고난으로 평가되기 때문이라고 고백하고 있습니다.

우리의 소원은 무엇입니까? 이 땅에서 사는 날 동안 평안하게 살다가 죽을 때에도 고통 없이 순간적으로 죽어 하늘나라로 가는 것입니다. 그러나 하나님은 우리에게 교회를 섬기는 기회로 직분을 주시고 사명을 요구하셨음을 잊지 마시기 바랍니다.

교회가 우리를 가만히 두지 않습니다. 많은 것을 요구합니다. '주일을 성수하라, 십일조를 바치라, 기도하라, 전도하라, 선교하라, 건축하라, 사랑하라, 섬기라, 봉사하라, 구역모임이나 각종 모임에 참여하라' 등 많은 것을 요구합니다. 일하다가 보면 억울한 소리 듣는 괴로움이 있습니다. 일하지 않으면 아무 소리도 안 듣습니다. 안 만나면 교회 때문에 갈등할 것이 없습니다. 상처 줄 일도 받을 일도 안 생깁니다.

그러나 신앙생활에서 편한 것만큼 해로운 것이 없습니다. 보통의 경우 교인들은 자기교회가 좋다는 느낌을 언제 갖느냐 하면 목사나 교회가 자신의 신앙에 대하여 간섭하지 않고 아무 요구하는 것도 없고 통제하는 사람이 없을 때입니다.

신앙생활에서 활력을 잃는 이유가 무엇입니까? 하나님을 영화롭게 하는 일을 놓치고 있기 때문입니다. 하나님으로부터 약속된 영광의 삶을 누리지 못하기에 언제나 가난하고 빈곤한 삶을 살게 됩니다. 영으로 보면 무료한 사람이 됩니다.

학교를 가는 것과 안 가는 것 중에 어느 편이 더 행복합니까? 학교를 가는 것이 더 행복합니다. 그러나 학교만큼 희생과 제약이 많은 곳은 없습니다. 숙제를 해야 하고 안 하면 벌을 받고 청소를 해야 하고 각종 시험을 치러야 합니다. 좀 더 이상적인 교육을 하는 곳을 가보기도 하고 공부 잘하는 학교를 배우기도 합니다. 학교에 안 다니는 학생이 견학을 오는 법이 없습니다. 집도 절도 없이 살면 불탈 걱정 없고 도둑맞을 걱정이 없어서 좋습니다. 다리 밑에 사는 거지 대장의 행복론입니다. "애

비 잘 만날 줄 알아라. 무슨 걱정이냐 불나서 걱정이냐 도둑이 걱정이냐
돈 벌 걱정이냐 동냥해온 음식을 봐라 때깔 좋지 않느냐?"

우리가 하나님의 영광을 놓치고 그 약속들에 대하여 눈감아 버리고
사는 것만큼 미련스러운 일은 없습니다. 우리의 미련함과 우둔함으로
인하여 하나님의 나라에서의 상급을 쌓는 일에 대하여 우를 범하고 있
으면서도 부끄러워하지도 않는 습관과 토양은 어서 속히 갈아 옥토가
되게 하여야 할 것입니다.

믿으면 천국, 안 믿으면 지옥에 가는 정도가 아닙니다. 교회생활이
그렇게 가난하게 우리를 요구하지 않습니다. 우리가 생각하고 있는 것
이상입니다. 상상할 수 없는 영광의 약속들이 있어서 싸움을 걸어오는
곳입니다. 해야 할 일이 있고 죽어서도 영광스러운 면류관이 약속되어
있는 자리에 부름 받고 있습니다.

영어를 잘 배우는 방법은 영어를 쓰는 사회로 들어가서 함께 어울려
사는 것입니다. 듣고 말하는 것이 영어밖에는 없는 곳에서는 어쩔 수
없이 할 수밖에 없습니다. 우리의 실력은 무엇입니까? 어려운 것을 해
석하면서도 미국사람 만나면 할 수 있는 것은 "I don't know." 정도
입니다.

● ● ● ● ● ● ● ● ● ●

우리가 아는 것은 예수 천당 불신 지옥정도인지도 모릅니다. 하나님
의 영광에 대해서는 아무것도 아는 것 없이 무식한 채 졸고 있지만 오늘
도 은혜의 날을 보내고 있습니다. 여러분의 가난함을 탄식하십시오. 안
타까워하십시오. 마음으로 결심이라도 하고 가기를 기도하십시오. 이
교회의 존립의 가치를 여러분이 받아 누릴 하나님의 영광을 위한 유일
한 싸움터로서 보존하시기 바랍니다.

(요 17:6-8)

> "세상 중에서 내게 주신 사람들에게 내가 아버지의 이름을 나타내었나이다
> 저희는 아버지의 것이었는데 내게 주셨으며 저희는 아버지의 말씀을 지키었나이다
> 지금 저희는 아버지께서 내게 주신 것이 다 아버지께로서 온 것인 줄 알았나이다
> 나는 아버지께서 내게 주신 말씀들을 저희에게 주었사오며 저희는 이것을 받고 내가
> 아버지께로부터 나온 줄을 참으로 아오며 아버지께서 나를 보내신 줄도 믿었사옵나이다"

십자가를 지시기 전 예수님의 제사장적 기도가 계속되고 있습니다. 그 동안 기도의 핵심이 하나님의 영광이었는데 오늘은 제자들을 위한 기도가 내용을 이루고 있습니다. 우리의 신앙생활에서 반드시 복구되어야 할 내용을 담고 있어서 주목을 끄는 대목입니다.

6절, "세상 중에서 내게 주신 사람들에게 내가 아버지의 이름을 나타내었나이다 저희는 아버지의 것이었는데 내게 주셨으며 저희는 아버지의 말씀을 지키었나이다."

예수님의 사역은 아버지께서 맡기신 사람들에게 아버지에 관한 것을 가르치며 훈련시키는 것이었습니다. 아무에게나 가서 전파하지 않고

아버지께서 가라하신 사람들이 따로 있었습니다. 그 사람들이 누구냐 하면 지금은 제자들이요 오늘날로는 우리 자신들이며 교회입니다.

제자들은 원래 아버지의 것이었다고 합니다. 우리는 나기 전부터 하나님의 소유된 백성이었습니다. 예수님이 이 땅에 오셔서 십자가를 지심으로 아버지의 자녀가 된 것이 아니라 영원 전에 이미 하나님의 자녀였었습니다. 예수님은 아버지의 보내심을 받고 제자들에게 오신 것입니다.

주님은 아버지의 소유인 제자들에게 아버지의 이름을 나타내었습니다. 아버지의 이름은 아버지의 존재와 속성, 그리고 그가 갖고 계시는 계획과 그 뜻의 비밀을 이루시는 섭리와 간섭 일체를 말합니다. 주님은 제자들에게 아버지를 알리었고 아버지에 대한 지식을 가르치셨습니다.

신앙의 대상은 하나님의 계획입니다. 하나님에 관한 지식입니다. 우리는 보이지 않지만 하나님의 뜻을 믿습니다. 우리에게 나타난 현실은 신앙의 대상이 될 수가 없습니다. 사람들은 보이는 것을 중심으로 하나님을 확인하려합니다. 경험한 것들, 이해할 수 있는 증거들, 내가 감동한 체험들을 중심으로 하나님을 믿으려 합니다. 그러나 내가 경험하고 감동한 것들은 환경과 분위기에 따라서 변하는 것들입니다. 주체가 누구입니까? 바로 나 자신입니다. 감정만큼 못 믿을 것이 없습니다. 사랑은 주로 감정을 호소하게 되는데 감정이 오늘은 어디로 튈지 우리 자신도 알 수 없습니다. 내가 감동한 하나님을 믿는다는 것은 참으로 위험한 모험입니다. 순간적인 힘은 있을지 몰라도 진리의 길로 인도할 수는 없습니다.

하나님의 뜻은 영원불변의 진리입니다. 한 번 뜻하신 것은 어떤 경우라도 성취하시는 속성을 갖습니다. 하나님의 뜻을 이루기 위해서는 우리의 자존심과 정욕을 꺾으셔야 하는데 쉽지 않습니다. 우리와의 싸움에서 하나님은 항상 이기신다는 것이 예정론입니다.

우리의 자존심과 고집은 하나님에 비해 더 강할 수 없습니다. 하나님은 영원하시지만 우리는 순간을 삽니다. 천년이 하루 같으신 분이 상대하시는데 일생이라야 겨우 백년도 안 되는 존재가 어떻게 이길 수 있습니까? 사랑하시는 열정도 어느 정도냐 하면 독생자를 대속물로 내어 주시는 분이십니다. 죄인을 위하여 대신 죽으시는 정도입니다. 우리는 의인을 위하여 혹 대신 죽을 수는 있지만 죽어 마땅한 죄인을 구하기 위하여 죽지 않습니다.

하나님이 하시고 자 하는 일이라면 우리의 고집을 꺾으시는데 능치 못할 일이 없으십니다. 창조주 하나님이 하실 수 있는 모든 권능과 지혜를 동원하셔서 이루신 결과 우리가 구원을 받았습니다. 그 최고의 열정을 가지고 행하신 역사가 십자가를 지시고 나 위하여 죽음 아래로 내려가신 것입니다. 홀로 행하시지 않으시고 하나님 앞에서 우리와 함께 행하시는 분이라는 뜻에서 대제사장이십니다.

출애굽기 28장에 보면 제사장의 흉패에 관한 설명이 나옵니다.

> "아론이 성소에 들어갈 때에는 이스라엘 아들들의 이름을 기록한 이 판결 흉패를 가슴에 붙여 여호와 앞에 영원한 기념을 삼을 것이니라 너는 우림과 둠밈을 판결 흉패 안에 넣어 아론으로 여호와 앞에 들어갈 때에 그 가슴 위에 있게 하라 아론이 여호와 앞에서 이스라엘 자손의 판결을 항상 가슴 위에 둘지니라"(출 28 : 29, 30).

하나님을 만나야 생명을 얻고 영원히 사는 길이 열리는데 우리는 죄인이기 때문에 하나님 앞에 나아가면 죽습니다. 우리가 하나님을 만나도 죽지 않는 유일한 방법은 인간으로 오신 예수님과 함께라면 가능합니다. 예수님은 하나님 앞에 가시는데 가슴에 흉패를 달고 들어가시기로 되어 있습니다. 흉패에는 이스라엘의 열두 지파의 이름을 기록하여 가슴에 달고 들어가십니다.

예수님은 하나님의 요구대로 이 땅에 오셔서 우리를 가슴에 안고 함께 죄의 값으로 죽으시고 우리와 함께 다시 살아나셨습니다. 주님은 아버지의 뜻을 따라 우리에게 오셨고 아버지의 분부하심 따라 우리를 가슴에 안고 이름을 붙이시고 죽으셨다가 사흘 만에 다시 살아 나셨습니다. 아버지의 뜻을 따라 행하셨기 때문에 아버지의 뜻이 완성되는 상황입니다. 이는 우리의 감동이나 이해에 상관없이 하나님이 친히 이루신 객관적인 사실입니다. 그 결과 우리는 우리의 상황과 상관없이 이제는 예수 그리스도와 동등한 입장에서 하나님의 아들들이 된 것입니다.

6절 하반절, "저희는 아버지의 것이었는데 내게 주셨으며 저희는 아버지의 말씀을 지키었나이다."

예수께서 대제사장 직분을 완성하셨습니다. 홀로가 아니라 우리를 가슴에 안고 행하셨습니다. 예수 안에서 우리도 하나님의 말씀을 지킨 것이 된 셈이 됩니다. "저희는 아버지의 말씀을 지키었나이다" 라는 이 시각을 놓치지 마십시오. 기독교 신앙의 비밀이 깊게 담긴 내용입니다. 예수님과 함께 하나님의 말씀을 지켰다는 것은 사실입니다. 내가 경험한 일이 아닐 지라도 하나님이 친히 이루신 역사적인 사실입니다.

신앙은 내가 이루어 가는 나의 선과 의를 결과로 갖는 것이 아니라 예수님의 것을 결과적으로 내가 소유하는 행위입니다. 이를 믿음이라 합니다. 오늘 우리의 신앙생활이 실패하는 가장 보편적인 이유는 내가 인식할 수 있는 것만을 사실로 인정하고 있다는 것입니다.

나의 경험된 감동의 분량에다가 나의 신앙을 맡기고 있어서 흔들립니다. 하나님께서 행하신 것을 객관적인 사실로 하여 현실과 사건을 이해하는 영역을 넓혀가야 합니다. 우리 가운데 신앙의 경륜經綸을 오래 쌓았다는 분들도 하나님의 의도하신 뜻을 잘 몰라서 넘어지는 경우가 많습니다.

지금 예수님은 제자들에게 아버지에 관하여 모든 것을 나타내셨습니다. 앞으로 승천하셔서 보혜사 성령을 보내실 것입니다. 그의 남은 일들을 제자들에게 맡기시기 위해서입니다. 제자들은 복음을 땅 끝을 향하여 전파하여야 할 장본인들입니다. 국경을 넘어 온 사방으로 흩어져서 복음을 전파하게 될 것입니다. 거기에 따르는 온갖 시련과 고난을 겪으면서 복음의 증인으로 살게 될 것입니다. 보통으로 결심하고 훈련하지 않으면 엄두도 못 낼 일입니다. 지금의 상태로서는 불가능합니다. 우리도 마찬가지입니다. 특별한 훈련을 받지 아니하면 땅 끝을 향하여 갈 수 없습니다. 이웃을 향하여도 자신이 없습니다.

7, 8절, "지금 저희는 아버지께서 내게 주신 것이 다 아버지께로서 온 것인 줄 알았나이다 나는 아버지께서 내게 주신 말씀들을 저희에게 주었사오며 저희는 이것을 받고 내가 아버지께로부터 나온 줄을 참으로 아오며 아버지께서 나를 보내신 줄도 믿었사옵나이다."

예수님이 행하신 제자훈련의 내용이 무엇입니까? 그 내용은 아버지를 설명하시는 것이었습니다. 하나님으로부터 시작된 것, 제자들도 만세 전에 아버지의 것이었고 예수님 자신도 아버지께로부터 보내심을 받았고 아버지의 하라하신 대로 행하셨다는 것입니다. 이는 다 영원 전에 계획하신 뜻이었다는 것이 핵심입니다.

주님이 가르치신 제자훈련의 중심은 하나님 중심의 신앙이었습니다. 오늘 우리의 무엇과 대치됩니까? 철학과 윤리와 도덕성과 같은 것과 대조되는 신앙입니다. 오늘 우리가 지나치고 있는 하나님에 관한 지식입니다. 하나님께서 갖고 계시는 뜻에 대한 시각을 놓치면 남는 것은 우리가 갖고 있는 것, 이성적 판단 밖에 없습니다.

우리가 틀리고 있는 것 중에 죄에 대한 이해입니다. 죄를 도덕성을 기초로 이해하면 착한 일, 나쁜 일로 대별됩니다. 죄를 가리는 잣대가 도덕성이면 그 사람이 얼마나 착하고 의롭고 정직하냐 아니면 얼마나 나쁘고 사기꾼이며 도적질했느냐 등으로 가릅니다. 그렇지만 하나님을 근거로 죄를 규명하면 죄란 하나님과 관련이 없는 상태를 다 죄라고 합니다. 그 사람의 언행이나 심사가 하나님을 편들지 아니하면 다 죄로 규정합니다. 성경은 하나님을 모르는 것 자체가 죄이며 하나님의 영광을 위하지 않는 어떤 행동도 다 죄라고 못 박습니다.

전기가 끊어지면 가장 낭패를 당하는 곳이 냉장고입니다. 가장 신선하고 위생적이어야 할 곳이 부패한 곳이 되고 맙니다. 하나님과 관계가 끊어지면서부터 가장 신성해야 할 인간의 심성이 썩기 시작하더란 이야기를 기록한 것이 성경입니다. 우리 안에 거룩함과 의로움이 있어서 잠재력을 계발하면 쓸 만한 것이 있을 것이란 생각 때문에 우리가 죄인이 아닌 것처럼 살고 있습니다. 그러나 착각입니다. 올무입니다. 기독교를 병들게 하는 사고입니다.

기독교는 우리가 선을 이야기하기 전에 창조주 하나님을 아는가? 하나님이 구속주이심을 아는가? 생사화복生死禍福이 하나님의 주권 아래 있음을 아는가? 하는 것을 묻습니다.

제자들은 아버지를 나타내는 일을 위하여 주님께로부터 특수 훈련을 받았습니다. 선하고 착하게, 의롭고 정직하게 살 것을 가르치지 않았습니다. 하나님이 누구시며 어떤 분이신가 하는 것을 가르치셨습니다. 제자들은 지금 그리스도의 사역이 끝나는 대로 온 백성을 향해 복음을 전파하러 나갈 장본인들입니다. 복음을 전파하러 가는 자들에게 하나님의 존재와 그 뜻의 비밀을 가르치시고 이를 믿도록 훈련하셨습니다. "아버지께서 나를 저들에게 보내신 것을 믿었다"는 것입니다.

요약하면 제자들은 사람들을 하나님께로 불러오는 일, 선교하고 교회를 세우고 부흥케 하는 역사를 책임질 사람들입니다. 이제 그 훈련을 다 마쳤다는 것입니다.

그러나 이 기도가 끝난 후, 우리가 아는 대로 주님이 잡히시던 날 베드로는 세 번이나 주님을 부인하였고 제자들은 다 각기 자기 길로 가버렸습니다. 부활하신 것을 보고도 '나는 고기 잡으러 가노라' 하고 어부로 돌아 가버렸습니다.

그럼에도 불구하고 주님은 지금 무엇이라고 기도하십니까? "저희는 아버지의 말씀을 지키었나이다" - 주님께서 보시는 시각입니다. 우리의 신앙에서 이러한 주님의 시각을 놓치면 남는 것은 우리 자신의 것밖에는 없습니다. 내가 나를 보고 교회의 역사를 앞에 놓고 보면 좌절합니다. 신앙은 하나님이 나를 어떻게 보시느냐하는 것을 알고 의지하는 것입니다. 하나님은 나를 보실 때 얼마든지 나가서 하나님을 알리고 전파하는 일을 할 수 있는 능력자로 보십니다. 직분을 주실 때 이미 감당할 것을 아서서 충성 되이 여기시고 허락하셨습니다.

교회에서 종종 자신의 양심상의 이유로 직분을 거부하는 경우를 봅니다. 그러나 직분을 거부하는 것은 하나님을 부정하는 행위입니다. 하나님의 은혜를 거역하는 죄가 됩니다. 아직은 미완성이지만 주님은 완성된 것처럼 부르셨습니다. 부끄러운 가운데 부르셔서 완성을 향하여 가도록 간섭하십니다. 장로가 필요 없다고 비판하는 자들이 있습니다. 그러나 교회 안에 장로가 없으면 장로만큼 크고 수준이 있는 신앙인도 없게 됩니다. 그래도 교회의 많은 요구 앞에 더 많은 고민을 하게 되는 입장에 서는 사람은 장로입니다. 더 많은 책임이 있는 한 더 많은 회개의 분량을 가지고 자라납니다.

우리가 신앙을 지킬 힘이 없습니다. 실패와 좌절을 빈번히 경험하게 될 것입니다. 나의 계획과 나의 의지로, 나의 열심을 가지고 하나님의 나라를 완성해가는 것이 아니라, 하나님의 간섭하심과 그 계획으로 오늘에 이르렀고 앞으로도 하나님의 은혜의 풍성하신 경륜徑綸으로 완성되어 갈 것입니다.

온 인류와 그 문화와 역사를 제자들에게 맡기시면서 하나님 아버지께 기도하신 내용을 기억하십시오. 6절 하반절에서 "저희는 아버지의 것이었는데 내게 주셨으며 저희는 아버지의 말씀을 지키었나이다"라 하였습니다.

우리도 제자들처럼 약점 투성 입니다. 우리의 결심대로 하지 못하고 곧 위기가 오면 배신할 가능성을 가지고 있습니다. 나의 마음에 맞지 아니하면 쉽게 도망칠지도 모릅니다. 우리는 진리와 생명에 관한 일 보다는 우리의 자존심과 우리의 자랑에 더욱 관심을 두고 행동하는 사람들입니다.

그러나 제자들에게 교회의 부흥과 복음 전파의 역사를 맡기시면서 기도하시던 내용대로 사도들은 땅 끝을 향하여 복음을 전파하는 역사를 감동적으로 마쳤습니다. 그 동일한 기도가 지금도 우리를 위하여 아버지께 드리시는 대제사장이신 어린 양 그리스도를 기억하십시오.

우리에게 맡기신 교회를 보존하고 부흥케 하는 역사를 능히 감당하도록 간섭하실 것입니다. 지금은 보잘 것 없을지라도 하나님은 이루실 것입니다.

모든 가능성을 약속하시면서 선포하신 말씀, "저희는 아버지의 것이었는데 내게 주셨으며 저희는 아버지의 말씀을 지키었나이다."

예정의 영광과 기쁨

(요 17:9-12)

"내가 저희를 위하여 비옵나니 내가 비옵는 것은 세상을 위함이 아니요 내게 주신 자들을 위함이니이다 저희는 아버지의 것이로소이다 내 것은 다 아버지의 것이요 아버지의 것은 내 것이온데 내가 저희로 말미암아 영광을 받았나이다 나는 세상에 더 있지 아니하오나 저희는 세상에 있사옵고 나는 아버지께로 가옵나니 거룩하신 아버지여 내게 주신 아버지의 이름으로 저희를 보전하사 우리와 같이 저희도 하나가 되게 하옵소서 내가 저희와 함께 있을 때에 내게 주신 아버지의 이름으로 저희를 보전하와 지키었나이다 그 중에 하나도 멸망치 않고 오직 멸망의 자식뿐이오니 이는 성경을 응하게 함이니이다"

예수님의 제자들을 위한 중보기도가 계속되고 있습니다. 본문의 내용은 장로교 신앙의 근간을 이루는 예정론을 거론하고 있습니다. 우리가 가장 이해하기가 어려운 난제라 할 수 있습니다. 그러나 기독교 신앙의 기원이 하나님이라는 사실을 확증해 주는 대목이기 때문에 우리의 신앙을 더욱 분발하게 합니다.

9, 10절, "내가 저희를 위하여 비옵나니 내가 비옵는 것은 세상을 위함이 아니요 내게 주신 자들을 위함이니이다 저희는 아버지의 것이로소이다 내 것은 다 아버지의 것이요 아버지의 것은 내 것이 온대 내가

저희로 말미암아 영광을 받았나이다"라 하였습니다.

주님의 기도는 그 대상을 아버지의 것으로 한정하고 있습니다. 아버지의 것이 곧 아들의 것이었습니다. 영원 전에 아들은 아버지와 함께 이미 거룩한 백성을 선택하셨습니다. 만세 전에 하나님의 영광을 위하여 택하신 자들이 따로 있었습니다.

그리고 12절, "내가 저희와 함께 있을 때에 내게 주신 아버지의 이름으로 저희를 보전하와 지키었나이다 그 중에 하나도 멸망치 않고 오직 멸망의 자식뿐이오니 이는 성경을 응하게 함이니이다."

주님의 기도 속에서 강조하고 있는 것은 영원 전에 이미 아버지의 소유된 자들이 있었다는 것, 그들이 지금 제자들입니다. 제자들이 다 아버지의 영광을 나타내도록 가르치고 지키었으나 오직 한 사람만은 낙오자가 되었다는 것, 낙오자는 가룟 유다입니다. 우리의 주의를 끄는 대목은 "이는 멸망의 자식"이라는 것이다. 제자들 가운데 저들로 말미암아 영광을 받은 자들이 있고 영광을 받지 못한 멸망의 자식이 있다는 것입니다.

여기에서 예정론이 대두됩니다. 우리의 가장 궁금하게 생각되는 질문은 가룟 유다는 왜 지옥을 가야 하는지, 예수님을 팔고 십자가에 죽게 한 것이 유다의 뜻인가, 하나님이 허락하신 사건이 아니었을까, 왜 선악과인가, 하나님이 다 알고 계신 일에 대해 따먹지 말라 해놓고 따먹었다고 그것을 죄라 할 수 있는가 하는 것 등입니다.

예정론에서 오해되는 부분은 죄에 대한 이해가 없기 때문입니다. 죄는 바로 하나님으로부터의 분리입니다. 하나님과 상관없이 홀로 독립하는 상태입니다. 하나님의 뜻과는 정반대로 자신의 뜻을 따라 자기의 욕구를 표출하며 살다가 영원한 심판의 길로 자멸해가는 것을 죄라고 합니다. 이를 하나님의 진노 아래 있다고 합니다.

죄란 인간이 하나님의 품을 떠나 마귀의 수하로 들어가 버린 상태입니다. 죄의 원인이 사탄에게 있는 것도 아니고 선악과에 있는 것도 아닙니다. 인간이 사탄의 편에 손을 들어 준 것입니다.

　이러한 단절, 분리, 독립의 상태에서 하나님 편으로 돌아오게 하여 하나님의 뜻과 나란히 일치하여 살도록 계획되어 있는 것을 예정이라 합니다. 하나님 편으로 돌아온 자의 입장에서 보면 전에는 내가 옳았고 나의 판단이 앞섰는데 이제는 하나님이 옳았고 내가 다 틀렸다는 것을 인정하게 됩니다. 전에는 세상의 이치가 다 맞았는데 하나님을 알고 보니 이제는 세상의 모든 것이 다 죄로 가고 있음을 알게 됩니다.

　우리가 명심해야 할 것은 단절에서 교제의 회복 사이에는 인간의 힘이 작용할 수 없다는 것입니다. 단절은 장님, 어두움, 죽음의 상태입니다. 장님이 스스로 눈을 뜨거나 살아날 수 없습니다. 감각이 없으면 죽은 것입니다. 그런데 하나님에 대하여 죽어 있던 자가 어떻게 하나님을 감각할 수 있을까요?

　하나님의 예정론은 로마서에서 더욱 분명해집니다.

　　"하나님이 미리 정하신 자들로 또한 그 아들의 형상으로 본받게 하기 위하여 미리 정하셨으니 이는 그로 많은 형제 중에서 맏아들이 되게 하려 하심이니라 또 미리 정하신 그들을 또한 부르시고 부르신 그들을 또한 의롭다 하시고 의롭다 하신 그들을 또한 영화롭게 하셨느니라"(롬 8:29, 30).

　하나님이 미리 정하신 자들이 있었고 그들로 아들의 형상을 본받도록 미리 정하셨다고 합니다. 미리 정하셨다는 것은 예정입니다.

　바울은 에베소서에서 하나님의 예정에 대하여 아주 명료하게 서술하고 있습니다.

　　"곧 창세 전에 그리스도 안에서 우리를 택하사 우리로 사랑 안에서 그 앞에 거룩하고 흠이 없게 하려고 그 기쁘신 뜻대로 우리를 예정하사 예수 그리스도로 말미암아 자기의 아들들이 되게 하셨으니"(엡 1:4).

예정은 '미리 정하신 자들로 그 아들의 형상을 본받게 하기 위하여', '또 그 앞에서 거룩하고 흠이 없게 하려고' 등의 목적을 가지고 부르시고 부르신 자들을 의롭다 하시고 의롭다 하신 자들을 영화롭게 하시는 하나님의 계획입니다.

미리 정하신 예정이 시간과 장소에 대한 것이 아닙니다. 하나님께서 이루시려는 목적이 따로 있습니다. 그것은 그리스도의 수준입니다. 수준은 '그 아들의 형상을 본받기까지' 입니다. '그 앞에서 거룩하고 흠이 없는 정도까지' 입니다. 하나님이 미리 정하신 자들을 구체적으로 부르시는데 어떻게 부르시느냐하는 것은 예정을 이해하는 지름길이 됩니다. 예정을 이루시는 간섭이 있다는 것을 아는 것이 신앙입니다.

우리는 기계처럼 움직이는 로봇이 아닙니다. 하나님과 나 사이에 인격 대 인격이라는 동등한 관계에서 만납니다. 하나님이 계획하신 뜻을 이루시기 위하여 우리와 싸우시는 장소는 현실입니다. 현실은 온갖 고통과 슬픔이 가득한 거칠고 잔혹한 광야와 같습니다. 생존을 위한 온갖 색깔의 고통이 있는 곳입니다. 우리가 언제 하나님을 생각합니까? 대개의 경우 환난의 비바람을 만났을 때입니다. 삶의 혹독한 경험을 통하여 드디어 나의 영혼의 문제에 대하여 심각해집니다. 나의 장래에 대하여 깊어지는 사람으로 자랍니다.

하나님은 환난을 지나면서 아파하고 있는 나에게 찾아오십니다. 하나님의 간섭으로 고통하고 있는 나에게 찾아 오사 나를 감싸시며 위로하시는 이가 바로 하나님이십니다. 거기서 나는 두 손을 들고 항복하게 됩니다. 나를 사랑하시는 하나님의 품에서 나를 깨뜨립니다. 나의 고집을 꺾습니다. 드디어 하나님을 사랑하게 됩니다. 이렇게 하나님은 아들이 아들로 돌아오게 하시는 일에는 실패가 없으십니다. 이를 예정이라 합니다.

10절, "내 것은 다 아버지의 것이요 아버지의 것은 내 것이온데 내가 저희로 말미암아 영광을 받았나이다."

영광을 받았다는 것의 뜻이 무엇입니까? 여기에서 영광이 등장하는 이유가 무엇입니까?

하나님의 예정하심과 영광과의 관계를 알면 신앙이 한층 깊어집니다. 기독교 신앙의 핵심은 우리의 생각을 접고 하나님의 뜻을 품는 것입니다. 예수님이 갖고 계시는 제자들을 향한 시각을 배워야 합니다. 예수님이 제자들을 어떻게 보셨습니까?

제자들은 몇 시간 후면 다 뿔뿔이 달아날 것입니다. 십자가를 지시면 다 실망하고 핍박이 겁이 나서 도망칠 것입니다. 그래도 좀 낫다고 하는 수제자격인 베드로마저도 주님을 모른다고 부인하고 어부로 돌아가 버릴 것입니다.

그럼에도 불구하고 주님은 기도 속에서 하나님 아버지께 제자들을 어떻게 보고하십니까? "내 것은 다 아버지의 것이요 아버지의 것은 내 것이 온데 내가 저희로 말미암아 영광을 받았나이다"라고 하셨습니다.

아버지께서 이미 아들의 형상으로 본받는 자가 될 것을 예정하셨다면 그것은 이미 이루어진 것이나 다름이 없기에 주님은 지금 영광을 받았다고 기뻐하시는 것입니다. 아버지께서 만세 전에 그리스도 안에서 거룩하고 흠이 없는 아들들이 될 것을 예정하셨다면 이미 영광을 받은 것이나 다름이 없습니다.

오늘 우리가 그 기쁘심의 대상임을 놓쳐서는 안 됩니다. 하나님의 예정 속에 우리를 교회란 이름으로 이곳에 불러 주셨다면 그 목적이 아들의 형상을 본받게 하기 위함이 분명합니다. 우리가 보기에는 우리가 다 같이 부족하고 아직은 거칠고 세련되지 못하고 미련하게 보일지라도 예수님은 우리로 인하여 영광을 받으셨다고 하셨다는 것을 명심해야 할 것입니다. 신앙은 예수 그리스도 안에서 하나님이 우리를 어떻게 보시느냐의 시각에서 서로를 고백하고 만나는 것이라 할 수 있습니다.

주님은 앞으로 이루어질 제자들의 역사를 보고 아버지 앞에서 저들을 한없이 높이셨습니다. 저들로 말미암아 영광을 받았다고 한없이 기뻐하셨습니다. 우리는 그리스도의 영광을 위할 존귀한 가치와 보람들로서 서로를 높일 줄 아는 덕목을 갖추어야 할 것입니다.

우리는 스스로의 힘으로 이 신앙을 지키는 일에 언제나 실패와 좌절을 겪게 될 것입니다. 나의 진심과 열성으로는 이 길을 승리할 수 없습니다. 아들의 형상을 이룰 수도 없고 거룩을 완성할 수도 없습니다. 사랑할 수 없고 원수를 위하여 복을 빌 수도 없습니다. 복음을 어떻게 전할지 전전긍긍할 수밖에 없습니다. 그러나 하나님의 뜻으로 난 자들이기에 하나님이 친히 간섭하셔서 우리로 성령의 능력과 지혜로 충만한 자로서 완성케 하실 것입니다. 그러므로 성령의 권능이 임하시면 세상 끝을 향하여 어떤 인물이 될지 아무도 모릅니다.

죽은 시체와 산자의 차이가 무엇입니까? 봄의 기운이 불면 고목나무에도 꽃이 핍니다. 겨울에는 다 같이 죽어 있는 나무로 보입니다. 봄이 되어 훈훈한 바람과 따뜻한 햇살을 받으면 죽어 있던 나무에 움이 돋기 시작합니다. 봄이라는 계절이 생명력을 일으킨 것이 아닙니다. 아무리 봄이 와도 움이 돋지 않는 나무가 있습니다. 뿌리 채 죽어 있기 때문입니다.

봄의 계절도 살아 있는 나무에게 효험이 있는 것입니다. 우리는 이미 예수 그리스도 안에서 만세 전에 하나님의 예정을 입고 있다가 때가 이르매 나무에 움이 돋듯이 나의 영혼에 하나님의 말씀이 들려지기 시작하면서 성장하게 된 것입니다. 우리는 하나님에 대하여 눈을 떴고 전 인격적으로 하나님을 본 자들입니다. 귀로 듣는 것이 창조주 하나님, 구속주 하나님에 관한 이야기들입니다. 이제는 하나님이 친히 이끌어 가시는 삶에 영광이 따를 날이 남아 있습니다.

"만일 우리 복음이 가리었으면 망하는 자들에게 가리운 것이라 그 중에

이 세상 신이 믿지 아니한 자들의 마음을 혼미케 하여 그리스도의 영광의
복음의 광채가 비취지 못하게 함이니 그리스도는 하나님의 형상이니라"
(고후 4:3).

믿지 아니한 것은 이 세상의 신이 복음이 가리어지도록 마음을 혼미
하게 하였기 때문이라고 합니다. 그리스도의 영광의 광채가 비취지 못
하도록 그의 영의 눈을 어둡게 한 결과입니다. 사단은 모든 인류를 하나
님의 영광을 못 보도록 영의 눈을 멀게 하고 귀를 닫아 놓았습니다.

그러나 우리는 성령으로 거듭난 자들입니다. 우리는 하나님에 대하
여 살아 있는 자요, 눈으로 본 자들이요, 귀로 들은 자들입니다. 비록 완
전히 하나님에 대하여 납득이 안 가고 의심하는 혼란이 있더라도 그래
도 하나님께로 나아가는 길만은 이미 출발하였습니다. 우리가 언제나
재촉 받아 가는 곳은 하나님의 나라입니다. 하나님이 계획하신 목적이
있는 삶입니다. 하나님이 적극적으로 간섭하시는 대상입니다.

복음은 사람들의 지식이나 지혜로는 아무리 논리정연하게 설명하여
도 알아듣지 못합니다. 성령으로 거듭나게 하시는 하나님의 특별한 간
섭이 아니면 불가능 합니다. 어떤 방법으로 복음을 듣게 하실까요?

"하나님의 지혜에 있어서는 이 세상이 자기 지혜로 하나님을 알지 못하
는 고로 하나님께서 전도의 미련한 것으로 믿는 자들을 구원하시기를 기
뻐하셨도다"(고전 1:21).

• • • • • • • • • •

우리가 전도를 어떻게 합니까? 어느 아늑한 장소에서 길게 설명합니
까? 인생을 이야기 합시다. 그렇게 하지 않습니다. 예수를 믿으십시오.
안 믿으면 지옥입니다. 정중하게 해도 안 되는데 방법으로는 무례한데
도 된다는 것입니다. 누가 이루시는 결과입니까?

전도는 하나님이 친히 이루신다는 것을 입증하시는 방법입니다. 하나님께서 만세 전에 예정하신 자들을 이끌어 오는 것일 뿐 우리의 지혜의 아름다움이나 웅변이나 논설로 설득한 결과가 아닙니다. 이 방법으로 한 영혼이 돌아오는 날, 하늘은 온통 찬양과 기쁨으로 가득할 것입니다. 뿐만 아니라 전하는 자의 행복은 이루 형용할 길이 없습니다. 전도는 하나님의 예정을 경험하는 유일한 기회인 것입니다.

고통과 함께 오는 기쁨

(요 17:13-16)

> "지금 내가 아버지께로 가오니 내가 세상에서 이 말을 하옵는 것은
> 저희로 내 기쁨을 저희 안에 충만히 가지게 하려 함이니이다 내가 아버지의 말씀을 저희에게
> 주었사오매 세상이 저희를 미워하였사오니 이는 내가 세상에 속하지 아니함 같이 저희도
> 세상에 속하지 아니함을 인함이니이다 내가 비옵는 것은 저희를 세상에서 데려가시기를
> 위함이 아니요 오직 악에 빠지지 않게 보전하시기를 위함이니이다
> 내가 세상에 속하지 아니함 같이 저희도 세상에 속하지 아니하였삽나이다"

지금은 예수님의 기도가 계속 진행되고 있습니다. 13절은 신앙의 핵심이 되는 내용입니다.

"지금 내가 아버지께로 가오니 내가 세상에서 이 말을 하옵는 것은 저희로 내 기쁨을 저희 안에 충만히 가지게 하려 함이니이다"하였습니다.

주님의 기도 속에서 약속하시는 내용 중 우리가 반드시 확인하여야 할 것은 기쁨입니다. 하나님이 우리를 향하여 갖고 계시는 약속들 가운데 가장 중심이 되는 주제입니다. 실제로 신앙생활에서 우리가 관심을 갖는 것도 기쁨입니다. 기쁨은 다른 말로 하면 행복입니다. 이를 승리라고도 할 수 있습니다. 이러한 기쁨은 주님께서 가지셨던 것으로서 우

리가 마땅히 누려야 할 삶의 아름다움과 풍성함입니다.

　그럼에도 불구하고 교회 안에서 만나는 표정들에서는 우리가 생각하
는 기쁨과 승리의 향기를 품는 자를 만나 보기가 힘듭니다. 우리의 시각
으로 보면 좀처럼 기쁨의 사람을 만나기가 어렵습니다. 신앙생활이 잘
못되어 가고 있지 않는가 하고 의구심을 갖게 됩니다.

　우리가 기쁨을 경험하지 못한다 하여 그렇다고 교회가 우리가 생각
하듯이 그렇게 메마르기만 하는 곳입니까? 웃는 표정이 있고 서로 기뻐
하는 얼굴로 만나야 만이 교회다운가하는 문제는 올바로 짚고 넘어가
야 합니다. 교회를 이해하는 데에 있어서 성경의 사실이 무엇인가 하는
안목이 필요합니다. 세상적인 것과 영적인 것과의 차이를 놓치면 교회
에 대한 오해를 부르게 됩니다. 동시에 신앙생활에서 자칫 실족하게 되
는 경우가 일어날 수 있습니다.

　주님은 자신의 기쁨에 대하여 이렇게 언급한 바 있습니다.

> "내가 아버지의 계명을 지켜 그의 사랑 안에 거하는 것 같이 너희도 내
> 계명을 지키면 내 사랑 안에 거하리라 내가 이것을 너희에게 이름은 내 기
> 쁨이 너희 안에 있어 너희 기쁨을 충만하게 하려 함이니라" (요 15 : 10, 11).

　아버지께서 나를 사랑하는 것같이 나도 너희를 사랑하였으니 너희도
내 사랑 안에 거하라고 하신 후에 그 결과로서 "그리하면 내 기쁨이 너희
안에 충만하게 있게 될 것" 이라고 하셨습니다. 예수님은 아버지의 뜻을
우리에게 전하시는 일을 놓고 싸우시는 데 몇 시간이 지나면 십자가를
지시고 승리하실 것입니다. 하나님이 우리를 얼마나 사랑하시는지를 설
명하시는 내용이 무엇이냐 하면 우리를 위하여 죽으시는 것입니다.

　십자가를 보실 때마다 반드시 놓치지 말아야 할 것은 보통 우리가 생
각하듯이 하나님이 우리를 사랑하사 죽으셨다고만 이해해서는 안 됩니
다. 주님이 십자가를 지심으로 우리에게 무엇을 증명하시고 싶으시냐

하면 아버지와 아들의 사이가 얼마나 사랑인가 하는 것입니다. "내가 아버지의 계명을 지켜 그의 사랑 안에 거함 같이" 이정도로 사랑하셨습니다. 사랑으로 하나가 되신 아들은 아버지의 뜻을 이루는 일에 필요하다면 기꺼이 십자가에 대속물로 못 박히시는 것을 주저하지 않으셨다는 것입니다.

아버지와 아들이 사랑으로 하나 될 때에 갖는 기쁨은 아들이 아버지의 계명을 지켜 십자가에 못 박히실 때입니다. 그 때에 가졌던 나의 기쁨을 우리에게 주신다는 것입니다. 그러나 이 기쁨을 위하여 너희도 나의 계명아래 있어야 할 것이라고 단서를 붙이십니다. 그 하나가 되는 사랑의 세계에 우리가 초대되어 있습니다. 십자가에서 나타난 사랑을 아는 자들에게는 마땅히 주님의 기쁨이 따를 것이라는 것을 약속하시는 내용입니다.

우리가 보통 생각하고 있는 기쁨과 어떻게 다릅니까? 우리의 기쁨은 나의 소원이 이루어질 때입니다. 그러나 주님이 가지셨던 기쁨은 아버지의 계획과 아버지의 바라시는 것이 이루어질 때에 갖는 기쁨입니다. 아버지의 뜻은 언제나 거룩하고 의로우시고 선하시고 아름다운 것들이기 때문에 그 결과는 항상 기쁨이라는 것입니다. 아버지의 뜻을 앞두고 싸우는 자들은 이렇게 당연한 기쁨이 약속되어 있습니다.

예수님이 가지셨던 기쁨을 가장 분명하게 이야기해주는 장면이 사마리아 여인을 만났을 때입니다. 주님께서 사마리아성에 있는 수가라는 동네에 들어가셨을 때에 몹시도 시장하셨습니다. 제자들이 마을로 들어가서 음식을 구하러 간 사이 주님은 그 성에 사는 한 여인을 만나셨습니다. 몇 마디 대화가 진행되는 중에 여인이 영생의 풍성한 은혜를 받아 기뻐하는 장면이 나옵니다. 먹을 것을 가지고 온 제자들이 시장하신 주님께 먹을 것을 권하여 드렸더니 이외로 사양하시면서 이런 말씀을 하셨습니다.

"가라사대 내게는 너희가 알지 못하는 먹을 양식이 있느니라"(요 4 : 32).

　예수님의 삶이 무엇으로 배부르고 무엇으로 기쁨이 가득하셨습니까? 한 영혼이 구원받는 모습을 보고 기뻐하셨습니다. 아버지의 영원하신 뜻이 이루어지는 역사에 동참하는 자로서 갖는 당연한 결과로서 기쁨이었습니다.

　스데반 집사가 복음을 전하다가 핍박을 받아 돌에 맞아 죽어가는 처참한 자리에서 그의 얼굴이 천사와 같이 변할 정도로 기쁨으로 충만해져 있었습니다. 아버지의 뜻을 위하여 충성하다가 당하는 고통이기에 그 고통 속에서 당연한 기쁨이 넘쳐흘렀습니다.

　요즘 교회에서 기쁨을 위한 분위기나 프로그램이 유행입니다. 예배는 우리의 감성이나 흥을 돋우는 가락과 곡조가 있어야 되고 설교와 기도의 형식도 일반적으로 대중의 기호를 맞추어 진행되고 있습니다. 하나님이 원하시는 방향 보다는 우리 자신에게 기존에 형성되어 있는 종교적 열심이나 심리적 자극같이 하나님의 영광이나 권위보다는 우리의 것을 자극하는 형식들이 돋보이는 시대입니다.

　우리가 명심해야 할 것은 신앙은 대상이 하나님이시라는 것입니다. 하나님은 경배와 예배의 대상이지 우리가 그 앞에서 경거망동해서는 안 되는 분이십니다. 오고 오는 세대나 계층이나 간에 동일한 하나님을 섬기고 있다고 하는 측면에서 약간의 문화적 차이는 있을 수 있겠으나 예배의 근간이나 본질은 변할 수 없습니다. 신앙은 과거로 갈수록 순수하고 맑고 견고한 법입니다. 복음이 여러 문화의 통로를 지나오면서 탈색되거나 오염될 가능성은 있기 마련입니다. 열조들의 신앙을 연구할 필요가 있는 대목입니다.

　신앙이 좀 더 깊은 단계로 가면 주님이 가지셨던 지위와 영광을 함께 갖는 기쁨을 누립니다.

"수고하고 무거운 짐진 자들아 다 내게로 오라 내가 너희를 쉬게 하리라 나는 마음이 온유하고 겸손하니 나의 멍에를 메고 내게 배우라 그러면 너희 마음이 쉼을 얻으리니 이는 내 멍에는 쉽고 내 짐은 가벼움이라 하시니라"(마 11:28-30).

우리의 모든 무거운 짐을 예수님께 맡기면 주님이 대신 져 주시겠다는 약속이 아닙니다. 주님이 지신 짐은 우리의 죄의 짐을 지신 십자가입니다. 이 짐이 얼마나 무겁던지 기도하시기를 "아버지여 이 잔을 내게서 지나가게 하옵소서"라고 기도하셨습니다. 땀방울이 핏방울이 되듯이 고민하며 기도하셨습니다.

그러면서도 내 멍에는 쉽고 가벼움이라고 하셨습니다. 십자가의 짐이 무거워서 고민하사 죽게 되었다고 까지 하셨는데도 내 멍에는 쉽고 가볍다고 하신 뜻이 무엇입니까? 지셔야 할 짐이 가볍다는 것이 아닙니다. 짐은 여전히 무겁습니다. 그러나 짐을 지는 주님 자신이 갖는 마음은 가볍다는 것입니다. 아버지의 뜻으로 지시는 짐이기 때문에 거기에 행복이 있다는 표현입니다. 문제는 짐을 지는 자세입니다.

마음가짐이 억울하고 분통하면 별 것 아닌 것 가지고 싸움합니다. 아주 작은 교통사고에도 싸우다가 살인까지 합니다. 작은 접촉으로 아무상처도 없는 경우라도 죄송하다해야지, '괜찮은데요' 했다가는 싸움이 일어납니다. 사실이 괜찮다 하더라도 상대가 괜찮아야지 내가 괜찮아서는 안 됩니다. 요즘은 온통 분노하고 원통해하는 사회 분위기입니다.

억울하면 짐은 언제나 무겁습니다. 그러나 주님은 마음이 온유하고 겸손하기 때문에 짐이 가볍고 쉽다고 하셨습니다. 우리가 생각하면 십자가는 얼마나 억울합니까? 그러나 주님은 아버지의 원하시는 것이며 아버지를 사랑하사 하나의 마음을 가지셨기 때문에 십자가의 짐이 가볍다고 하셨고 그것이 결과적으로 예수님의 기쁨이었습니다.

우리가 주님에게로 초대 받았습니다. 우리의 자리도 주님의 뜻을 이루는 삶일 때 같은 기쁨이 마땅히 따르게 됩니다. 주님을 위하여 사는 인생에 억울할 것이 없습니다. 다 주를 위하여 유용하게 쓰이는 귀중한 가치입니다. 실수로 잘못 간 길임에도 불구하고 예수 안에 있다는 이유로 우리에게는 빼앗길 것이 없습니다. 쌓이고 또 쌓이는 하나님의 지식의 부요함과 기쁨이 더욱 넘치기로 되어 있습니다. 얼마든지 교회와 복음을 위하여 수고해도 좋은 곳에 부름을 받았습니다. 억울한 고난을 당한다 해도 그리스도의 고난으로 평가되는 영광이 따르는 인생입니다.

다음의 기도는 15절, "내가 비옵는 것은 저희를 세상에서 데려가시기를 위함이 아니요 오직 악에 빠지지 않게 보전하시기를 위함이니이다" 이어서 16절, "내가 세상에 속하지 아니함 같이 저희도 세상에 속하지 아니하였삽나이다" 라고 하였습니다.

제자들의 소속이 어디냐 하면 주님과 같은 소속입니다. 하나님 아버지께 속한 자들입니다. 주님이 하나님께 속하셨다는 이유하나로 세상으로부터 조롱과 멸시함을 받아 수난의 길을 가셨습니다. 제자들에게도 동일한 고난이 따르게 될 것입니다. 그렇다면 고생과 수고와 아픔이 있는 곳을 떠나 기쁨과 자유기 있는 하나님의 나라로 데려 가셔야 할 터인데 오히려 고난의 땅에 머물러 있기를 기도하고 있습니다.

그 이유가 오직 악에 빠지지 않게 하나님의 보호하심을 더욱 경험하게 하시려는 것입니다. 우리는 하나님의 돌보심과 보호하시는 간섭 속에서 여러 가지 시험을 만나면서 한 발자국씩 천국을 향하여 가고 있습니다. 하나님을 배우는 과정으로서 오늘의 어려움이 허락되어 있습니다.

그러나 불신자들의 생애는 바랄 것도 없고 돌아갈 길도 없습니다.

"이방인이 그 마음의 허망한 것으로 행함같이 너희는 행하지 말라" (엡 4: 17 하반절).

불신자들은 목표가 없는 인생을 삽니다. 목표가 없으니까 쌓을 기초가 없습니다. 그렇게 애써 살아서 거두어들이는 열매가 없습니다. 완전 소모전입니다. 마치 술 취함과 같습니다. 헛된 시간을 보내고 있습니다.

예수를 믿는다는 것의 영광이 무엇입니까? 소모하는 인생이 아닙니다. 모래성을 쌓는 입장이 아닙니다. 우리는 예수 안에서 믿음으로 말미암아 하나님의 아들들이 되었고 아들의 신분이 갖는 자랑과 영광만은 없어지지 않습니다. 예수 그리스도 안에서이기 때문에 하나님이 놓치실 수 없는 자리에서 살아갑니다. 하나님이 다시는 사탄에게 빼앗기지 않는 사랑하는 자녀가 되었습니다.

우리는 때로는 죽어 있는 듯 보일 수 있습니다. 그러나 뿌리에서 생명은 살아 있습니다. 말씀과 성령께서 강하게 임하시면 뛰어난 능력과 지혜를 발휘합니다. 마치 고목 같이 보이던 나무에 봄이 되면 잎이 나서 점점 무성해지는 것과 같습니다.

우리는 언제나 말씀을 통과하여 하나님의 나라로 들어가는 길이 열려 있는 자들입니다. 우리가 보통 생각하듯이 예수 믿고 죽고 나면 천국 가는 것 정도로 살지 않습니다. 천국의 약속은 이차적인 것, 우선 이 땅에서 우리는 하나님의 나라를 경험하는 기적성과 함께 살아가는 삶임을 잊지 마시기 바랍니다.

우리 신앙의 약점은 잘못이 있을 경우에 나의 지은 죄부터 회개하는 불안과 형벌의식에 쌓여 있다는 것입니다. 혹 환난이 닥치면 하나님이 내리시는 형벌이 아닐까? 고난을 죄의 값으로 이해하고 회개하는 것으로 해결하려고 합니다. 이는 신앙에서 빈번히 일어나는 약점이 아닐 수 없습니다.

성경은 하나님의 뜻을 어기고 그릇된 길을 갔을 때 이를 깨우치기 위하여 허락하시는 어려움이 있습니다. 그러나 그것은 저주나 형벌의 의미가 아니라 신앙을 다시 깨닫는 의미가 있습니다. 그런가 하면 잘못이 없는데도 생기는 난관이 있을 수도 있습니다. 욥의 경우입니다. 더욱 성숙하고 강해질 이유가 있을 때 허락하시는 시련입니다. 이 모든 것은 다 우리로 하여금 약속하신 것을 더욱 굳세게 붙들게 하시고자 하는 사랑의 간섭임을 절대로 놓쳐서는 안 됩니다.

아들이 유리창을 깨면 아버지는 채찍을 듭니다. 죄의 값으로 드는 채찍입니까? 가르치려고 드는 것입니까? 아니면 미워서 치는 것입니까? 사랑해서 장래를 위하여 잘 되라고 치는 것입니까? 하나님께서 불신자들에게 진노하시는 모습을 상실한 마음대로 내어버려 두셨다고 표현하고 있습니다. 무간섭, 무관심입니다.

그러나 예수 그리스도 안에서 우리는 살아서 해야 할 일이 있고 죽어서 도착할 곳이 있는 사람들입니다. 하나님께서 정하신 일정한 목표가 있습니다. 그 목표를 다 이루기까지 하나님은 우리를 떠나지 아니하시고 함께 하십니다. 때로는 책망을 듣기도 하고 칭찬을 듣기도 하면서 나의 일생을 통하여 하나님은 영광을 받으시기에 합당한 자로 성장하도록 간섭하십니다.

● ● ● ● ● ● ● ● ●

앞으로도 우리의 날들이 하나님의 간섭 아래서 지나갈 것입니다. 그러나 비록 우리에게 고난이 닥칠지라도 우리에게는 결과적으로 주님이 가지셨던 기쁨과 행복이 충만하게 채워질 것입니다.

"저희로 내 기쁨을 저희 안에 충만히 가지게 하려 함이니이다."

거룩을 위한 말씀

(요 17:17)

"저희를 진리로 거룩하게 하옵소서 아버지의 말씀은 진리니이다"

우리가 살고 있는 세상은 고통과 괴로움이 바탕이 된 곳입니다. 그럼에도 불구하고 하나님은 우리를 이 고통의 세상으로부터 데려가지 아니하시고 이 땅에서 더욱 힘써 살도록 격려하십니다. 삶은 고통으로만 있는 것이 아니라 거룩함을 이루기 위한 간섭의 기회로 주어져 있다는 것입니다. 하나님을 배우고 경험하는 기회로서 현실은 우리에게 살만한 한 가치가 있습니다. 그리스도인의 삶은 시련의 과정이지 고통과 절망의 삶이 아닙니다. 이 기나긴 시련의 끝에 하나님께로부터 받을 칭찬과 상을 얻도록 약속되어 있습니다. 우리는 이 시련의 과정을 지나갈 수밖에 없습니다.

구원에는 두 가지 영역으로 나눌 수 있습니다. 첫째는 죄와 사망의 권세로부터 풀려나는 것입니다. 적군의 손에 붙잡힌 아군을 구출해 내는 것과 같습니다. 구출할 이유가 있기에 십자가를 통하여 구원하신 것입니다. 그래서 십자가의 구원은 더 영광으로 가는 시작이지 끝이 아닙니다.

그 다음 단계로는 하나님을 배우는 시련의 기회로서 성화를 이루어야 하는 과정입니다. 우리가 다 어린 아이로 태어납니다. 방치해 두면 자기 속성대로 큽니다. 제대로 안 크고 다 악의 길로 가버립니다. 그러므로 우리에게는 일정한 교육이 필요합니다. 태어난 그대로 자라는 것이 아니라 일정한 사회규범과 질서와 학문의 요구를 충족하게 하는 교육훈련을 해야 합니다. 교육훈련에는 당연히 일정한 통제와 간섭아래서 길러지는 질서의식을 배양해야 합니다.

교회는 하나님의 사람으로 성장할 수 있는 유일한 훈련의 장소입니다. 교회는 가정에서나 사회에서보다 더 경이롭고 충격적인 일들을 만나게 되는 장소입니다. 하나님을 배우며 경험하는 만남과 관계가 적극적으로 이루어지는 경이로운 곳입니다. 일반상식으로는 포착할 수 없는 하나님을 신앙으로 배우고 익히는 갖가지 경험들에 도전하게 되는 곳입니다.

17절, "저희를 진리로 거룩하게 하옵소서 아버지의 말씀은 진리니이다" – 주님의 제자들을 위한 기도입니다. 거룩하다는 것은 성결하다, 순결하다는 뜻이 아닙니다. 하나님의 신성으로 충만해지는 상태입니다. 하나님의 형상을 이루는 상태입니다. 교회는 하나님의 신성을 충만하게 덧입는 곳으로서 세상과 구별됩니다.

신앙생활이란 하나님을 배우는 과정이지만 이는 지식만을 쌓아 가는 것이 아닙니다. 성경공부를 하고 봉사하고 섬김의 훈련을 하고 해서 결과적으로는 내가 하나님의 사람으로 자라나야 됩니다. 내가 하나님의 신성으로 충만해지는 열매가 없다면 헛된 수고에 지나지 않습니다. 신앙이 자라남에 대하여 에베소서에서는 분명하게 요구합니다.

"우리가 다 하나님의 아들을 믿는 것과 아는 일에 하나가 되어 온전한 사
람을 이루어 그리스도의 장성한 분량에 충만한 데까지 이르리니"(엡 4 : 13).

"오직 사랑안에서 참된 것을 하여 범사에 그에게까지 자랄지라 그는 머
리니 곧 그리스도라"(엡 4 : 15).

우리의 고민은 아직 죄인의 수준에서 살고 있음에서 오는 갈등입니
다. 그러면서도 성경은 우리를 그리스도 안에서 의인이라고 합니다. 세
상의 빛이라 하고 소금이라 합니다. 거룩한 백성이라, 왕같은 제사장이
라고 까지 합니다. 듣기가 민망스러운 이름들입니다. 나의 현실에서 느
끼는 것과는 너무나 거리가 먼 신분입니다.

예수 믿으면 하나님의 자녀가 되는 권세를 가진 자가 됩니다. 신분적
인 변화입니다. 종의 변화입니다. 영원토록 보존되는 신분입니다. 교회
에 오면 왜 우리에게 이토록 거룩하고 영광스러운 이름을 붙여 주실까
요? 이름만큼 자주 듣는 단어가 없습니다.

하나님께서 아브라함이라는 이름으로 고쳐주실 때 그는 이미 불의의
씨앗으로 낳은 아들, 이스마엘을 기르고 있었습니다. 아브라함의 뜻은
열국의 아비, 믿음의 조상이란 뜻입니다. 지금 아브라함의 입장은 하나
님의 언약을 파기하고 자기 맘대로 이스마엘을 낳아 기른 지 13년의 세
월이 흐르고 있는 상황입니다. 그 동안 하나님의 묵시가 단절된 채 아브
라함은 하나님께 면목이 없는 처지입니다. 그런데 그토록 가슴 죄이며
살던 때에 하나님이 나타나셔서 복을 선포하십니다. 내년 이 맘 때에 네
아내 사라에게서 아들을 얻게 될 것이라는 것입니다. 그 증거로 이름을
고쳐주십니다. "너의 이름을 이제부터 아브라함이라 하라" 하셨습니다.

하나님은 한 번 언약하신 것을 반드시 이루시고야 마신다는 것을 확약하시는 장면입니다. 이름을 고쳐주시면서 약속을 이루십니다. 그는 아브라함이란 이름을 들을 때마다 자기 자신의 불의와 실수를 지적받는 곳에서 언제나 지난날을 뉘우치면서 새로운 결심을 하지 않을 수 없게 됩니다. 열국의 아비답지 못한 자가 그 이름을 들음으로써 마침내 열국의 아비로 각성하며 커가게 됩니다.

우리가 세상의 빛이란 소리를 들을 때마다 빛답지 못한 입장에서 지난 날 나의 잘못을 뉘우칠 수밖에 없습니다. 부끄러움이 있는 곳에서 하나님은 찾아 오셔서 채찍을 드시는 것이 아니라 축복을 상기시키시면서 우리로 각성케 하십니다. 그 이름이 세상의 빛이요 소금입니다. 왕 같은 제사장입니다.

하나님께서 우리에게 이루시고 싶으신 목표는 거룩입니다. 말씀도 거룩에 맞추어져서 선포되고 있습니다. 우리를 구원하신 것도 거룩을 이루기 위한 조치입니다.

> "그리스도를 위하여 너희에게 은혜를 주신 것은 다만 그를 믿을 뿐 아니라 또한 그를 위하여 고난도 받게 하심이라 너희에게도 같은 싸움이 있으니 너희가 내 안에서 본 바요 이제도 내 안에서 듣는 바니라"(빌 1:29, 30).

바울이 고난을 거론하면서 성도들에게도 자기가 당한 고난을 권유하고 있습니다. 고난 속에서 자란 바울 자신을 보란 것입니다. 고난은 고통의 재난이 아니라 하나님의 은혜를 경험하는 기회요 전지전능하심을 배우는 기회로 열려져 있습니다. 그것은 미래를 위한 자람의 과정입니다. 미래의 약속은 언제나 우리가 마땅히 가져야 할 축복과 영광이 내용으로 되어 있습니다.

모세의 경우도 마찬가지의 예입니다. 하나님은 모세가 걸출한 인물이기 때문에 출애굽이라는 대역사를 그에게 맡기신 것일까요? 아니면 출애굽이라는 계획에 필요하여 모세를 양육한 것일까요? 만일 위대한 인물이 있었기 때문에 출애굽과 같은 사건이 일어났다고 한다면 이는 세상의 가치관입니다. 하나님은 이미 출애굽이라는 구출사건을 계획해 놓으시고 모세라는 인물을 등용하신 것입니다.

갑자기 때가 되어 부르신 것이 아닙니다. 과정이 있었습니다. 40년의 왕자로서 갖는 권세와 부귀의 자리가 있었고 광야 40년의 양치기 목자로서 갖는 애환의 세월이 있었습니다. 광야의 사십 년의 세월이 그에게 어떤 의미입니까? 남은 사십 년의 출애굽의 대역사를 이끌 지도자로서 자라는 훈련의 과정이었습니다. 이를 깨닫는데 까지 적어도 사십 년의 시간이 필요했습니다. 그만큼 모세는 인간적인 자존심과 고집이 강한 사람이었다는 것을 반증해주고 있습니다.

에스더의 경우 성경은 이렇게 기록하고 있습니다.

> "이때에 만일 네가 잠잠하여 말이 없으면 유다인은 다른 데로 말미암아
> 놓임과 구원을 얻으려니와 너와 네 아비 집은 멸망하리라 네가 왕후의 위
> 를 얻은 것이 이때를 위함이 아닌지 누가 아느냐" (에 4 : 14).

하나님은 그분의 계획하신 일을 이루시는 데 있어서는 언제나 창조적이시며 적극적이십니다. 한 영혼을 구원하시는 일에는 실패됨이 없이 때가 되면 그를 역사의 전면에 등장시키십니다.

모세가 없어도 출애굽의 역사는 이루어집니다. 에스더가 없어도 유다 민족은 구원함을 받게 됩니다. 오늘 우리가 아니더라도 우리의 교회들은 부흥하고 성장할 것입니다.

그렇다면 이 교회의 역사를 통하여 누가 가장 유익을 보겠습니까? 출애굽의 역사를 맡기시면서 모세를 하나님의 사람으로 키우고 계셨던 것처럼 오늘 우리에게 교회의 일을 맡기시면서 동일한 간섭으로 우리를 하나님의 사람으로 자라게 하심을 믿는다면 교회를 통하여 덕을 보

는 편은 다름 아닌 우리 자신들입니다. 우리가 교회를 돌보는 것이 아니라 결과적으로 교회가 우리 자신을 하나님의 사람으로 자라게 하는 은혜의 장소인 것입니다.

바울의 생애는 복음을 위하여 자신을 희생시킨 고난의 대명사적 삶이었습니다. 그럼에도 불구하고 그의 간증은 감격의 눈물로 외치는 기쁨과 희락이었습니다. 그는 학자요 권력의 집안에서 태어난 자입니다. 그의 기쁨과 행복이 세상적으로 누리는 부귀와 권력으로가 아니었습니다. 복음을 증거하면서 당하는 환난과 핍박과 고난을 통하여 자라나는 그의 모습을 보이면서 교회를 격려하는 내용이 무엇입니까?

나의 나됨이 하나님의 은혜로 된 것임을 자랑하였습니다. 자신의 것을 분토와 같이 버리고 난 후 그리스도의 것을 얻은 결과는 험난한 가시밭길에서도 기쁨과 감격이며 영원한 면류관에 대한 기대로 그의 내면을 꽉 채우고 있었습니다.

"진리로 거룩하게 하옵소서" – 거룩은 진리로 이루어집니다. 하나님의 말씀은 진리입니다. 천성적으로 타고난 성품이 온유하고 겸손한 자들이 있습니다. 이런 것들은 하나님으로 인하여 이루어진 성화와는 관련이 없는 것들입니다. 흔히 말하는 군자지도君子之道이며 겸양지덕謙讓之德입니다. 존경을 이끌어내기 위한 수단들입니다. 지도력을 갖추기 위한 덕목입니다.

기독교 신앙은 누구를 위한 겸양지덕이냐 하는 것을 묻습니다. 내가 만들어내는 덕이 아니고 하나님의 말씀으로 만들어진 덕입니다. 신성의 충만입니다. 내용이 아주 다릅니다. 하나님의 나라를 이루기 위한 열심으로 가득한 하나님의 성품입니다. 적극적으로 하나님을 섬기려는 열정을 가슴에 담는 성화의 덕목들입니다.

하나님께서 이스라엘 백성이 광야의 고달픈 생활을 하도록 허락하신 이유를 이렇게 설명합니다.

"너를 낮추시며 너로 주리게 하시며 또 너도 알지 못하며 네 열조도 알
지 못하던 만나를 네게 먹이신 것은 사람이 떡으로만 사는 것이 아니요 여
호와의 입에서 나오는 모든 말씀으로 사는 줄을 너로 알게 하려 하심이니
라"(신 8:3).

먹을 것, 입을 것, 마실 것이 없어서 하나님의 말씀대로 살수 없다고
아우성치는 백성들에게 응답으로 내리신 양식이 만나요, 반석에서 나
는 샘물이요, 메추라기 고기입니다. 이스라엘 백성이 하나님이 내리신
축복을 가지고 육체의 힘을 얻어 약속대로 하나님을 섬기는 것이 아니
라 더욱 자신의 정욕을 따라 살았다는 것이 광야생활의 교훈입니다.

우리의 삶의 환경이 열악해서 하나님을 못 섬기는 것이 아니라 본질
상 하나님에 대하여 반발하는 성질을 가지고 산다는 것입니다. 그래서
내린 결론이 "사람이 떡으로만 사는 것이 아니요 여호와의 입에서 나오
는 말씀으로 사는 것이다"는 것입니다.

하나님 앞에서 하나님의 뜻에 만족할 만한 삶을 살지 못하는 이유가
삶의 환경에, 물질의 환경에 있지 않고 신령한 환경에 있더란 이야기입
니다.

"저희를 진리로 거룩하게 하옵소서 아버지의 말씀은 진리니이다"—
교회는 하나님의 말씀이 어떤 체계를 가지고 선포되느냐 하는 것이 관
건입니다. 신앙은 하나님의 말씀이 진리이며 사실이며 처음과 마지막
을 있게 하는 능력이며 지혜의 근본임을 아는 것입니다. 하나님의 입에
서 나온 말씀입니다. 내용이전에 이 말씀이 누구의 발언이냐 하는 것을
강조합니다. 우리의 이해와 납득을 요구하지 않습니다. 권위로 선포하
는 케리그마입니다. 순종과 충성을 요구하는 명령입니다.

● ● ● ● ● ● ● ● ● ●

그런데 이 진리의 말씀이 언제 우리에게 들려옵니까? 말씀 한마디가 그리울 때가 언제입니까? 삶의 고통을 통하여 나의 절망을 아는 자리에서 내 심령이 하나님을 향합니다. 인간의 근원적인 고독과 절망을, 그리고 희망이 없는 존재임을 아는 때에야 비로소 우리는 예외 없이 영혼의 문제에 대하여 심각해지기 시작합니다. 우리의 삶에서 경험하는 여러 가지 고통의 국면들은 하나님의 은혜와 사랑과 전지전능하심을 배우는 기회라는 측면에서 현실은 살 가치가 있습니다.

말씀을 펼쳐놓고 우리의 사업관계와 가정과 자녀들 그리고 이웃과의 관계를 재조명해봅시다. 그 안에 나를 거룩과 영광으로 열매 맺게 하시려는 하나님의 간섭으로 허락된 기회들로 짜여져 있는 비밀을 알게 될 것입니다. 동시에 우리의 입에서 주님이 기도하시던 대로 우리의 성화의 열매를 호소하는 기도가 흘러나오게 될 것입니다.

"나를 진리로 거룩하게 하옵소서 아버지의 말씀은 진리니이다."

구원의 목표 - 거룩

(요 17:17-19)

> "저희를 진리로 거룩하게 하옵소서 아버지의 말씀은 진리니이다
> 아버지께서 나를 세상에 보내신 것 같이 나도 저희를 세상에 보내었고 또 저희를 위하여
> 내가 나를 거룩하게 하오니 이는 저희도 진리로 거룩함을 얻게 하려 함이니이다"

우리가 이 땅에서 살면서 존재론적으로 자신의 삶을 파악하지 못한다면 예수 믿는 것 보다 더 괴로운 것이 없습니다. 우리는 믿는다는 것으로 인하여 늘 부끄러움을 감출 수가 없는 삶을 삽니다. 이는 우리의 잘못이 많아서가 아니라 하나님이 우리 안에 살아계시기 때문에 오는 괴로움입니다. 만일 우리에게 하나님이 안 계신다면 하지 않아도 될 괴롬을 우리가 지금 하고 있는 것입니다. 그렇다면 우리의 문제는 성경적 가치관을 바로 정립해야 풀 수 있는 것들입니다. 우리의 편견으로는 언제나 갈등과 부조리일 수밖에 없습니다.

18절, "아버지께서 나를 세상에 보내신 것 같이 나도 저희를 세상에

보내었고"- 우리가 예수를 믿고 있는 삶의 영역은 어디입니까? 세상에서 살지만 세상과 달리 소속이 하나님이십니다. 하나님으로부터 보내심을 받아 살고 있습니다. 나의 의사대로 살지 못하고 보내신 자 하나님의 뜻을 따라 살아야 되는 사람입니다. 창조에 의한 존재가 아닙니다. 선택에 의하여 하나님의 소유가 된 존재입니다.

우리는 존재론적으로 하나님이 없으면 살 수 없는 신분입니다. 또 하나님의 일이 아니면 살 이유도 없습니다. 우리는 흔히 오해하고 있는 것 중에 우리에게는 하나님이 계셔서 세상 사람들보다 더 유리한 조건 속에서 살고 있다는 생각을 하는 것입니다. 우리가 세상을 다 같이 사는데 세상 사람들은 돈, 명예, 출세, 공부에 있어 자신 밖에 믿을 것이 없고 우리는 자신의 실력 뿐 아니라 하나님이 도우시는 플러스 알파의 혜택을 입고 있다고 생각합니다. 내가 내 실력으로 살되 힘이 부치면 하나님께 기도하면 된다는 생각입니다.

그러나 우리는 어떤 존재입니까? "아버지께서 나를 세상에 보내신 것 같이 나도 저희를 세상에 보내었나이다" 하였습니다. 예수 그리스도는 오직 아버지께서 보내신 뜻을 좇아 사는 곳에서 삶의 기쁨을 누렸습니다. 십자가의 길을 걸으시면서 한없이 영광을 선포하셨습니다. 십자가에서 마지막 "다 이루었다" 하시면서 최대의 행복을 선포하셨습니다. 예수 그리스도는 물질과 관련이 없으셨습니다. 자존심과 관련하여 기뻐하지 않으셨습니다. 하나님의 뜻을 놓고 싸워 이겼다고 승리를 외치셨습니다. 죽음과 저주의 형벌의 심판으로부터 자유케 하는 영광을 선포하셨습니다. 우리가 그 승리의 영광이 있는 곳으로 초대되었습니다. 이는 소속이 이긴 자의 계보입니다.

빌립보서에서 바울이 간증하는 대목입니다.

"내가 궁핍하므로 말하는 것이 아니라 어떠한 형편에든지 내가 자족하기를 배웠노니 내가 비천에 처할 줄도 알고 풍부에 처할 줄도 알아 모든 일에 배부르며 배고픔과 풍부와 궁핍에도 일체의 비결을 배웠노라 내게 능력 주시는 자 안에서 내가 모든 것을 할 수 있느니라"(빌 4 : 11 - 13).

로마의 감옥에서 추위에 떨면서 생활하고 있는 때에 빌립보 성도들이 가져온 겨울옷과 선물을 받아 들고 한 말입니다. "내가 어떤 형편에 든지 나는 자족하기를 배웠노라 내게 능력 주시는 자 안에서 모든 것을 할 수 있느니라."

바울의 인생승리를 간증하는 내용입니다. 너희가 가져온 옷 한 벌로 기뻐하는 것이 아니라 너희의 하나님을 향한 진심을 기뻐한다는 것입니다. 내가 가는 길은 세상의 것으로 힘이 되지 못한다는 것을 역설하는 내용입니다. 내가 사도로 부름 받았을 때 이미 세상의 것들이 내 삶의 기초가 될 수 없었으니 지금도 그것이 없다하여 나의 일이 방해를 받거나 절망할 수 없다는 것입니다.

배부른 것이 내게 도움이 안 되었으니 배고픈 것도 내게 방해되지 않는다는 것입니다. 자유의 몸이든 감옥에 갇힌 몸이든 하나님의 일은 방해받지 아니한다는 고백입니다. "내게 능력 주시는 자 안에서 내가 모든 것을 할 수 있느니라."

존재론적으로 하나님께로부터 보내심을 받은 입장에서 하나님이 인도하신 길에 나를 통하여 이루시는 뜻은 언제나 살아 있다는 고백이 우리에게 절실해지는 순간입니다. 보내심을 입은 자의 사명을 놓치고 있지는 않는지, 하나님이 편들어 주시는 자로서 자신의 삶에 대한 자랑이 있는지를 되돌아보아야 할 것입니다. 아무 것도 가진 것이 없어도 하나님이 나를 놓치지 않으시고 나에게 반드시 이루시는 거룩한 목표가 있는 한 나는 절망할 수 없다는 것을 간증할 수 있어야 할 것입니다. 이 세상에서 보내심을 받아 사는 목표가 따로 있습니다.

19절, "또 저희를 위하여 내가 나를 거룩하게 하오니 이는 저희도 진리로 거룩함을 얻게 하려 함이니이다."

예수님이 사신 목적은 거룩함을 이루기 위한 것이었습니다. 수많은 기적과 표적을 보이시면서 그가 목적하신 것은 하나님께 속한 자들에게 거룩함을 이루기 위한 열정을 가지고 배푸신 초월의 방법이었습니다. 십자가를 지신 것도 우리로 하나님의 자녀가 되게 하는 것 뿐 아니라 이제는 하나님의 자녀로 완성되는 길을 열어 놓기 위해서입니다.

이러한 의미에서 구원이란 새롭게 태어나는 것이라면 이제는 자라나는 과정을 통해야만 되는 어려움을 겪을 수밖에 없습니다. 예수를 믿고 시작할 때 찾아온 감동, 눈물과 환희와 기쁨은 그것으로 끝이 아니라, 거룩을 향한 자람의 시작입니다. 날마다 기쁘고 눈물겨운 환희로만 있는 것이 아닙니다. 그리스도인으로서 갖추어야 할 인격과 품성과 말씀을 따라 사는 종으로서, 그리스도의 선한 병사로서 자라나는 데에 강요되는 규율이 있습니다. 무엇을 얻기 위한 싸움이 아닙니다. 이미 얻은 자의 풍성함을 위한 싸움입니다. 벌써 이긴 자의 영광을 더욱 빛나게 하는 훈련입니다. 더 풍성한 장래를 준비시키는 결투입니다.

오늘에 간 길로 끝이 아닙니다. 내일도 가야 합니다. 한 끼 배불리 먹었다고 두 끼 세 끼를 대신 할 수 없습니다. 하루에 아무리 일하더라도 이틀 사흘 분이 안 되듯이 신앙생활도 오늘은 언제나 새날입니다. 일용할 양식은 오늘에 있어 반드시 공급되어야 할 자양분입니다. 먹지 않는다면 쇠약해집니다. 점점 기력을 잃고 맙니다.

19절, "내가 나를 거룩하게 하오니 이는 저희도 진리로 거룩함을 얻게 하려 함이니이다"라는 말씀처럼 예수님의 제일 큰 목적은 우리로 거룩을 얻게 하려는 것입니다. 우리가 여기 이 땅에서 온갖 시련을 만나면서 살고 있지만 헛되지 않는 것은 거룩을 위하여 필요한 조건들이기 때문입니다. 우리에게는 실패가 없습니다. 넘어질 수는 있습니다. 그러나 아주 넘어진 채 버려지지는 않습니다. 우리는 인생을 돌아갈 수는 있어도 우리의 가는 길을 방해받아 막히는 일은 없습니다. 그 과정에서 하나님은 우리에게 거룩을 이루시며 천국으로 가도록 간섭하심을 중단하지 않으십니다.

거룩은 하나님의 일을 생각하고 하나님의 뜻에 동참하는 것입니다. 하나님 편에서 생각하고 하나님의 영광을 위한 열정으로 삽니다.

베드로는 "주는 그리스도시요 살아계신 하나님의 아들이시니이다"(마 16:16)라고 고백한 후 주님께로부터 상상할 수 없는 칭찬과 상을 받았습니다.

"예수께서 대답하여 가라사대 바요나 시몬아 네가 복이 있도다 이를 네게 알게 한 이는 혈육이 아니요 하늘에 계신 내 아버지시니라 또 내가 네게 이르노니 너는 베드로라 내가 이 반석 위에 내 교회를 세우리니 음부의 권세가 이기지 못하리라 내가 천국 열쇠를 네게 주리니"(마 16 : 17 - 19절 상반절).

베드로의 고백으로 예수의 그리스도이심을 밝히신 후 주님이 예루살렘에 가서 당국자들에게 붙잡혀 십자가에 죽을 것을 말씀하실 때에 베드로가 뛰어나와 이를 만류하다가 호되게 책망을 듣게 됩니다.

"사단아, 내 뒤로 물러가라 너는 나를 넘어지게 하는 자로다 네가 하나님의 일은 생각지 않고 도리어 사람의 일을 생각하는도다"(마 16:23; 막 8:33) 그러신 후에 하신 말씀 "아무든지 나를 따라 오려거든 자기를 부인하고 자기 십자가를 지고 나를 좇을 것이니라"(마 16:24; 막 8:34) 하셨습니다. 주님께서 가신 길이 자기를 부인하고 자기 십자가를 지시고 가신 길이었고 이것이 곧 아버지의 뜻이었고 거룩에의 길이었다는 것을 강조하시고 제자들을 비롯하여 오늘 우리들도 주님께서 가신 길을 뒤따라오기를 강권하신 것입니다.

　신앙은 예수 그리스도를 얼마나 아느냐에 관한 것과 비례합니다. 종의 형체를 입고 죽기까지 복종하신 그리스도의 마음을 배우라 하였습니다. 왜 순종을 배워야 합니까? 거룩은 우리의 상상으로는 갈 수 없는 길이기 때문입니다. 우리가 갖고 있는 지혜, 지식, 능력, 다 동원해도 우리의 것으로는 만들어 낼 수 없는 것이기 때문에 요구되는 것은 오직 하나님의 말씀에 순종하라는 것입니다. 하나님의 뜻을 경험하기 위해서는 말씀에 순종하는 길 이외에는 다른 도리가 없습니다. 계시의 세계로 들어가는 것만이 나를 하나님의 사람으로 변화시킵니다.
　우리의 약점은 남에 대한 관심이 너무 크다는 것입니다. 십자가는 자기 자신을 위하여 세워진 것임을 잊지 말아야 합니다. 우리는 교회의 이단성을 벗기기 위해서 여기 와 있지 않습니다. 애국심을 고취하기 위해서도 아니고 윤리성을 빛내기 위해서도 아닙니다.

● ● ● ● ● ● ● ● ● ●

　자신의 거룩을 이루기 위해 싸우는 곳에 와 있음을 명심하시기 바랍니다. 우리는 하나님의 자녀로서 반드시 이루어야 할 거룩의 열매를 맺도록 하나님의 말씀이 요구하는 것에 순종을 이루어야 할 것입니다. 그 약속을 풍성히 받는 일에 내가 그 대상임을 놓치지 마십시오.
　우리가 처해 있는 그 곳에서 하나님의 사람임을 외치는 결심이 필요합니다. 내 인생의 주인이 하나님이심으로 인하여 내가 갖는 삶의 행복이 무엇이며 장래가 무엇인가를 성경을 가지고 외치는 능란한 이야기꾼들이 되어야 할 것입니다. 사람의 소견을 가지고 말하지 말고 하나님의 말씀으로 전하십시오. 나의 자존심 싸움을 중단하고 오직 십자가를 지고 하나님 편에서 삶을 이야기하면 당장 식구들과 동료들로부터 조롱과 오해를 받을 때도 있습니다.

　의사는 주사를 놓거나 수술 할 때 환자가 비명을 지르거나 의사를 욕할 때 그는 환자들이 자신을 욕한다고 생각지 않습니다. 그만큼 아프다고 이해합니다. 우리를 욕하는 자 앞에서 자존심을 걸지 마십시오. 우리가 이 세상을 고치는 의사임을 잊지 맙시다. 거룩함을 이루는 일에 주께서 가신 십자가의 길을 즐겁게 가기로 결심하시기 바랍니다.

"내가 비옵는 것은 이 사람들만 위함이 아니요 또 저희 말을 인하여 나를 믿는 사람들도 위함이니 아버지께서 내 안에, 내가 아버지 안에 있는 것 같이 저희도 다 하나가 되어 우리 안에 있게 하사 세상으로 아버지께서 나를 보내신 것을 믿게 하옵소서"

십자가의 죽음을 앞에 두고 제자들을 위한 그리스도의 중보기도가 계속되고 있습니다. 주님은 제자들이 보는 앞에서 아버지께서 기도하고 있습니다. 그 내용이 장차 이루어질 복된 약속들에 대한 것입니다. 이를 기도를 통해서 제자들에게 알게 하심과 동시에 앞으로 제자들의 증거를 통하여 믿게 될 모든 사람들까지를 포함하고 있습니다.

20절, "내가 비옵는 것은 이 사람들만 위함이 아니요 또 저희 말을 인하여 나를 믿는 사람들을 위함이니"

주님은 마지막으로 아버지께 바로 앞에 앉아있는 제자들뿐 만 아니라 오늘 우리들까지를 위하여 기도하시고 있다는 것은 참으로 경이로운 사실이 아닐 수 없습니다. 지금도 어린양 대제사장은 그때 그 기도처럼 우리를 위하여 기도하고 계실 것이라는 것은 우리에게 큰 위로가 아닐 수 없습니다.

사도들의 말을 인하여 믿게 된 자들이 누구입니까? 오늘 우리를 포함하여 앞으로 믿게 될 수 없이 많은 하나님의 나라의 백성들입니다. 다시 말하면 장차 나타날 영광의 하나님의 나라에서 영원히 함께 살 모든 사람들입니다. 온 민족과 인종과 문화의 장벽을 넘어서 하나님의 나라에서 한 시민권을 가지고 살 거룩한 백성들입니다.

본문은 오늘 우리가 어떻게 예수를 믿게 되었는가에 대한 확실한 증거를 진술하고 있습니다. 기독교의 특징은 전도입니다. 타종교에는 전도가 없습니다. 전도할 이유가 없습니다.

> "하나님의 지혜에 있어서는 이 세상이 자기 지혜로 하나님을 알지 못하는 고로 하나님께서 전도의 미련한 것으로 믿는 자들을 구원하시기를 기뻐하셨도다" (고전 1:21).

전도의 미련한 것이란 무엇입니까? 우리가 얻은 구원이 우리 자신이 결심하거나 선택하여 결정한 것이 아니라 제 삼자의 권유와 간섭에 의하여 만들어진 것이라는 것입니다. 스스로 출발한 것이 아니라 밖으로부터 구원의 초청을 받는 것입니다. 구원의 소식을 듣고 믿었다는 것입니다.

이방 종교의 특성은 스스로 도를 깨치는 것입니다. 마음으로부터 인생의 공허함을 느끼고 초월자를 향하여 스스로 발걸음을 옮기는 것입니다. 옮겨간 곳이 우상숭배의 자리입니다. 우리가 보기에는 고상한 구도의 길입니다. 간섭이 없습니다. 자발적입니다. 합리적이고 철학적입니다.

그러나 예수를 믿는 일은 스스로의 결정으로는 불가능하다고 못 박습니다. 듣지 않고는 믿지 못합니다. 듣기 위해서는 반드시 전파하는 자가 있어야 합니다.

> "누구든지 주의 이름을 부르는 자는 구원을 얻으리라 그런즉 저희가 믿지 아니하는 자를 어찌 부르리요 듣지도 못한 이를 어찌 믿으리요 전자하는 자가 없이 어찌 들으리요 보내심을 받지 아니하였으면 어찌 전파하리요" (롬 10 : 13 - 15 상반절).

우리가 하나님을 믿지만 이는 우리의 결심으로가 아니라 외부의 간섭에 의한 결과입니다. 듣지 않고는 믿을 수 없는데 듣는다는 것이 우리의 이해로 가능한가 말입니다. 불가능합니다. 성경의 내용이 우리가 이해 할 수 있는 내용이 없습니다. 하나님에 관한 이야기를 어떻게 이해할 수 있습니까? 그러나 우리의 이성과 오감으로는 붙잡을 수 없는 내용들이기에 스스로 도를 깨치는 것과는 전혀 다른 길입니다. 말이 안 되는 하나님을 우리는 지금 이 세상의 지식 중에 가장 고상한 것으로 알고 믿고 있습니다.

믿음은 들음에서부터 시작되는 데 하나님에 대하여 죽어 있는 자는 영원히 들을 수 없습니다. 하나님에 대하여 감각이 살아 있다 하여도 전파하는 자가 없으면 믿을 기회가 없습니다. 누가 전파합니까? 하나님이 보내시는 자가 따로 있다는 것입니다. 구원하시기로 작정된 자는 하나님이 복음을 들을 수 있도록 그에게 가서 전하는 자를 보내신다는 것입니다. 주권이 우리에게 없습니다. 하나님이 시작하신 일 뿐입니다.

전도는 직접 복음을 말로 듣도록 전하는 것입니다. "주 예수를 믿으라 그리하면 너와 네 집이 구원을 얻으리라"(행 16:31)고 일방적으로 선포합니다. 논리로 지성으로 아무리 외쳐도 죽어 있는 자에게는 들리지 않습니다.

그러나 전도가 이렇게 말로만이 아닙니다.

"믿음으로 아벨은 가인보다 더 나은 제사를 하나님께 드림으로 의로운 자라 하시는 증거를 얻었으니 하나님이 그 예물에 대하여 증거하심이라 저가 죽었으나 그 믿음으로써 오히려 말하느니라"(히 11 : 4).

신앙은 하나님을 얼마나 사랑하느냐하는 것과 동시에 그의 명령을 따라 어떻게 사느냐 하는 싸움입니다. 수많은 기적이 있음에도 불구하고 복음을 전하는 일에는 기적으로 말하지 않습니다. 신앙에서 순교가 빛나는 것은 하나님을 사랑한 나머지 그가 바친 충성이 그토록 감동적이며 아름답기 때문입니다. 아벨은 죽었으나 그 믿음이 오히려 지금도 말하고 있습니다. 제자들은 거의 대부분 순교하였습니다. 그들이 하나님의 명령을 따라 복음을 전파하다가 환난과 핍박을 받아 목숨을 바치면서까지 하나님을 사랑하였습니다. 그 믿음이 지금도 우리의 심금을 울립니다. 그들은 순교할지라도 그것으로 인하여 탄식하거나 절망하지 않고 오히려 하늘나라의 영광을 본 자로서 그 얼굴이 천사와 같이 되고 믿는 자의 행복과 기쁨을 원수들 앞에 쏟아 놓았습니다.

하나님의 영광을 위하여 살다가 박해를 받아 죽임을 당한 자가 오히려 그 믿음으로 오고 오는 세대를 걸쳐 말하고 있습니다. 동시에 하나님의 명령에 온갖 구실로 게으름을 피우다가 하나님의 채찍을 맞아 고통하며 아파하는 자들의 소리가 우리의 귀를 따갑게 경고해주기도 합니다. 성경상의 인물들은 그 하나님의 약속을 굳게 붙들고 살다가 하나님이 친히 예비하신 천국에 들어간 자들의 이야기입니다.

기독교는 정의를 위한 싸움이 아닙니다. 선과 악을 구별하는 기준도 아닙니다. 오직 창조주, 구속주, 심판주 하나님과 함께 사는 하나님과의 사귐이며 화목하는 삶 자체입니다. 그것이 곧 영생입니다. 우리 삶을 모든 가난과 질병과 고통에서부터 자유하게 합니다.

신앙은 나의 소원대로 안 되어도 하나님과 인격 대 인격으로 사귐에서 이루어지는 깊고 경이로운 삶으로 충만해지는 것을 최고의 행복으로 외치는 삶입니다.

> "여호와는 은혜로우시며 자비하시며 노하기를 더디 하시며 인자하심
> 이 크시도다 여호와께서는 만유를 선대하시며 그 지으신 모든 것에 긍휼
> 을 베푸시는도다" (시 145:8,9).

우리는 세상의 문제로 인하여 넘어지고 좌절하고 탄식할 때가 있습니다. 영적으로 실망할 때도 있습니다. 때로는 천대와 멸시를 당하여 스스로 포기하거나 좌절할 때도 있습니다. 그럼에도 불구하고 한 가지 분명한 사실은 그래도 하나님은 나를 사랑하시고 은혜 베푸시기를 원하시며 복주시기를 원하신다는 것입니다. 이것을 가장 고상한 지식으로 알고 사는 것이 신앙의 핵심입니다.

내가 지금 누구와 함께 사느냐 하는 것으로 심각한 문제입니다.

21절, "아버지께서 내 안에 내가 아버지 안에 있는 것 같이 저희도 다 하나가 되어 우리 안에 있게 하사 세상으로 아버지께서 나를 보내신 것을 믿게 하소서."

기도의 핵심을 이루는 내용입니다. 성부와 성자는 하나이십니다. 십자가에서 서로 하나이심을 증명하셨습니다. 뜻이 하나, 마음이 하나, 존귀와 영광이 하나, 그 사이에는 우리처럼 분쟁이나 시기나 다툼이나 간격이 전혀 없으신 일체이십니다. 사랑의 완성을 이루신 모습입니다.

사랑은 둘을 하나로 열매를 맺을 때 드디어 행복을 맛보게 됩니다. 사랑은 상대의 뜻에 내가 신하로 사는 것입니다. 기호와 입맛과 유행까

지도 상대가 좋아하는 방향에서 나를 일치시키는 싸움입니다.

성령의 열매는 모두가 둘을 하나로 열매 맺게 하는 품성적 은사들입니다. 사랑, 희락과 화평과 오래 참음과 자비, 양선, 온유, 절제는 모두가 다 상대를 전제로 하는 품성적 열매들입니다. 성령 충만은 교회를 하나님의 뜻에 모두를 하나 되게 하는 하나님의 품성이며 인격으로의 성숙을 이루는 상태입니다.

21절, "아버지께서 내 안에, 내가 아버지 안에 있는 것같이 저희도 다 하나가 되어 우리 안에 있게 하사 세상으로 아버지께서 나를 보내신 것을 믿게 하옵소서."

성자 그리스도는 아버지께로부터 보내심을 받아 여기 죄악된 세상에서 십자가를 지시고 죽으시고 다시 살아 나셨고 승천하셨습니다. 예수님이 세상에 사는 우리에게 보여주신 것은 하나님의 사랑입니다. 사랑이란 우리처럼 서로 손잡고 춤추는 것이 아닙니다. 사랑이란 아버지 하나님께로부터 보내심을 받아 하나님의 뜻을 이루기 위한 싸움이며 그 뜻에 대하여 십자가만큼의 열정을 가지고 사는 충성의 삶이란 것입니다.

우리의 약점은 신앙이 실존적이라는 것입니다. 내가 만난 예수, 내가 감격한 하나님, 그러 인한 기쁨 등의 주관적인 신앙을 기초로 하나님을 간증하고 있습니다. 그러나 기독교 신앙은 전 세계와 우주의 역사가 어느 방향으로 흐르고 있으며 그 주도권을 누가 가지고 있느냐를 아는 것입니다. 이는 주관적이지 않습니다. 객관적이고 엄연한 사실이며 역사 자체입니다.

"그 뜻의 비밀을 우리에게 알리셨으니 곧 기쁘심을 따라 그리스도 안에서 때가 찬 경륜를 위하여 예정하신 것이니 하늘에 있는 것이나 땅에 있는 것이 다 그리스도 안에서 통일되게 하려 하심이라" (엡 1 : 9, 10).

역사는 그리스도 안에서 통일되는 지점을 향하여 흘러가고 있습니다. 모든 인종과 문화와 국경과 색깔을 뛰어 넘어서 하나의 통일을 이루는 신천신지新天新地를 향하여 줄기차게 흘러가고 있습니다. 그 머리의 방향을 하나님이 잡고 계십니다. 세계와 역사는 하나님께서 정하신 종말을 향하여 가고 있습니다. 거부할 수 없는 종말이 개인적으로 우주적으로 거대한 힘을 가지고 다가오고 있습니다. 신앙은 그 종말의 날을 준비하라는 하나님의 뜻을 따라 나의 삶을 일치시키며 사는 것입니다. 세상과 하나 되면 멸망합니다. 하나님과 하나 되어 살면 영광의 하늘나라에 도착하게 됩니다.

● ● ● ● ● ● ● ● ● ●

그러기 위해서는 주의 계명을 따라 사는 길 이외에는 길이 없습니다.

"내 계명은 곧 내가 너희를 사랑한 것 같이 너희도 서로 사랑하라 하는 이것이니라"(요 15 : 12).

"새 계명을 너희에게 주노니 서로 사랑하라 내가 너희를 사랑한 것 같이 너희도 서로 사랑하라 너희가 서로 사랑하면 이로써 모든 사람이 너희가 내 제자인 줄 알리라"(요 13 : 34, 35).

제자의 표는 사랑으로 입증됩니다. 성부와 성자처럼 하나가 되는 것입니다. 제자들은 하나님을 사랑하였고 서로 사랑하였습니다. 골라서 사랑하지 않았습니다. 사랑하되 하나님의 명령을 따라 사랑하였습니다. 내 감정이나 납득의 수준대로가 아닙니다. 복종하는 마음으로 사랑한 것입니다. 하나님을 그렇게 사랑하더니 하나님의 영광을 위하여 목숨을 아끼지 않습니다. 그토록 가난과 환난 중에서라도 그들이 남기고 간 메시지는 믿는 자의 환희와 행복으로 가득하였습니다.

그 믿음이 오히려 지금도 말하고 있습니다. 우리의 신앙생활이 자녀들에게, 이웃들에게 전도의 말로 입증되는 결실이 있도록 신앙의 분발을 다짐하는 도전이 마땅히 일어나야 할 것입니다.

> "내게 주신 영광을 내가 저희에게 주었사오니 이는 우리가 하나가 된 것 같이
> 저희도 하나가 되게 하려 함이니이다 곧 내가 저희 안에, 아버지께서 내 안에 계셔
> 저희로 온전함을 이루어 하나가 되게 하려 함은 아버지께서 나를 보내신 것과
> 또 나를 사랑하심 같이 저희도 사랑하신 것을 세상으로 알게 하려 함이로소이다 아버지여
> 내게 주신 자도 나 있는 곳에 나와 함께 있어 아버지께서 창세 전부터 나를 사랑하시므로
> 내게 주신 나의 영광을 저희로 보게 하시기를 원하옵나이다 의로우신 아버지여 세상이
> 아버지를 알지 못하여도 나는 아버지를 알았삽고 저희도 아버지께서 나를 보내신 줄
> 알았삽나이다 내가 아버지의 이름을 저희에게 알게 하였고 또 알게 하리니
> 이는 나를 사랑하신 사랑이 저희 안에 있고 나도 저희 안에 있게 하려 함이니이다"

주님의 기도는 우리의 기도와는 내용이 다르다는 데서 우리를 각성하게 합니다. 우리의 기도는 나의 문제를 꺼내놓고 하나님을 설득하는 열심을 신앙의 수준이라고 생각합니다. 나의 진심과 열정으로 이루어진 결과로서 나를 증명하고자 합니다. 우리의 관심은 나의 형편이지 하나님의 입장은 그 다음의 문제입니다. 기도를 동원할 때마다 지금의 나의 상황을 하나님은 어떻게 보실까 하는 것을 헤아리지 못합니다. 하나님이 어떠하신지 상관없이 나의 문제가 해결되면 그만이라는 아주 이기적인 소원을 가지고 기도를 동원합니다. 그러나 주님의 기도는 우리를 부끄럽게 합니다.

예수님께서 기도하시는 첫 마디에 하나님의 영광을 거론하신 것은 기도의 중심을 하나님께 두셨다는 데서 우리를 각성케 합니다.

1절 하반절, "아버지여 때가 이르렀사오니 아들을 영화롭게 하사 아들로 아버지를 영화롭게 하게 하옵소서."

특이한 것은 예수께서 아버지께 기도의 운을 떼실 때에 첫 번째로 자신의 영광을 구하고 있다는 것입니다. 우리는 하나님께 기도하면서 "나를 영화롭게 하옵소서"의 기도를 하지 못합니다. 영광이나 영화나 존귀를 구하기에는 너무나 부끄럽기 때문입니다. 나의 현실과도 동떨어진 제목이기도 합니다.

그러나 주님이 영광을 거론하실 때마다 자신의 죽으심과 연결시키고 있다는 것은 놀랍습니다. 영광은 그 핵심이 아버지의 기뻐하시는 뜻이 이루어지는 것 자체입니다. 예수님은 언제나 아버지의 원하시고 기뻐하시는 뜻과 일치하여 한 뜻과 한 마음을 가지셨고 그 뜻을 이루시는 일에 전심전력을 다하여 동참하셨습니다. 주님은 어떤 일이든지 독자적으로 행하지 아니하셨고 언제나 아버지의 원하시는 뜻을 좇으셨고 그 공로를 아버지께 돌려드렸습니다. 그 증거가 십자가의 죽으심입니다.

우리가 구원을 생각할 때 마다 꼭 기억해야 할 것은 주님이 지신 십자가는 예수님이 스스로 행하신 일이 아니라 아버지께서 요구하셨다는 것입니다. 그 요구하심에 대하여 오직 충성하며 사셨습니다.

신앙은 궁극적으로 하나님의 뜻에 한 마음과 한 뜻을 가지고 사는 것입니다. 하나님과의 사귐입니다. 하나님의 뜻을 물으면서 사는 것입니다. 그것은 마치 예수님의 생애와 같습니다. 아버지의 뜻으로 십자가를 지실 것이라면 마땅히 영광을 구하는 것입니다. 이토록 우리가 하나님의 백성이라는 깊은 고백을 가졌다면 나의 삶 자체도 하나님의 일의 배역으로서 마땅히 하나님의 영광을 구하여야 할 것입니다.

사업이나 학문이나 직장이나 가정이나 우리의 일상이 나의 정욕이나 자존심을 채우는 수단으로가 아니라 하나님의 뜻을 이루는 역할로서 모든 행동이 결과적으로 하나님께 영광이 돌려지는 방향에서 살아야 합니다. 하나님께 영광이라는 의식구조와 가치관을 가슴에 품고 살아야 합니다. 하나님 편에서 생각하는 의식을 심어야 합니다. 나는 지금 부족하여도 하나님 편에서 보면 나는 적어도 왕 같은 제사장이요 하나님의 영광을 위한 유일한 존재임을 잊어서는 안 됩니다.

요한복음 초두에서 예수님의 삶의 면모를 이렇게 묘사하고 있습니다.

> "말씀이 육신이 되어 우리 가운데 거하시매 우리가 그 영광을 보니 아버지의 독생자의 영광이요 은혜와 진리가 충만하더라"(요 1 : 14).

누구든지 하나님을 본 사람이 없습니다. 그가 육신을 입고 우리와 같이 되시매 드디어 우리가 그 예수님을 통하여 하나님의 영광을 보게 되었습니다. 하나님이 인간이 되셔서 활동하시는 모습에서 영광이 나타나고 있습니다. 우리를 구원하시는 데 있어서 하나님이 동원하시는 능력과 권능의 역사 속에서 하나님의 사랑과 은혜가 한없이 흐르고 있습니다. 하나님의 인자와 긍휼의 풍성하심이 우리가 보기에도 얼마나 감동이며 기쁨인지 은혜가 흐르고 또 흐르는 모습이었습니다. 끝없이 흘러내리는 은혜와 사랑의 영광이 한이 없습니다.

기독교 신앙의 특성은 하나님과 함께 사는 것을 최고의 영광으로 아는 것입니다. 하나님의 뜻을 알고 그 뜻을 이루기 위하여 나의 삶을 하나님께 요구하며 산다는 것이 얼마나 영광이며 말할 수 없는 감격인가를 모른다면 신앙생활이 맥없이 무너지고 말 것입니다. 우리는 하나님에게 있어서는 이 세상과도 바꿀 수 없는 존귀한 존재인 것입니다. 우리는 얼마든지 나의 삶의 영광을 구해도 좋을 만큼 가치 있는 존재입니다. 그렇게 적극적으로 구하며 살라고 십자가를 통하여 구원까지 주셨습니다.

구원 이후의 삶이 모든 경우 하나님의 영광을 위한 유일한 방편이 되는 것 보다 더 영광스러운 것은 없습니다. 하나님을 만나고 나의 경험이 모두 하나님의 영광을 위한 용도로 쓰임 받을 가치가 있다는 것은 참으로 놀랍습니다. 구원의 가치는 죽고 난 뒤에 천국에 들어가는 것 만이 아닙니다. 나의 삶이 세상으로부터 지적 받아 비록 부끄럼 중에 있다 하더라도 그래도 나의 권고와 충고를 들어야 할 사람들은 아직도 세상에서 잘난 사람들입니다.

우리의 경험이 하나님의 영광을 위하여 헛되지 않는 만큼 은혜롭습니다. 지난날 나의 실수와 허물이 사람들에게 용기와 담대한 신앙을 갖게 하는 간증이 될 줄은 미처 생각지 못했던 은혜입니다. 아픔이 아픔을 알아주고 슬픔이 슬픔을 알아주는 법입니다. 가난을 경험해 본 사람이 가난한 자의 벗이 될 수 있습니다. 실패의 쓰라린 경험을 해본 사람이 낙망 중에 탄식하고 있는 자의 고통을 위로할 수 있습니다.세상에서 고난의 경험이 없는 자가 아무도 없습니다.

나와 같은 또 다른 고난에 처한 사람을 위한 유일한 위로자로서 오늘 내가 여기에 주의 이름으로 존재한다는 사실을 감사하는 고백이 있어야 할 것입니다. 그렇다면 우리도 마땅히 주님과 같이 "아버지여 나를 영화롭게 하사 아버지를 영화롭게 하옵소서" 라고 기도할 수 있을 것입니다.

반대로 자연인의 입장에서 하나님은 얼마나 만날 수 없는 분이신가? 다시 말하면 하나님을 만나지 않고 사는 것이 얼마나 형벌이며 저주의 삶인가를 알아야 우리가 받은 구원의 영광이 얼마나 감격인가를 알게 됩니다.

신명기 5장에 보면 모세가 시내 산에서 하나님께로부터 율법을 받아 내려오는 장면이 나옵니다. 이스라엘의 장로들이 모세의 모습을 보고 이렇게 감탄해 마지않습니다.

"말하되 우리 하나님 여호와께서 그 영광과 위엄을 우리에게 보이시매
불 가운데 나오는 음성을 우리가 들었고 하나님이 사람과 말씀하시되 그
사람이 생존하는 것을 오늘날 우리가 보았나이다 이제 우리가 죽을 까닭
이 무엇이니이까 이 큰 불이 우리를 삼킬 것이요 우리가 우리 하나님 여호
와의 음성을 다시 들으면 죽을 것이라 무릇 육신을 가진 자가 우리처럼 사
시는 하나님의 음성이 불 가운데 발함을 듣고 생존한 자가 누구니이까"
(신 5 : 24 - 26).

시내 산에서 하나님이 강림하실 때에 번개가 치고 우뢰가 울고 구름
이 빽빽이 산을 덮었습니다. 백성들이 다 두려워 떨고 있는데 모세가 하
나님을 만난 후에 나타납니다. 백성들이 경이로움을 감추지 못합니다.
그 이유가 "하나님이 사람과 말씀하시되 그 사람이 생존하는 것을 우리
가 보았도다 우리가 하나님의 음성을 들으면 죽을 것이라 큰 불이 우리
를 삼킬 것이라" 는 것이었습니다.

하나님이 구름 가운데 강림하십니다. 우리가 눈으로 보는 구름이 아
닙니다. 가리는 용도가 아닙니다. 영광을 나타낼 때 표현하는 상징어입
니다. 영어로는 "Not Clouds, but Cloud" 입니다. 하나님의 영광을 나
타내시면 죄인은 그 자리를 지킬 수가 없습니다. 그것은 마치 빛이 오면
어둠이 그 자리를 지킬 수 없는 것과 같습니다. 하나님 앞에서 죄인이
기 때문에 심판을 두려워한 것입니다.

우리는 본질상 죄인이기 때문에 하나님을 만날 수가 없는 존재입니
다. 만나는 날에는 그 자리에서 심판을 받아 죽기 때문입니다. 인간이
하나님 앞에 나설 수 없습니다. 하나님과 사귀기는 고사하고 가면 곧바
로 죽고 맙니다.

그러나 그리스도 우리 주 예수의 십자가를 지시고 난 후에는 모든 상
황이 달라집니다.

"모든 사람이 죄를 범하였으매 하나님의 영광에 이르지 못하더니 그리
스도 예수 안에 있는 구속으로 말미암아 하나님의 은혜로 값없이 의롭다
하심을 얻은 자 되었느니라"(롬 3 : 23, 24).

"그러므로 이제 그리스도 예수 안에 있는 자에게는 결코 정죄함이 없나
니"(롬 8 : 1).

십자가를 지나오면 하나님과 정죄함이 없는 관계로 발전합니다. 예
수님께서 우리를 대신하여 율법을 완성하셨기 때문입니다. 우리를 정
죄하려면 법이 있어야 하는데 우리를 정죄할 법적 근거가 없는 상태에
서 어떤 경우에라도 다시는 우리를 정죄할 수 없게 된 것입니다. 이제
는 예수 안에서 하나님과의 관계가 법으로 옳고 그름을 심판하는 진노
나 형벌의 관계가 아니라 사랑하는 자녀를 향한 아버지의 사랑과 은혜
의 관계로 들어오게 된 것입니다. 우리가 지은 죄 때문에 근원적으로 하
나님과의 관계가 단절되는 경우는 없어졌습니다. 죄를 지어도 괜찮다
는 것이 아니라 하나님의 영광에 이르도록 간섭하사 용서와 사랑의 관
계로 회복하시겠다는 것입니다.

신앙생활에서 놓치지 말아야 할 중요한 사실 하나, 하나님의 우리를
향하신 뜻입니다. 하나님에 대한 지식이 빈약해서 방황하는 경우를 볼
때마다 안타깝습니다. 하나님은 더 이상 우리에게는 두려움이나 무서
움의 대상이 아닙니다. 누가 하나님의 뜻이 무엇이냐 물으면 나를 향하
여 언제나 사랑이시며 나로 기뻐하게 하는 것과 감사하게 하는 것과 기
도로 풍성하게 사는 것임을 대답할 수 있어야 할 것입니다.

"항상 기뻐하라 쉬지 말고 기도하라 범사에 감사하라 이는 그리스도 예
수 안에서 너희를 향하신 하나님의 뜻이니라" (살전 5 : 16 - 18).

하나님은 성령을 보내사 우리와 풍성히 사귀기를 원하십니다. 그 분의 뜻에 대하여 감추지 아니하시고 그 모습을 우리에게 말씀의 형식을 통하여 완전히 노출하시는 방법으로 사귐의 길을 열어 놓으신 것입니다. 얼마든지 갈급한 심령에게 찾아오사 성령과 말씀으로 우리의 목마름을 실컷 마시도록 하셨습니다. 그렇게 찾아 오셔도 괜찮을 정도로 우리의 신분을 정죄함이 없는 자로 만들어 놓으셨습니다. 이제는 더 이상 하나님을 두려움으로 만날 이유가 없습니다. 사랑과 그리움의 대상으로 만나는 담대한 믿음을 가지고 날마다 하나님과 교제하는 영광을 놓치지 말아야 할 것입니다.

사귐과 친교는 사랑이 근거가 될 때에 행복이 됩니다. 성경이 우리에게 죄를 짓지 말라 하는 것도 벌을 면케 하려는 정도가 아니라 하나님과의 사랑의 관계가 깨어질까 봐 권면하는 것입니다. 서로 사랑하라, 섬기라, 이웃을 돌보라, 봉사하라, 선교하라는 것은 그 궁극적인 목적이 보다 적극적으로 하나님과 깊고 풍성한 교제와 사귐이 있게 하라는 권면입니다.

23절, "곧 내가 저희 안에, 아버지께서 내 안에 계서 저희로 온전함을 이루어 하나가 되게 하려한은 아버지께서 나를 보내신 것과 또 나를 사랑하심같이 저희도 사랑하신 것을 세상으로 알게 하려 함이로소이다."

주님의 기도의 골자를 이루는 대목입니다. 아버지께서 예수님 자신과 함께 있는 것과 같이 나도 저희 안에 있음을 강조하십니다. 예수 그리스도께서 계시는 곳에 성부 하나님도 계신다는 것을 강조하시는 대목입니다. 이렇게 오늘 우리에게도 삼위 하나님은 함께 거하십니다.

우리가 명심해야 할 것은 하나님께서 함께 거하심은 분명한데 아직은 성부와 성자의 사이처럼 완전한 수준에 이르지는 않았다는 것입니다. 그러나 이제부터 그 사이를 온전하게 하려 한다는 것입니다. 함께 거하는 수준을 주님처럼 사랑으로 사귀며 깊고 충만한 감동으로 서로를 나누도록 하려 한다는 것입니다.

"우리가 다 하나님의 아들을 믿는 것과 아는 일에 하나가 되어 온전한 사람을 이루어 그리스도의 장성한 분량이 충만한 데 까지 이르리니" (엡 4 : 13).

"저희로 온전함을 이루어"와 "온전한 사람을 이루어 그리스도의 장성한 분량이 충만한데 이르리니"와는 뜻이 같습니다. 완성의 의미입니다.

하나님의 형상을 이루기 위하여 훈련과 시련의 과정이 필요한 존재라는 것입니다. 미숙한 자가 성숙한 자가 되기 위하여 그에게 필요한 것은 반드시 지나가야 할 과정이 있다는 것입니다. 월반이 없습니다. 차근차근 밟아 가는 시련의 과정이 있습니다. 그리스도의 장성한 분량이 충만한데 이르는 길을 가서 그 끝에 하나님의 형상으로서 온전함에 이르게 됩니다.

● ● ● ● ● ● ● ● ● ●

반드시 기억해야 할 것은 예수 믿고 구원을 얻었다는 것은 이미 그리스도와 같은 수준으로 평가되는 온전함의 상태입니다. 우리의 느낌이나 경험은 아직은 아닐지라도 하나님은 이미 온전한 사람으로 평가하십니다. 믿음으로 천국에 가는 자격을 얻은 것입니다.

그러나 이 땅에 사는 날 동안 아직은 나의 육체와 현실은 부족함이 많습니다. 갈등과 번민의 과정을 겪고 있습니다. 실제로 온전함을 이루기 위한 훈련으로서 교회가 허락되어 있습니다.

훈련의 도구가 무엇입니까? 에베소서 4장 12절에서 "이는 성도를 온전케 하며"의 뜻은 도구 혹은 장비란 뜻입니다. 영어로는 'Equipment' 입니다.

　사도, 선지자, 복음 전하는 자, 목사와 교사, 또는 직분들은 도구입니다. 일하는 자리가 아닙니다. 온전함을 이루는 성장을 위한 기회입니다. 그리스도의 충만으로 우리를 온전하게 하시는 궁극적인 목표가 무엇입니까? 그 답입니다. "하나님께서 나를 보내신 것과 또 나를 사랑하심같이 저희를 사랑하신 것을 세상으로 알게 하려 함이라."

제 18장
진리를 성취하시는 예수 그리스도

(요 18:1-11)

"예수께서 이 말씀을 하시고 제자들과 함께 기드론 시내 저편으로 나가시니 거기 동산이 있는데 제자들과 함께 들어가시다 거기는 예수께서 제자들과 가끔 모이시는 곳이므로 예수를 파는 유다도 그곳을 알더라 유다가 군대와 및 대제사장들과 바리새인들에게서 얻은 하속들을 데리고 등과 홰와 병기를 가지고 그리로 오는지라 예수께서 그 당할 일을 다 아시고 나아가 가라사대 너희가 누구를 찾느냐 대답하되 나사렛 예수라 하거늘 가라사대 내로라 하시니라 그를 파는 유다도 저희와 함께 섰더라 예수께서 저희에게 내로라 하실 때에 저희가 물러가서 땅에 엎드러지는지라 이에 다시 누구를 찾느냐고 물으신대 저희가 말하되 나사렛 예수라 하거늘 예수께서 대답하시되 너희에게 내로라 하였으니 나를 찾거든 이 사람들의 가는 것을 용납하라 하시니 이는 아버지께서 내게 주신 자 중에서 하나도 잃지 아니하였삽나이다 하신 말씀을 응하게 하려 함이러라 이에 시몬 베드로가 검을 가졌는데 이것을 빼어 대제사장의 종을 쳐서 오른편 귀를 베어 버리니 그 종의 이름은 말고라 예수께서 베드로더러 이르시되 검을 집에 꽂으라 아버지께서 주신 잔을 내가 마시지 아니하겠느냐 하시니라"

18장 이후로는 예수님의 생애에 있어서 마지막 부분으로 십자가의 수난과 부활을 중심으로 전개되는 사건의 기록입니다. 지금은 수난이 시작되는 첫 장면입니다. 예수님은 마지막 성만찬을 마치시고 곧바로 겟세마네 동산에 올라가셨습니다. 십자가를 앞에 두신 주님의 애절한 기도가 진행되고 있었습니다. 동시에 거기에 대제사장이 보낸 무리들이 가룟 유다를 앞세우고 예수님을 잡으러왔습니다. 등과 홰와, 병기를 가진 자들입니다. 한 무리의 군대들이 주님을 체포하러 올라온 것입니다. 사적인 감정으로 온 것이 아닙니다. 당시 유다 백성들을 다스리는 정치권의 정당한 권력을 힘입고 대제사장과 바리새인들의 명령을 받들어 당당하게 주님을 체포하러 온 것입니다.

우리는 이 동산에서 만나고 있는 두 집단 간의 긴장국면에 대해서 주의 깊게 살필 필요가 있습니다. 인간의 죄와 사망의 짐을 대신 지시려는 예수님과 그의 제자들, 그리고 자신들의 권익에 방해된다는 이유로 권력자들로부터 파송된 군사들, 이 두 집단간에 긴장국면을 우리는 보고 있습니다. 겟세마네 동산에서 진행되는 두 집단간의 긴장국면은 교회가 세상에 대하여 싸움하는 대결국면임을 상기할 필요가 있습니다. 이때 주님께서 이런 태도를 보이십니다.

4절, "예수께서 그 당할 일을 다 아시고 나아가 가라사대 너희가 누구를 찾느냐."
예수님은 자신을 체포하러온 무장한 무리들을 피하지 않으셨습니다. 앞으로 일어날 일을 다 아시고 무리들 앞으로 나가셨다고 표현하고 있습니다. 그 모습이 당당합니다. 같은 사건을 기록한 다른 복음서에는 이런 표현이 없습니다. 요한만이 본 태도였습니다. 주님은 무리들 앞으로 나아가셨습니다. 다 아셨기 때문입니다. 우리는 여기서 예수님의 신성에 대한 감동을 받습니다.

주님의 행동 속에는 일정한 계획이 있었습니다. 영원 전에 성부하나님과의 약속이 먼저 있었습니다. 그렇게 뜻하신바가 아니면 행동하시지 않으셨습니다. 예수님에게 있어서 즉흥적인 행동이 없습니다. 주님은 역사의 장래를 알아맞히는 분이 아니십니다. 역사 자체를 설계하시고 계획하신 뜻을 성취하시는 역사의 주권자이십니다. 개인이나 공동체이거나 그 장래의 일어날 일들을 다 알고 계시는 분이 바로 예수 그리스도이십니다. 우리의 삶도 과거로부터 현재까지 특별히 장래의 일까지 다 알고 계심을 믿는 것이 기독교 신앙입니다.

우리는 모르는 것이 너무나 많습니다. 내가 다음 순간에 어떻게 될지, 언제 죽을지, 어떤 사람을 만날지, 주변상황이 어떻게 변할지 우리는 모른 채 살고 있습니다. 모르니까 불안하고 긴장하고 두려움을 가지고 살고 있습니다. 그러나 하나님은 모르시는 것이 하나도 없으십니다. 나의 태어나기 전에 이미 영원 전에 알고 계셨다고 합니다. 하나님의 정하신 때를 따라 내가 이 땅에 태어나서 살고 있습니다. 나의 속성과 체질을 낱낱이 헤아리시는 하나님께서 나를 영원한 사망의 형벌에서 구원하시고 이제는 성령을 보내사 나와 함께 험난한 인생길을 동행하시면서 나를 간섭하십니다.

기독교 신앙은 나를 계발하지 않습니다. 나의 문제를 다 알고 계시며 내 장래를 다 계획하신대로 이끄시고 주선하시는 하나님을 나의 삶의 주권자로 고백하며 나의 문제를 그 앞에 꺼내놓고 자문을 구하면서 하나님의 뜻을 따라 살아가는 운동이 바로 신앙인 것입니다.

4절 하반절에서 5절, "…가라사대 너희가 누구를 찾느냐 대답하되 나사렛 예수라 하거늘 가라사대 내로라 하시니라 그를 파는 유다도 저희와 함께 섰더라."

6절, "예수께서 저희에게 내로라 하실 때에 저희가 물러가서 땅에 엎드러지는지라."

너희가 누구를 찾느냐 나사렛 예수라 "내로라" 하셨더니 이 말을 들은 군대들이 그 앞에서 뒤로 나가 떨어졌습니다. 당시 최고의 실세들, 대제사장과 바리새인들이 파송한 군대와 하속들이 횃불과 칼과 창으로 무장하고 정정당당하게 예수를 체포하려고 왔다가 '내가 바로 예수다' 하시는 말씀 한 마디에 모두가 뒤로 나가 떨어졌습니다. 법적 권한과 중무장한 군대들이 아무 방어력도 없는 예수님의 말 한마디를 듣는 순간 힘을 못 쓴 채 넘어지고 말았던 것입니다.

수난 당하시는 모습은 주님 자신이 이미 아신 일로써 당당하게 그리고 승리감에 꽉 차있습니다. 오고 오는 세대에 교회들을 위로하시고 격려하시는 장관입니다. 병정들에게는 아무것도 겁날게 없습니다. 그들에게는 칼과 창과 횃불과 몽둥이가 쥐어져있습니다. 당시 최고 권력자들인 대제사장들과 바리새인들의 명령을 받고 있습니다. 그럼에도 불구하고 "내로라"하실 때에 뒤로 나가 떨어졌다는 것입니다.

이 장면에서 성경이 교회들에게 전하고 싶은 것이 무엇입니까? 예수님은 세상의 권력이나 물리적인 힘에 의해서 잡힐 분이 아니시라는 것을 역설하고 있는 겁니다. 잡히실 것을 미리 아시고 아버지의 뜻을 따라 행동하신다는 것을 강조하는 대목입니다. 저희 손에 체포되어 십자가를 지셔야 구속의 역사를 완성하실 수 있습니다. 권력자들이 파송한 군대들이 배신자 가룟 유다를 앞세우고 체포하려고 온 것은 속죄양으로 십자가에 오르기 위한 절차이며 방법으로 동원된 필요조건들입니다.

그럼에도 불구하고 내로라하실 때에 나가떨어졌다는 것은 예수님은 인간이 의도한 대로 그 권력과 정치적인 힘에 의하여 십자가의 대속이 결정되지 않는다는 것입니다. 예수님은 때가 이르매 세상의 힘으로가 아니라 스스로 행동하셨습니다. 때가 이르렀기에 스스로 손을 내밀어 잡혀주신 것입니다. 그 몸을 원수의 선에 허락하셨더니 비로소 벌 떼와 같이 달려들어 밧줄로 묶고 매를 치면서 이리저리 끌고 다니기 시작하였습니다.

빌라도의 법정에서도 이와 비슷한 장면이 나옵니다. "네가 왕이 아니냐?" "네 말대로 내가 왕이니라." 재판이 진행되고 있는 중에 19장에서는 빌라도의 마음을 이렇게 묘사합니다.

"빌라도가 이 말을 듣고 더욱 두려워 하여 다시 관정에 들어가서 예수께 말하되 너는 어디로서냐 하되 예수께서 대답하여 주지 아니하시는지라"
(요 19:8, 9).

"너는 어디로 서냐?" "예수께서 아무 대답도 주시지 아니하시니라"
이 장면을 한번 그려보면 주님의 권세가 얼마나 세상을 압도하고 있는
가를 엿볼 수 있습니다. 빌라도가 누구입니까? 로마총독입니다. 생사
여탈권을 한 손에 쥔 자입니다. 사형을 언도 내릴 권력을 가진 자입니
다. 유대인들도 집행 못하는 사형을 집행하는 최고의 권력자입니다.

그러나 성경은 예수님의 말씀에 최고의 권력자가 두려워서 기가 죽
어 있는 모습을 우리에게 전해주고 있습니다. 그 다음 성경은 이렇게
분위기를 전합니다. 더 이상 아무 대답을 하지 아니하시는 주님의 모습
앞에서 이제는 사정하듯이 이렇게 말을 건넵니다.

요한복음 19장 10절을 보면 "내가 너를 놓을 권세도 있고 십자가에
못 박을 권세도 있는 줄 네가 알지 못하느냐"하십니다. 이때 주님의 권
세 있는 말씀 오늘 믿는 자들에게 위로와 힘이 되는 말씀입니다. "위에
서 주지 아니하셨더면 나를 해할 권세가 없었으리니…" (요 19:11).
그후에 십자가에 팻말을 쓰는 장면에서 빌라도가 이런 결론을 내립니다.

"유대인의 대제사장들이 빌라도에게 이르되 유대인의 왕이라 말고 자
칭 유대인의 왕이라 쓰라하니 빌라도가 대답하되 나의 쓸 것을 썼다 하니
라"(요 19 : 21, 22).

십자가에서 마지막 하신 말씀도 주님의 주권자 되심을 뚜렷하게 나
타내시는 장면을 우리에게 보여주고 있습니다.

"이후에 예수께서 모든 일이 이미 이룬 줄 아시고 성경으로 응하게 하려
하사 가라사대 내가 목마르다 하시니 거기 신 포도주가 가득히 담긴 그릇
이 있는지라 사람들이 신 포도주를 머금은 해융을 우슬초에 매어 예수의
입에 대니 예수께서 신 포도주를 받으신 후 가라사대 다 이루었다 하시고

머리를 숙이시고 영혼이 돌아가시니라"(요 19 : 28 - 30).

"다 이루었다 하시고 머리를 숙이시고 영혼이 떠나가시니라" 하였는
데 예수님은 힘이 없어 돌아가신 것이 아닙니다. 피와 물을 다 쏟으셔
서 힘이 없어서 숨을 거두시지 않으셨습니다. 성경에서 예언한 글대로
다 이루어진 것을 확인한 후에 죽음을 허락하신 것입니다. "머리를 숙
이시니 영혼이 떠나가시니라."

죽는 사람이 죽는다 하면서 고개를 숙입니까? 아닙니다. 죽음이 오
면 고개가 떨어지는 겁니다. 그러나 주님은 죽는 방법마저 우리와 같
지 않으셨습니다. 먼저 고개를 숙이시고 그 다음에 죽음이 왔습니다.
아버지의 뜻을 따라 죽음을 허락하시는 장면입니다. 스스로 취하신
죽음입니다.

우리가 느끼듯이 주님의 수난이 그렇게 애처롭거나 번민하는 모습이
아닙니다. 십자가의 고난에 스스로 몸을 맡기시는 모습이 오히려 웅장
하고 당당하십니다. 성경에서 예언한 대로 십자가의 길을 힘차게 걸어
가신 겁니다.

요한복음 10장 17절은 더욱 이를 분명히 증명해주고 있습니다.

"아버지께서 나를 사랑하시는 것은 내가 다시 목숨을 얻기 위하여 목숨
을 버림이라 이를 내게서 빼앗는 자가 있는 것이 아니라 내가 스스로 버리
노라 나는 버릴 권세도 있고 다시 얻을 권세도 있으니 이 계명은 내 아버지
에게서 받았노라 하시니라"(요 10 : 17, 18).

예수님은 아버지의 뜻을 따라 자신을 버리기도 하고 다시 얻기도 하
시는 분이십니다. 이 세상의 아무라도 주님께서 허락지 아니하시면 그
에게서 아무것도 빼앗을 수 없습니다. 권력도 칼도 창도 죽음의 권세마
저도 주님을 빼앗을 수가 없습니다. 주님은 창조주로서 피조물을 다스

리십니다. 영광과 위엄과 권세가 한이 없으십니다. 그 하나님과 우리가 함께 살아가고 있습니다. 그 하나님과 동행하는 과정에서 만나는 난관들이 있을 것입니다. 그 난관들은 나 홀로가 아니라 세상의 주권자 주님과 함께라는 것을 생각한다면 더 이상 난관일 수 없습니다.

이렇게 영광스러운 하나님의 역사가 진행되는 중에 돌발적인 사건 하나를 만나게 됩니다.

10절, "이에 시몬 베드로가 검을 가졌는데 이것을 빼어 대제사장의 종을 쳐서 오른편 귀를 베어 버리니 그 종의 이름은 말고라" 하였습니다.

베드로의 행동은 매우 갑작스럽고 돌발적입니다. 그 행동은 예수님처럼 사전에 미리 아는 바가 전혀 없는 아주 즉흥적입니다. 그는 감정이 이끄는 대로 검을 뽑아들었습니다. 이에 대한 주님의 반응이 다른 복음서와 다릅니다.

11절, "예수께서 베드로더러 이르시되 검을 집에 꽂으라 아버지께서 주신 잔을 내가 마시지 아니하겠느냐 하시니라" 하였습니다.

동일한 사건을 마태복음은 이렇게 묘사되어 있습니다. "네 검을 도로 집에 꽂으라 검을 가지는 자는 다 검으로 망하느니라"(마 26:52) 책망하시는 내용입니다.

누가복음은 이렇게 되어 있습니다. "이것까지도 참으라 하시고 그 귀를 만져 낫게 하시니라"(눅 22:51) 원수라도 사랑하고 싸매어 주시는 인자한 모습으로 묘사하였습니다.

그러나 요한은 전혀 다른 모습으로 예수 그리스도의 사역을 서술하고 있습니다. 칼을 사용한데 대하여 부정적이지 않습니다. 오히려 칼을 사용한 행동을 가지고 이 기회를 삼아 메시아의 사역을 부각시키고 있습니다.

주님은 감상적이지는 않습니다. 자비와 긍휼의 모습 보다가 아버지의 뜻을 두고 싸우시는 강인하고 열정을 가지신 예수 그리스도의 모습을 우리에게 여실히 보여주고 있습니다. 베드로의 잘못된 행동에도 불구하고 이를 책망하기보다는 이 잘못된 행동을 기회로 삼아 오히려 주님이 지실 십자가의 고통이 더욱 긴급한 일이며, 이를 위하여 온 정열을 쏟아야 할 것을 역설하고 있습니다.

"아버지께서 주신 잔을 내가 마시지 않겠느냐" – 여기서 우리는 신앙적 교훈을 얻어낼 수 있습니다. 제가 존경하는 장로님 한 분이 계십니다. 제가 목사로서 실수할 때가 많은 편입니다. 당회석상에서나 목회일정에서 급한 성질로 인하여 자주 실수하고 예의에서 빗나갈 때가 있습니다. 그럴 때마다 다른 이와 달리 나를 책망하지 아니합니다. 권면도 없습니다. 그럴수록 오히려 그는 예수님처럼 묵묵히 아주 성숙한 모습으로 자기 십자가의 길을 걸어갑니다. 전 그 모습을 보고 늘 회개합니다. 그 분의 신앙인으로서 또 치리자로서 갖는 웅장하고 관대한 모습을 보면서 동시에 나의 졸속한 모습을 되돌아보는 반성의 기회로 삼았습니다.

주님은 베드로의 잘못된 행동을 책망하거나 꾸짖지 아니하시고 이 기회를 포착하여 오히려 그리스도의 고난을 상기시키고 있습니다. "이 잔을 마셔야 하지 않겠느냐"하며 베드로에게 이잔은 아버지께서 주신 잔이며 아들은 이 잔을 마시려고 십자가의 길을 재촉하고 있는 중이라고 설명하고 있습니다. 겟세마네의 동산에서 기도하실 때에 동일한 응답이 있었습니다. '아버지여, 할 수만 있거든 이 잔을 내게서 지나가게 하옵소서.' 이마에 흐르는 땀이 핏방울이 되도록 애절하게 기도하셨지만 아버지는 오히려 그 기도에 응답하시는 것이 아니라, 성령을 보내셔서 고난의 잔을 마시도록 힘을 북돋아주셨습니다. 십자가를 지러 오셨다는 것을 확정짓는 결론으로 예수께서 무엇이라고 대답하셨습니까? "아버지여, 내 뜻대로 마옵시고, 아버지의 뜻대로 하옵소서." 기도의 결론을 '아버지께서 약속하신바, 십자가를 지러 오신 그의 목적대로 아버지의 뜻대로 행하시옵소서' 입니다.

예수님에게 있어서 십자가의 잔은 피할 수 없는 아버지와의 약속입니다. 주님은 처음부터 하나의 목적, 우리를 구원하시기 위하여 십자가를 지러 오셨습니다. 그는 백성들로부터 섬김을 받으려 하지 아니하시고 섬기지 않을 것을 알고 처음부터 섬기러 오셨습니다. 아버지와 합의하여 진행되고 있는 이 그리스도의 열정을 우리는 보고 있습니다.

예수께서 오셔서 예정한 바를 이루시려는 열심을 보고 우리는 무엇을 생각해야 합니까? 우리도 마땅히 하나님의 일을 생각해야 하는 자가 되어야 하겠다는 결심을 다짐해야 할 것입니다. 하나님의 뜻을 두고 싸우시는 그리스도의 열정, 땀이 핏방울 되듯이 기도하시던 그리스도의 모습에서 우리의 삶의 중심이 하나님이어야 함을 각성하는 분발이 일어나야 할 것입니다.

베드로는 제자이기는 하였지만, 하나님의 나라에 대한 환상이 없었습니다. 아직도 세상적인 안목으로 살았습니다. 성령 강림의 권능을 입기 전까지 베드로의 행동은 언제나 주님께로부터 꾸중을 받고 있었습니다. 십자가를 지시려는 주님을 만류하다가 주님께로부터 꾸중을 받아 "사단아, 내 뒤에로 물러가라 네가 하나님의 일을 생각지 아니하고 사람의 일을 생각하는도다"(막 8:33)라고 호되게 책망을 받은 적도 있었습니다.

베드로의 눈에는 십자가의 잔이 보이지 않았습니다. 화려한 정치적인 무대에 올라 권력을 행사할 현실적인 자기 출세의 길을 보았습니다. 예수님을 해하려는 사람을 원수로 취급했습니다. 검을 들어 만류하려 했습니다. 예수님을 이스라엘 회복할 정치적인 왕으로 추대하고 있었습니다.

베드로의 신앙은 아직도 하나님의 일에 대한 묵시와 환상이 없는 상태였습니다. 눈앞에 보이는 현상대로 판단하고 자기 이기와 정욕이 이끄는 대로 행동하는 수준이었습니다. 십자가의 고난과 그 이후에 나타날 하나님의 나라의 보다 높은 계시에 대해서는 받을 만한 그릇으로 준비되어 있지 않았습니다.

　신앙은 아버지의 뜻을 따라가기 위한 싸움으로 나를 십자가에 못 박는 고통을 치르지 아니하면 이룰 수 없습니다. 내가 죽고 그리스도로 다시 태워지는 새로운 생명의 변화를 힘입어야 합니다. 예수 그리스도의 길을 연구하며 좇아가는 훈련이 있어야 합니다.

● ● ● ● ● ● ● ● ● ●

　주님께서 내리신 결론이 무엇입니까? "베드로야, 내가 아버지께서 주신 잔을 마시지 않겠느냐?"는 것입니다. 단순히 아버지께서 내게 명령하셨다는 뜻이 아닙니다. 그 뜻대로 순종하는 것 이외에 내가 다른 할 일이 있겠느냐? 아버지의 뜻이 아니라면 십자가를 질 이유가 없다는 겁니다. 나도 너희처럼 눈앞에 보이는 유익만을 챙기는 입장이라면 이 잔을 왜 마시겠느냐는 것입니다.

　내가 아버지의 뜻을 알고 있는 한, 나는 그 뜻을 행하지 않고는 견딜 수 없는 신령한 본능을 가지고 있다는 것입니다. '성령의 충만한 역사가 우리에게도 임하셔서 우리도 주님처럼 아버지의 뜻을 분별하여 알게 하시고 그 뜻을 이루려는 신령한 열정과 능력을 주옵소서'의 기도가 있어야 할 것입니다.

(요 18:12-18)

> "이에 군대와 천부장과 유대인의 하속들이 예수를 잡아 결박하여 먼저 안나스에게로
> 끌고 가니 안나스는 그 해의 대제사장인 가야바의 장인이라 가야바는 유대인들에게
> 한 사람이 백성을 위하여 죽는 것이 유익하다 권고하던 자러라 시몬 베드로와
> 또 다른 제자 하나가 예수를 따르니 이 제자는 대제사장과 아는 사람이라 예수와 함께
> 대제사장의 집 뜰에 들어가고 베드로는 문 밖에 섰는지라 대제사장과 아는 그 다른 제자가
> 나가서 문 지키는 여자에게 말하여 베드로를 데리고 들어왔더니 문 지키는
> 여종이 베드로에게 말하되 너도 이 사람의 제자 중 하나가 아니냐 하니 그가 말하되
> 나는 아니라 하고 그 때가 추운고로 종과 하속들이 숯불을 피우고
> 서서 쬐니 베드로도 함께 서서 쬐더라"

12, 13절, "이에 군대와 천부장과 유대인의 하속들이 예수를 잡아 결박하여 먼저 안나스에게로 끌고 가니 안나스는 그 해의 대제사장인 가야바의 장인이라."

예수님을 체포하러 온 자들은 하나님께서 행하시는 일에 대하여 전혀 감각이 없는 사람들이었습니다. 예수님께서 찾아온 무리들을 향하여 '너희는 누구를 찾느냐?' '나사렛 예수라' '내로라' 하셨을 때에 모두가 다 이 한마디 말씀에 뒤로 나가 떨어졌던 사람들입니다. 중무장한 군인들입니다. 권세 있는 예수님의 말씀 한마디에 감히 붙잡을 수가 없었습니다. 칼과 창으로 포박할 수 없었습니다. 다른 복음서에 보면 베

드로가 화가 나서 칼을 뽑아서 제사장의 종, 말고의 귀를 베어버렸습니다. 주님께서 베드로를 책망하시면서 땅에 떨어진 귀를 다시 붙여주시면서 하나님께서 갖는 최선의 감동적인 사랑과 인자를 저들이 보는 눈앞에서 보여주셨습니다. 원수의 상처를 싸매어 주셨습니다. 그리고 하신 말씀이 심금을 울립니다. "베드로야 칼을 집에 꽂으라 아버지께서 주신 잔을 내가 마시지 아니하겠느냐" 그런데도 불구하고 그들은 주님께서 행하신 일에 대하여 전혀 무감동한 사람들이었습니다.

이에 예수님께서 몸을 저들에게 맡기셨더니 그들은 자기들에게 기회가 왔을 때에 예수님을 결박하여 재빠르게 먼저 그해 대제사장인 안나스에게 끌고 갔습니다. 이렇듯 그들의 행동은 아무 감정도 생각도 없는 짐승처럼 먹이를 낚아채듯이 포착된 기회를 놓치지 않았습니다.

안나스와 가야바는 장인과 사위사이입니다. 원래 대제사장은 하나이어야 하는데 어찌된 일이지 여기는 두 사람이 나옵니다. 로마의 정치권 아래서 하나는 제사를 드리는 대제사장이고 하나는 정치적 대제사장으로서 이 집안은 야합한 정치꾼 집안이었습니다.

우리는 여기서 세 종류의 인간상을 발견할 수 있습니다. 특이한 대목은 14절 말씀입니다.

"가야바는 유대인들에게 한 사람이 백성을 위하여 죽는 것이 유익하다 권고하던 자러라" – 이때 모든 민심이 예수님께로 쏠리고 있었던 때입니다. 정치권에서는 권력과 부의 자리가 위태로워지는 순간입니다. 예수님을 제거해야 만이 자기들의 지위를 주장할 수 있습니다. 예수님은 정치적으로 제거대상 제 1호 대상입니다. 그들의 관심은 오직 예수를 제거하는 데에 가능한 모든 수단을 동원하느라 혈안이 되어 있었습니다.

마침내 예수를 잡아 죽이기로 결정하였습니다. 최고의 재판관들입니다. 재판에서 이 사람의 죄가 무엇이냐? 무죄냐 유죄냐 상관할 바가 아닙니다. 재판을 한다 해도 이미 죽이기로 마음속에 선고를 내리고 있었습니다. 자기들의 관심은 오직 자기들이 차지하여 누리고 있는 정치적인 권력과 치부의 자리였습니다. 최고의 통치권자 한 사람이 백성을 위하여 죽는 것이 유익하다는 발언을 서슴지 않았습니다. 소문을 퍼뜨렸습니다.

예수님이 수난을 당하시는 장면에서 성경은 인간이 갖고 있는 죄의 본성이 얼마나 악랄하냐를 지적해주고 있습니다. 권력을 향한 인간의 집념이 얼마나 강하냐 하면 아무 죄가 없는 의인 한 사람을 죽이기까지 하더라는 것입니다. 자신들의 유익을 방해한다는 이유로 아무 죄 없는 의인 예수님을 마치 국가의 위기를 초래하는 반역자로 몰아세워 이미 죽이기로 판결을 내리고 있는 저들의 정치적인 속셈을 정당화하고 있습니다.

인류의 역사에서 전쟁과 분쟁과 사회격동과 문화 내지는 가치의 충돌과 같은 싸움은 끊이지 않고 반복되고 있는 이야기의 주제들입니다. 자연은 약육강식의 법칙이 지배하는 무대입니다. 인간사회의 순환원리도 마찬가지 입니다. 인간사회는 끊임없이 반복되는 이윤 추구의 갈등과 대립의 양상 속에서 역사를 계속 진행시킬 것입니다. 우리는 누구나 할 것 없이 그 처절한 생존경쟁이라는 모순의 굴레 속에서 적응력을 배우고 익숙해지려는 몸부림을 치고 있습니다. 자기보호본능으로 인간은 유익을 따라 규합하고 단합하는 사회관계를 유지하면서 살아갑니다. 원수가 따로 있는 것이 아니라 나의 유익을 해치는 자는 다 원수입니다. 사랑도 우정도 옛 이야기지 갈수록 인간의 정이 식어지리라한 말씀이 실감이 가는 세태입니다.

그리고 갑자기 베드로가 주님을 배반하는 장면이 소개됩니다. 예수께서 십자가의 길을 가고 있는 중에 베드로의 이야기를 삽화처럼 꺼내면서 성경이 하고 싶은 이야기가 무엇입니까? 그리스도의 수난이 진행되고 있는 과정에서 하나님을 알지 못하는 난폭한 군병들에 의하여 끌려가는 예수님의 걸음과 병행하여 베드로의 배신하는 모습이 소개되면서 오늘 우리들에게 도전하고 싶은 메시지를 담고 있습니다.

십자가의 길에 세 종류의 사람들이 등장하고 있습니다. 자기 유익만을 쫓는 무리들은 오늘 우리 주변의 세상 사람들의 이야기합니다, 전쟁과 재난의 이야기, 증권과 부동산이야기, 살인, 강도 등 범죄이야기. 이런 현상들은 우리가 몸담고 있는 사회상들입니다. 오직 생존을 위하여 살벌한 싸움만을 하는 상황입니다. 그 죄악의 인간사 속에서 예수님은 십자가의 구속을 완성하기 위하여 십자가로 계속 가고 있습니다. 인간의 손에 맡겨진 채 처절하게 죄인이 되어 최고의 통치권자 앞으로 끌려가고 있습니다. 그 과정에서 주님을 세 번이나 부인하는 실망스러운 주인공, 베드로가 등장하면서 오늘 제자로서 우리의 신앙을 돌아보게 하는 각성제를 첨가하고 있습니다.

베드로가 누구입니까? "주는 그리스도시요, 살아계신 하나님의 아들이시니이다"(마 16:16)라고 고백함으로 주님으로부터 최고의 칭찬과 아울러 이 고백을 토대로 하여 역사상 가장 고귀하고 명예로운 이름인 베드로, 즉 반석라는 호칭을 받았던 인물입니다. "다 주를 버릴지라도 나는 언제든지 버리지 않겠나이다"(마 26:33)라고 주님에게 뜨거운 충성을 드렸던 제자였습니다.

그에게는 거짓이나 위선이 용납되지 않았습니다. 그의 성품이 강직하고 의롭고 정직하여 불의를 참지 못하는 혁명가의 기질을 가진 사람이었습니다. 베드로는 언제나 인간적인 의리와 진실을 가지고 예수님의 편을 들던 진실한 인격을 가진 제자였습니다.

베드로는 오늘 우리의 이야기를 대변하는 인물이기 때문에 성경은 특별한 의미를 가지고 우리들에게 베드로의 배신을 소개하고 있습니다. 주님이 힘없이 가야바의 법정으로 끌려가고 있는 장면을 보면서 베드로도 같이 따라 들어가고 있습니다. 당시 예수님은 누가보아도 이스라엘을 로마의 압제로부터 해방시켜줄 구세주로 추대되고 있을 만큼 평소에 행하셨던 일들은 힘이 있었고 능력과 권세가 세상을 압도하고 있었습니다. 제자들의 입장은 예수님이 득세하는 날 그들에게 돌아올 세상의 권세와 치부를 바로 코앞에 두고 있는 상황입니다. 그 자랑과 자부심은 무리들과 비교가 안 되는 수준이었습니다.

그런데 지금 모든 기대를 저버리고 주님은 죄인의 몸으로 정치권에 의하여 끌려가고 있습니다. 제자들에게 찾아오는 깊은 신음과 절망을 어찌할 수가 없었습니다. 그들 자신이 그리스도의 제자임이 들어가는 날에는 그들도 무사할 리가 없는 상황입니다. 다들 도망쳐버렸습니다. 그런데 우리의 주목을 끄는 인물은 베드로입니다. 멀리서나마 주님이 잡혀 끌려가는 길을 뒤따르고 있었습니다. 그때까지만 해도 주님에게 무슨 일이 일어나면 아마 칼을 뽑아들 심정으로 뒤따라갔었을 것입니다. 그러나 우리의 기대와는 달리 성경은 전혀 다른 장면을 소개합니다.

16절 말씀, "베드로는 문 밖에 섰는지라 대제사장과 아는 그 다른 제자가 나가서 문 지키는 여자에게 말하여 베드로를 데리고 들어왔더니"
베드로는 문 밖에 서 있었습니다. 다른 제자는 역사가에 의하면 요한입니다. 요한은 대제사장 가야바와 일가친척으로 통하는 제자입니다. 요한은 들어갔는데, 베드로는 문 밖에 서 있었습니다. 벌써부터 베드로의 평소의 고백이 무너지기 시작하는 장면입니다. '문밖에 서 있더니', 이윽고 서성거리는 베드로를 요한이 들어갔다가 다시 나와서 베드로를 데리고 들어옵니다. 들어오는 문을 통과하고 있는데 문을 지키는 한 계집종이 이런 말을 합니다. "너도 이 사람의 제자 중 하나가 아니냐." 이 말 한마디에 베드로는 어이없게 무너지고 맙니다. "나는 아니라." 말도 안 되는 발언을 합니다. 여기가 지금 로마의 법정도 아니고 가야바의 법정입니다. 죄를 정죄할 권한이 없습니다. 그리고 가야바와 가장 가까운 친족 중 하나인 요한이 같이 가고 있습니다. 베드로의 평소에 보였던 남자다움이 무너지고 있습니다.

다음으로 주님은 가야바의 법정으로 끌려가서 심문을 받고 있습니다.

어떤 놈은 버릇이 없다고 주님의 뺨을 주먹으로 치기도 하고 욕을 하는 놈도 있었습니다. 말할 수 없는 수모와 조롱을 당하고 있는데 베드로는 뜰 밖에서 불을 쬐고 있었습니다. 심문 받는 예수님을 힐끔 보고 있는 중에 한 사람이 베드로를 고발합니다. "너도 갈릴리 사람 예수와 함께 있었도다"(마 26:69)라고 합니다. 베드로가 이에 즉각적으로 반응합니다. "나는 네가 무슨 말을 하는지 알지 못하겠노라"(마 26:70)하면서 극구 이렇게 부인합니다. 그럴 바에야 거길 왜 들어갑니까? 그 정도 되면 슬쩍 빠져나와야 되는데 아직 거기 사람들 틈에 끼어 주님이 어떻게 되나하고 엿보고 있습니다.

그때 마침 동산에서 말고의 귀를 베어 버릴 때에 직접 목격한 한 사람이 또 고발합니다. "네가 그 사람과 함께 동산에 있었던 것을 내가 봤지 않느냐?" 이번에는 베드로가 아주 단호하게 부인합니다. "저가 저주하며 맹세하여 가로되 내가 그 사람을 알지 못하노라"(마 26:74)합니다. 이제는 다급한 나머지 저주까지 하면서 주님을 부인하고 맙니다. 이 장면에서 베드로는 예수님과 전혀 관계가 없는 것처럼 발뺌하느라 당황하고 있습니다. 이렇게 세 번 부인한 후에 성경은 베드로의 이야기를 마무리 짓습니다. "이에 베드로가 예수의 말씀에 닭 울기 전에 네가 세 번 나를 부인하리라 하심이 생각나서 밖에 나가서 심히 통곡하니라"(마 26:75)하였습니다.

베드로의 결심이 물거품이 되는 장면에서 우리는 안타까움을 금할 수없습니다. 아니 슬프기까지도 합니다. 본인이 원하는 것과 전혀 엉뚱하게도 주님을 배반하고 말았습니다. 주님을 따르기로 결심한 베드로의 진심이나 의욕이 어느 정도인가 하면 목숨을 바치는 것을 맹세한 상태입니다. 평소에 그가 죽는데 까지 따르겠다고 한 것은 적어도 그의 진심이었고 주님을 향한 충성심이었습니다. 그러나 성경은 베드로의 배신을 등장시켜 놓고 하고 싶은 이야기가 무엇입니까? 십자가의 길을 가는 데는 인간적인 진심이나 의욕으로는 불가능하다는 것입니다. 그것으로는 위기가 닥치면 언제든지 배신할 수 있다는 것을 지적하는 내용입니다.

사람은 누구나 자기들이 원하는 일은 하고야 맙니다. 절대로 놓치지 않습니다. 우리에게 유익이 되고 내게 큰 공이 되고 내게 장래가 약속되는 일이라면 안할 리가 없습니다. 우리는 한번 가겠다고 결심한 곳은 결국 가고야 맙니다. 빛을 내서라도 갑니다. 적어도 우리의 정욕을 채우는 일에는 양보가 없습니다. 우리는 우리의 마음을 먹는 대로 행동하는 사람들입니다. 그런데 여기 베드로의 경우를 보면 하나님의 뜻을 따르는 데는 우리의 마음먹은 대로 안 된다는 것입니다. 하나님의 뜻을 행하는 일에는 결심대로 되지 않는다는 것이 요점입니다.

베드로의 진심과 의지가 얼마나 특별합니까? 다른 제자들은 놀라서 떨고 있을 때 그는 칼을 뽑아들고 주님을 보호하려 했던 충성스러운 제자였습니다. 다른 제자들은 다 달아났지만 그 살벌한 분위기 속에서도 주님의 뒤를 따르고 있었습니다. 그러나 결정적인 순간에 그만 주님을 세 번이나 부인하고 말았습니다. 이 때 닭이 울었습니다. 주님이 하신 말씀, "닭 울기 전에 네가 나를 세 번 부인하리라" 는 말씀이 생각났습니다. "닭 울기 전에 네가 나를 세 번 부인하리라."

베드로는 드디어 밖으로 나가 한없이 통곡하였습니다. 자신의 무능함 연약함에 대하여 가슴 아픈 통회의 눈물을 흘렸습니다. 베드로에게 통회하는 길 이외의 다른 길이 없었습니다. 베드로의 통회하는 장면은 오늘 우리에게 말할 수 없는 은혜와 사랑을 눈물겹도록 감사하게 하는 대목입니다.

평소에 베드로와 같이 정의롭고 양심적으로 자신을 과신하며 살던 입장에서 자신도 모르게 배신하였다는 것은 자존심의 문제에 걸리는 싸움이기 때문에 보통의 경우 좌절하며 자신을 포기하거나 전혀 낯선 곳으로 몸을 숨기는 것이 생존의 법칙입니다. 그러나 주님의 말씀을 기억하고 통곡했다는 것은 하나님 앞에서 자신의 모습을 있는 그대로의 털어놓았다는 뜻입니다. 그는 자신의 한계를 알고 하나님의 선처를 바라는 간절한 소원을 담아 통곡하였던 것입니다. 이제 그에게 다른 길이 없습니다. 하나님이 어떻게 하시는 방법만이 남아 있는 상황입니다. 두 손 들고 항복하는 순간입니다. 여기 이 지점이 하나님이 베드로를 주도하기 시작하는 순간입니다. 참으로 하나님의 은혜가 아닐 수 없습니다.

우리도 너나 할 것 없이 베드로의 실수와 허물과 함께 신앙생활을 할 수밖에 없습니다. 사도 바울의 순수한 고백에서도 이를 잘 보여주고 있습니다.

> "내가 원하는바 선은 하지 아니하고 도리어 원치 아니하는바 악은 행하는도다 만일 내가 원치 아니하는 그것을 하면 이를 행하는 자가 내가 아니요 내 속에 거하는 죄니라"(롬 7:19, 20).

우리는 내면에서 서로 싸우는 두 가지 법이 있습니다. 우리는 성령으로 거듭난 결과 하나님을 섬기고 그 뜻을 따르고 있다 할지라도 세상과 전혀 무관한 삶을 살지는 않습니다. 우리의 성향과 기질이 하나님의 뜻에 맞추어져 있기 때문에 그리스도의 뒤를 따르는 것이지 세상에서 완전히 거룩한 상태에서 죄와 단절된 채 살고 있지는 않습니다. 그렇다고 우리가 이중인격자로 느껴진다 하여 실망하거나 좌절할 수는 없습니다. 학생들은 노는 것과 공부하는 것 중에 어느 것을 더 좋아하느냐 하면 노는 쪽입니다. 그러면서도 노는 곳에서 살지 아니하고 공부하는 방향으로 마음을 굳히며 살고 있습니다. 현재 우리의 신앙상태는 학생이 공부하는 것과 같습니다.

우리는 영혼이 살아 있어 하나님의 말씀을 들으며 살기는 하지만 지난날 한결같이 죄인의 습성에 살고 잡혔던 경험이 있는 자임을 명심해야 합니다. 그리스도인들은 누구를 막론하고 이중적 구조 속에서 갈등을 겪으며 살고 있습니다. 그러면서도 우리가 누구의 수중에 있느냐 하면 하나님이십니다. 죄와 실수를 거듭하면서 우리는 지금도 하나님의 명령을 받고 있음을 부정할 수 없습니다.

베드로가 주님을 부인한 것은 이보다 더 큰 실수와 부끄러움이 없지만 성령은 그로 평소에 말씀하시던 주님의 경고를 떠올리면서 그로 통회하게 하셨던 것입니다. 우리는 죄를 지으면서 더 큰 은혜의 길을 가도록 간섭하시는 하나님의 수중에 있음을 한시라도 잊어서는 안 될 것입니다.

이때까지만 해도 베드로는 그의 인간적인 진심과 열성으로 주님을 섬기고 있었습니다. 그러나 그것으로는 주님을 끝까지 따를 수 없더란 이야기입니다. 이중적 갈등 속에서 살고 있는 한, 우리는 얼마든지 주님을 배신할 수 있다는 것을 경고하는 말씀입니다.

그러나 사도행전에서 보는 베드로는 더 이상 겁쟁이거나 비겁한 이중적 인간이 아니었습니다. 주님의 다시 사심을 예루살렘 네거리에 나아가 외치다가 당국자들에게 잡혀 매를 맞고 투옥되는 고난을 오히려 영광으로 여기는 사람으로 변하여 있었습니다. 그의 설교에 한번에 삼천 명이나 되는 사람들이 주께로 돌아왔습니다. 너무나 웅장하고 환희와 감동으로 살았던 걸음을 소개하고 있습니다. 우리의 이해를 훨씬 뛰어넘는 하나님의 섭리가 있었습니다. 오순절에 임하였던 성령의 권능에 부딪쳤던 것입니다.

●●●●●●●●●●

　우리에게는 말씀이 있고 지식이 있고 장래의 약속이 있지만 이를 행동으로 옮길 힘이 없습니다. 교회를 이해하고 직분의 소중함을 알고 있지만 우리가 가지고 있는 진심이나 인격으로는 될 수 없습니다. 단 하나의 길, "우리에게도 성령의 권능을 부어 주옵소서"의 처절한 기도로 풀어야 할 것입니다.

(요 18:19-24)

"대제사장이 예수에게 그의 제자들과 그의 교훈에 대하여 물으니 예수께서 대답하시되
내가 드러내어 놓고 세상에 말하였노라 모든 유대인들의 모이는 회당과 성전에서
항상 가르쳤고 은밀히는 아무 것도 말하지 아니하였거늘 어찌하여 내게 묻느냐
내가 무슨 말을 하였는지 들은 자들에게 물어 보라 저희가 나의 하던 말을 아느니라
이 말씀을 하시매 곁에 섰는 하속 하나가 손으로 예수를 쳐 가로되 네가 대제사장에게
이 같이 대답하느냐 하니 예수께서 대답하시되 내가 말을 잘못하였으면 그 잘못한 것을
증거하라 잘하였으면 네가 어찌하여 나를 치느냐 하시더라.
안나스가 예수를 결박한 그대로 대제사장 가야바에게 보내니라"

베드로가 주님을 세 번이나 부인한 장면을 가지고 신앙은 우리의 인격이나 진심과 결심으로는 주를 따를 수 없음을 확인한 바 있습니다. 오직 성령의 권능을 받지 않고는 제자의 길을 갈 수 없다는 결론을 내렸습니다.

예수님은 드디어 안나스 대제사장에게 끌려가셔서 심문을 받고 있습니다.

19절, "대제사장이 예수에게 그의 제자들과 그의 교훈에 대하여 물으니"- 안나스는 하나님의 율법을 연구하는 대제사장입니다. 그동안 예수님의 행적에 대하여 소상히 알고 있습니다. 그가 보기에도 예수님은

메시아의 면모를 갖춘 위엄 있는 분이십니다. 그의 베푸시는 권능의 표적으로 온 세상이 "다윗의 자손이여 우리를 구원하소서"라고 외치면서 뒤따르고 있습니다. 안나스가 참으로 대제사장이라면 한번쯤은 진지하게 예수님을 영접하여 교제를 나눌만합니다.

그러나 안나스가 예수님을 심문하는 자리에서 그의 교훈과 제자들에 대하여 물었다고 했습니다. 교훈을 몰라서 묻는 것이 아닙니다. 알고 싶은 생각도 없습니다. 지금 상황은 제자들도 무리들도 하나도 없고 다 어디론가 사라져 버린 후 주님이 홀로 안나스에게 재판 받으려고 죄인의 입장에서 서있습니다. 안나스가 묻고 있는 질문의 요지는 이겁니다.

"나사렛 예수, 당신은 참으로 훌륭합니다. 평소에 내가 듣던 바로 기적과 표적을 많이 행하였소. 오천 명을 물고기 두 마리와 보리떡 다섯 덩어리로 실컷 먹고도 열두 광주리의 부스러기를 남길 정도로 기적을 베풀었다는 소리를 나도 들었소. 당신은 바다의 파도를 잠잠케 하였고 죽었던 나사로를 살려냈다는 소문도 듣고 있었소. 그렇다면 그것이 정말 사실이라면 지금쯤 당신을 따라다니던 무리들은 다 어디가고 없고 당신만이 이렇게 초라하게 서 있는 것이오? 3년 동안이나 목숨을 걸고 당신과 함께 있겠다고 한 열두 제자들은 지금 어디가고 한 사람도 없소? 그동안 제자들을 데리고 다니면서 행한 일이 어떤 일이요? 무슨 이유로 사람들을 끌어들여 그렇게 선동하며 다녔는가 말이요?" 안나스가 묻고 있는 내용입니다.

예수님은 더 이상 할 말이 없습니다. 대제사장의 질문은 결국 예수님을 결박해 놓고 어떻게 하면 저를 죽일까 하는 이유를 찾는데 골몰하고 있는 올무임을 알고 계셨습니다. 로마에 대항하여 세력을 규합하려는 뜻이 있지 않는지, 아니면 유대인의 율법을 모독하는 죄를 범한 것은 아닌지, 죽일 빌미를 잡으려고 기회를 노리고 있는 악랄한 질문임을 알고 계셨습니다.

안나스는 지금 예수를 붙잡아 놓고 그의 마음에 끓어오르는 증오를

열매 맺기 위해서 온갖 구실을 찾고 있습니다. 무엇이 옳으냐, 혹은 그
릇 되냐하는 것은 처음부터 관심 밖의 사안事案입니다.

우리의 신앙생활에서 자칫 실망할 때가 언제입니까? 세상 사람들의
입에서 교회를 비판하는 소리를 들을 때 우리 스스로가 위축되어 좌절하
고 마는 경우가 있습니다. "날마다 싸움판인데 무슨 교회인가? 교회 가
보니 장로가 사기꾼이더라, 집사가 도적이더라." "세상에서 그렇고 그런
사람들이 나가는 교회에 가지 않겠다." 이런 소리를 들으면 내가 교회에
나간다는 것이 부끄럽고 신앙생활이 위축되어 자신감을 잃게 됩니다.

오늘 안나스 대제사장이 예수님을 데려가 놓고 뭐라고 비아냥거리느
냐 하면 그렇게 따라다니던 제자들은 다 어디 갔느냐 하는 것입니다. 예
수님이 기가 죽어야 할 장면입니다. 지금 홀로 서 있습니다. 그렇게 거
창하게 군중들을 데리고 다니면서 "나는 하나님의 아들이다, 메시아다"
라고 설교했던 그 모든 증거물들이 다 없어진 것입니다.

안나스의 증오심에 대하여 주님이 이런 대답을 하셨습니다.

20, 21절, "예수께서 대답하시되 내가 드러내어 놓고 세상에 말하였
노라 모든 유대인들의 모이는 회당과 성전에서 항상 가르쳤고 은밀히는
아무 것도 말하지 아니하였거늘 어찌하여 내게 묻느냐 내가 무슨 말을
하였는지 들은 자들에게 물어 보라 저희가 나의 일을 아느니라."

주님은 가슴에 분노를 담고 안나스를 책망하고 있습니다. "내가 드
러내어 세상에 말하였노라. 모든 유대인들이 모이는 회당에서 가르쳤
었고 너희들처럼 은밀하게 말하지 않았다. 은밀하게 음모를 꾸민 장
본인은 너희들이지 내가 아니지 않느냐? 나는 나의 말을 공개석상에
서 하였노라. 내 말을 들은 자들에게 가서 물어보라 그들이 다 아는 바
인데 어찌하여 내게 묻느냐?"

이 말을 듣고 있던 하속 하나가 예수님을 쳤습니다. 이런 말을 했습
니다. "네가 대제사장에게 이같이 말하느냐?" 주님의 언사가 꾸짖음과

분노로 가득했음을 보여주는 장면입니다. 버릇없다는 것입니다. 어떻게 대제사장에게 달려들 수 있느냐 하는 것입니다.

예수님께서 이 땅에 오셔서 행하신 일들은 모두가 다 선지자들의 미리 예언한 바를 이루시는 말씀이며, 그 역사였습니다. 유대인의 지도자라면 더군다나 서기관이나 제사장 정도라면 예수님의 행적을 유심히 연구하며 바라보았어야 할 것입니다. 그러나 사람들은 무엇이 진리이며 사실이냐 하는 것에는 관심이 없습니다. 오직 자신들의 이익과 이해관계에서만 관심을 쏟습니다. 인간의 적나라한 모습을 대변해주는 장면입니다.

인간은 하나님이 행하신 일에 대하여 이렇게 동의하지 아니하는 죄성을 가지고 있습니다. 서기관들과 제사장들이라면 선지자들의 글을 읽었을 것이며 날마다 묵상하였을 터인데 그렇다면 주님의 메시아 됨을 알아보았어야 할 것입니다. 그럼에도 불구하고 그들은 도리어 그 증거를 묵살해버리려고 갖은 계략을 쓰고 있습니다. 그들을 향한 주님의 분통은 가슴을 찢는 아픔이었습니다. 예수님은 인간의 탐욕과 자존심에 의하여 깨어지고 이지러지고 짓밟히고 있는 하나님의 말씀과 그 권위와 영광을 안타까워하면서 가슴에 분통을 터트리고 있습니다. 그 모습이 역력해지는 말씀, "어찌하여 내게 묻느냐?"

마태복음 26장에 보면 예수님이 똑같이 수난당하는 장면인데, 이런 대목이 있습니다.

대제사장과 온 공회가 예수님을 죽이려는 빌미로 그를 칠 거짓증거를 해줄 사람을 찾고 있었는데 이윽고 두 사람이 나타났습니다. 이 사람이 이런 말을 합니다. "이 사람의 말이 내가 하나님의 성전을 헐고 사흘에 지을 수 있다 하더라"(마 26:61)이 말을 듣자 마자 대제사장이 일어나서 "이 사람들의 너를 치는 증거가 어떠하뇨?"(마 26:62) 하면서 예수님을 윽박지릅니다.

이에 예수님께서는 아무 대꾸도 하지 않으셨습니다. 이미 그 꾀를 다 알고 있기 때문입니다. 그리고 종말에 일어날 일에 대하여 말씀하셨더니 사람들은 드디어 예수를 죽일 좋은 구실을 삼아 심중에 있었던 사형을 거론하기 시작하였습니다.

"예수께서 가라사대 내가 말하였느니라 그러나 내가 너희에게 이르노니 이후에 인자가 권능의 우편에 앉은 것과 하늘 구름을 타고 오는 것을 너희가 보리라 하시니 이에 대제사장이 자기 옷을 찢으며 가로되 저가 참람한 말을 하였으니 어찌 더 증인을 요구하리요 보라 너희가 지금 이 참람한 말을 들었도다 생각이 어떠하뇨 대답하여 가로되 저는 사형에 해당하니라 하고 이에 예수의 얼굴에 침 뱉으며 주먹으로 치고 혹은 손바닥으로 때리며 가로되 그리스도야 우리에게 선지자 노릇을 하라 너를 친 자가 누구냐 하더라" (마 26 : 64 - 68).

대제사장의 태도는 이미 예수님의 말씀에 대하여 그 진의를 알아볼 생각이 전혀 없습니다. 주님의 말꼬리를 하나 붙들고 잡아 죽일 이유를 굳히는 태도입니다. 옷을 찢었습니다. 소리를 쳤습니다. 당시 최고의 재판관이며 나라를 통치하는 최고의 통치권자입니다. 그가 죄인의 죄목을 하나 발견하고 옷을 찢었습니다. 소리를 쳤습니다. 참람한 말을 들었도다. 더 이상 증인이 필요 없습니다. 이렇게 날 뛰면 이미 죄는 분명하게 확정되는 순간입니다. 재판할 필요가 없습니다. 대제사장의 태도로 보아 예수님은 이미 죽기로 되어 있는 상황입니다.

사람들은 드디어 사형의 이유를 발견하자 예수님의 얼굴에 침을 뱉으며 주먹으로 치며 손바닥으로 때리면서 죄인이 입는 홍포를 입히고 가시 면류관을 씌우면서 온갖 조롱을 퍼부어가며 십자가에 못 박고 말았습니다. 예수님은 한번도 인간을 향하여 손해를 끼치신 적이 없으셨습니다.

죽음 아래 놓인 인간을 불쌍히 여기사 통분해 하면서 슬피 울고 있는 자들과 함께 눈물을 흘리시던 분이셨습니다. 죽었던 나사로를 살려주시면서 위로해주셨습니다. 굶주려 지쳐있던 자들을 오병이어로 실컷 먹이신 창조주 하나님이십니다. 각색 병을 고치시며 형벌 안에 허덕이는 인간을 고치시고 온전케 하시고 거룩케 하시면서 하늘나라를 소개해주셨습니다.

하나님의 형상을 상실한 채 죽음과 영원한 지옥의 심판을 향하여 가고 있는 인간을 영원으로 인도하시기 위하여 친히 대속물로서 십자가를 지러 오셨습니다. 그렇게 거룩하시고 온유하시고 겸손하신 예수님을 인간은 자신들에게 유익이 없다고 하여 홍포를 씌우면서 십자가의 형틀에 내어주고 말았습니다. 이것이 당시 유대인들의 횡포였습니다. 로마 군병들의 잔악한 모습이었습니다. 그때 그 사람들의 이야기가 아니라 오늘 우리가 인류의 이름으로 그랬다는 것입니다.

지금은 제자들마저도 어디론가 다 사라진 쓸쓸한 상황입니다. 죽는 데 까지 따르겠다던 베드로도 벌써 세 번이나 주님을 부인해버린 아픔이 있는 현실입니다. 이토록 대속의 십자가를 지시는 일은 제자들도 도울 수 없는 고난의 자리였습니다. 하나님만이 하실 수 있었던 대속의 쓴 잔이었습니다. 베드로가 내가 죽는데까지 따라 가겠다고 나섰을 때에 만류하시면서 "네가 나의 잔을 마실 수 있겠느냐?" 하시면서 홀로 감당할 고난의 길임을 설명하셨습니다. 죄인을 대속하는 일은 하나님만이 하실 수 있다는 것입니다. 그의 단독사역이었습니다.

성경에서 인간은 대속의 고난을 걸머질 자격도 없거니와 설사 있다 하여도 대속이 아니라 자신의 자존심과 정욕을 만족하게 하는 행위라는 것을 고발합니다.

"의인을 위하여 죽는 자가 쉽지 않고 선인을 위하여 용감히 죽는 자가 혹
있거니와 우리가 아직 죄인 되었을 때에 그리스도께서 우리를 위하여 죽으
심으로 하나님께서 우리에게 자기의 사랑을 확증하셨느니라" (롬 5 : 7, 8).

인간은 죄인을 위하여 죽을 만큼 사랑이란 능력으로 대속할 수 없
는 존재입니다. 이에 예수님이 친히 대속의 능력을 이렇게 말씀하셨
습니다.

"예수께서 대답하여 가라사대 너희가 이 성전을 헐라 내가 사흘 동안에
일으키리라" (요 2 : 19).

예수님은 자신을 가리켜 성전이라고 하셨습니다. 나를 십자가에 못
박아 죽게 하라 내가 죽은 자 가운데서 사흘 만에 부활할 것이라고 예언
하신 것입니다. 주님 자신이 죽지 않고는 인간이 가지고 있는 죽음과
허무의 본성을 허물어 버릴 길이 없다는 것입니다. 인간 내면 깊은 곳에
뿌리내리고 있는 죄의 본성을 허물기 위해서는 주께서 친히 죽는 방법
이외에는 다른 길이 없음을 선포하셨습니다. 그후에 영원한 새 생명의
역사를 열지 않으면 인간이 가는 길은 결국 영원한 지옥의 심판일 수밖
에 없습니다.

이방 종교들의 공통점은 대속이란 개념이 없습니다. 기존의 것을 갈
고 두들겨서 우리에게서 자존심과 정욕을 다 빼버리는 작업을 합니다.
그리고 나면 남는 것은 공허한 허무인데 그것을 평안이니 자유니 하고
마치 생명인 것처럼 여기고 있는 것입니다. 인간도 자연의 일부로 보고
자연처럼 순리를 따르는 소위 무위의 상태를 최선의 경지로 여깁니다.
거기서는 아무 것도 만들 수 없는 허무일 뿐입니다.

성경은 세상의 것을 다스리고 정복하라 하였지 자연으로 돌아가서
아무 것도 없는 무위를 만들라고 하지 않았습니다. 문제는 세상이 나쁘

다는 것이 아니라 세상을 오염시킨 죄가 심각하다는 것입니다. 죄의 문제가 하나님의 영광을 가리고 하나님의 권위를 파괴합니다.

기독교 신앙은 아무리 죄가 할퀸 상처투성이의 세상이라도 그래도 여전히 이 지구와 역사는 하나님의 영광을 나타낼 유일한 장소임을 아는 싸움입니다. 예수 그리스도 안에서 새로운 피조물로서 갖는 영광의 자리가 우리에게 허락되었다는 것만큼 삶을 의욕적으로 살게 하는 힘은 없습니다.

사도 바울의 고백은 새로운 도전입니다.

> "그러나 무엇이든지 내게 유익하던 것을 내가 그리스도를 위하여 다 해로 여길뿐더러 또한 모든 것을 해로 여김은 내 주 그리스도 예수를 아는 지식이 가장 고상함을 인함이라 내가 그를 위하여 모든 것을 잃어버리고 배설물로 여김은 그리스도를 얻고 그 안에서 발견되려 함이니"(빌 3:7-9상반절).

내게 있는 것은 아무리 좋다하여도 예수 그리스도의 것에 비하여 배설물과 같다는 것입니다. 예수를 얻기 위하여 기꺼이 나의 것을 배설물로 버리기로 하였다고 합니다. 내게 더 좋은 것, 더 영광스러운 것, 더 풍요로운 것이 약속되어 있기 때문에 상대적으로 내 속에 있는 기존의 것들은 다 배설물과 같다는 고백을 한 것입니다. 바울은 최고의 학자입니다. 당대 랍비 문학에 정통한 사람입니다. 로마의 시민권을 가진 정치권의 집안입니다. 그의 지식, 그의 명예, 그의 자존심 얼마든지 내세울 수 있지만 예수 그리스도를 알고 난 다음부터는 내 속에 있는 것들이 다 배설물과 같다고 외쳤습니다.

안나스는 부패한 인간의 심성을 대표하는 인물입니다. 탐심의 노예가 된 사람입니다. 그는 결국 자기 탐심을 채우려다가 세상도 놓치고 하늘나라도 놓치는 허무한 인생이 되었습니다.

나의 출세에 방해가 된다고 하여 예수 믿는 일을 등한히 여기지 말라고 경고하는 음성을 듣는 은혜가 있기를 바랍니다. 세상 일에 손해 본다고 하여 신앙생활을 나태하거나 중단해 버리면 여러분들은 안나스처럼 세상에서도 고통을 면치 못할 것이며 하늘나라의 영광도 놓치게 됩니다. 이 세상을 떠날 때에 우리의 손에 쥔 것은 아무것도 없는 공허한 상태에서 허허롭게 설 수밖에 없습니다. 안나스는 하나님을 알면서도 자기 유익을 편들 수밖에 없는 죄의 본성 그대로 살다간 멸망의 사람을 대표한 인물이었습니다.

● ● ● ● ● ● ● ● ●

예수님께서 우리에게 오신 것은 기존의 세상의 것으로는 하나님의 영광을 만족시킬 수 없음을 가르치심과 동시에 그의 행하신 대속의 역사로서만이 하나님을 영화롭게 하는 유일한 길임을 알게 하시려는 것입니다.

십자가의 수난이 없었더라면 우리의 믿음도 진심도 다 쓸모없는 배설물로만 살 뻔 했던 허무를 생각하면 오늘 우리의 구원이 얼마나 보배로운가를 다시 감사하지 않을 수 없습니다. 대속의 십자가를 생각할 때마다 우리의 삶을 주님의 뜻 아래 두기로 하는 결심이 마땅히 일어나야 할 것입니다.

(요 18: 28-32)

"저희가 예수를 가야바에게서 관정으로 끌고 가니 새벽이라
저희는 더럽힘을 받지 아니하고 유월절 잔치를 먹고자 하여
관정에 들어가지 아니하더라 그러므로 빌라도가 밖으로 저희에게 나가서 말하되
너희가 무슨 일로 이 사람을 고소하느냐 대답하여 가로되 이 사람이 행악자가 아니었더면
우리가 당신에게 넘기지 아니하였겠나이다 빌라도가 가로되 너희가 저를 데려다가 너희
법대로 재판하라 유대인들이 가로되 우리에게는 사람을 죽이는 권이 없나이다 하니 이는
예수께서 자기가 어떠한 죽음으로 죽을 것을 가리켜 하신 말씀을 응하게 하려 함이러라"

예수님이 십자가를 지시기까지 재판을 받는 장면이 계속되고 있습니다. 제사장들과 공회는 이미 예수님을 잡아 죽이려는 결론을 내려놓고 그 합법적인 절차를 밟고 있습니다. 이제 빌라도 법정까지 오게 되었습니다. 예수님을 십자가에 못 박아 죽이기까지 인간이 펼치는 사악한 음모가 얼마나 가증스러운가 하는 것을 낱낱이 보여주는 대목들입니다.

28절, "저희가 예수를 가야바에게서 관정으로 끌고 가니 새벽이라 저희는 더럽힘을 받지 아니하고 유월절 잔치를 먹고자 하여 관정에 들어가지 아니하더라."

예수를 끌고 온 사람들이 유월절 잔치를 먹고자 하여 관정으로 들어가지 아니하였다고 합니다. 그들은 예수님을 새벽까지 끌고 다녔습니다. 그들의 마음은 예수님을 죽이려는데 모든 정신을 다 쏟고 있습니다. 다른 생각이 없습니다. 슬프게도 인간은 선한 일을 도모하는 일보다는 악한 일을 더욱 열정과 힘을 가지고 쏟아냅니다. 오늘 우리의 주변 사회상도 마찬가지입니다. 우리는 우리에게 유익이 되거나 즐거운 일이 있다면 밤을 쉽게 샙니다. 도박에 빠진 사람 중에 밤이 싫은 사람이 없답니다. 도박하기에 시간이 부족하답니다. 그렇게 몰두합니다. 몸이 망가지는 것도 모르고 밤을 새웁니다. 밤새우며 도박하고 밤새우며 술을 마십니다. 밤을 새우면서 마약에 취하여 쾌락을 추구합니다.

우리는 그렇게 자신의 쾌락과 자신의 유익과 자신의 정욕을 불사르는 일에는 몸이 망가지는 줄도 모르고 밤을 새면서 열심을 다합니다. 그러나 선한 일을 도모하는 데는 몸을 지나치게 아낍니다. 너나 할 것 없습니다. 시간이 없다고 핑계를 댑니다. 기도와 말씀 연구에는 관심이 없습니다. 구제와 전도활동, 교회봉사와 성도의 위로와 모든 교제활동은 모든 우선순위에서 언제나 뒤로 미루어집니다. 시간이 나면 하지 밤을 새서 하지는 않습니다.

하나님의 일은 언제나 우리의 의지로는 불가능하다는 것이 성경의 지적입니다. 그래서 "성령의 능력과 권능을 받아라." 권면하신 하나님의 의도가 이해가 됩니다. 가만히 버려두면 충성하지 않습니다. 우리는 그렇게 선한 일을 도모할 수 없는 아주 나약한 존재임을 무리들의 악행을 보고 읽어낼 수 있습니다.

또 재판은 낮에 이루어져야 공정을 기할 수 있다는 것이 율법의 정신입니다. 그러나 예수님을 낮에 재판하는 경우에는 온 군중들이 일어나서 폭동을 일으킬 가능성이 있기 때문에 낮에는 예수님을 법정에 세울 수가 없었습니다. 권력자들은 새벽을 선택하였습니다. 악을 도모하는 일에는 이토록 철저한 계획 속에 진행시키고 있었습니다.

또 다른 가증스러운 모습을 엿볼 수 있는 대목, 28절 하반절을 보면 "저희가 더럽힘을 받지 아니하고 유월절 잔치를 먹고자 하여 관정에 들어가지 아니하더라" 하였습니다.

관정은 빌라도의 법정입니다. 유대인의 입장에서는 이방인의 뜰입니다. 유월절에 이방인의 뜰에 들어간다는 것은 율법적으로 금기사항입니다. 만약에 유월절에 예수님을 죽이고자 하는 목적 때문에 이방인의 뜰인 빌라도의 관정에 대제사장이나 그 무리들이 들어간다면 유대인의 입장에서는 반칙이 되는 것입니다. 이는 제사장으로서는 큰 불법행위가 됩니다. 더군다나 유월절은 가장 거룩하게 지내야할 명절입니다. 만일 이날에 이방인의 관정에 들어간다면 자신의 몸이 더러워진다는 질책을 면할 길이 없습니다. 더럽힘을 받지 않으려고 빌라도의 법정에 들어가지 아니하였습니다. 예수님만을 앞세우고 빌라도의 법정에 예수님을 들여보내고 빌라도로 하여금 나오도록 유도했다는 겁니다.

오늘 우리의 모습을 엿볼 수 있는 대목입니다. 율법이나 종교의식은 철저히 지키면서도 율법의 깊은 뜻은 외면하고 있는 오늘 현대 교회의 가증스러운 모습을 비춰주는 장면입니다. 율법의 정신은 사람을 살리는데 있습니다. 법은 죄를 규정하여 형벌을 가하기 위한 기준이 아닙니다. 제사장들의 행동은 율법을 지키면서도 자신들의 적대세력을 제거하기 위한 음모용으로 도모하고 있다는 겁니다. 당시 정치권의 사람들의 율법에 의하여 증인 둘을 세웠습니다.

예수님을 사형집행의 권한이 있는 빌라도의 관정에 넘기기 위하여 새벽을 틈타서 급하게 일을 추진하고 있었습니다. 그러면서도 자신들은 율법에 규정된 대로 거룩과 성결의 몸을 지키기 위해서 이방인의 뜰에 들어가지 않았습니다. 이렇게 종교적인 절차를 철저하게 밟는 것은 자기의 행위를 정당화하기 위한 위선입니다.

지금 사람을 죽이려고 하는 음모를 실행에 옮기면서 자신들은 몸을 거룩하게 보존하겠다는 것입니다. 이런 이율배반적이며 종교적인 형식을 빌려 자신의 더러움을 포장하려는 가증스러운 위선입니다.

이에 대하여 주님은 당시 교권을 향하여 신랄하게 비판한 적이 있습니다.

> "화 있을진저 외식하는 서기관들과 바리새인들이여 너희가 박하와 회향과 근채의 십일조를 드리되 율법의 더 중한바 의와 인과 신은 버렸도다 그러나 이것도 행하고 저것도 버리지 말아야 할지니라 소경 된 인도자여 하루살이는 걸러 내고 약대는 삼키는도다"(마 23 : 23, 24).

예수님이 그 당시 교권과 정치권에 있는 지도자들을 향하여 던진 정죄의 말씀입니다. "소경된 인도자여 하루살이는 걸러 내고 약대는 삼키는도다"(마 23:24)라 하셨습니다. 하나님이 친히 육신을 입고 이 땅에 오셔서 안타까이 책망하시던 말씀에 우리가 귀를 기우려 각성해야 할 것입니다.

제사장들과 바리새인들과 유대의 관원들은 역사상 가장 사악한 음모를 도모하면서 자기자신들의 몸을 더럽힐까봐 율법의 옷을 빌려 의롭게 치장하고 있습니다. 하루살이는 걸러내고 약대는 삼키고 있는 모습입니다. 사소한 것은 아주 청렴합니다. 작은 일에는 의롭고 정결합니다. 그러나 자기에게 유리한 것은 통째로 삼켜버리는 강도요 도적들입니다. 우리의 현실을 이야기하고 있는 장면입니다. 인간사의 일반적인 통념입니다. 겉으로는 개방이고 청렴이고 정직을 표방하고 있습니다. 그러나 약대와 같이 큰 것은 통째로 삼킵니다.

율법에 의하면 고소하려면 증인 두 사람이 필요합니다. 유월절의 거룩을 지키기 위하여 이방인의 뜰에 들어가지 않습니다. 참으로 하루살이 같은 이런 일은 목에 걸립니다. 걸러냅니다. 철저합니다. 사소한 일은 법이 시키는 대로 다 합니다. 삼키지 않습니다. 삼키면 목에 걸리는 것처럼 토해냅니다. 남의 눈에 들어있는 티는 잘 알아보는데 그러나 자기 안에 들보를 감춥니다. 약대는 삼킵니다. 삼켜도 걸리지 않습니다. 큰 것은 한꺼번에 다 삼켜버립니다. 나라까지 삼켜버립니다.

누가 그렇게 합니까? 다 검증된 사람들입니다. 그때 그 정치권의 사람들처럼 오늘 역시 마찬가지입니다. 주님께서 이 땅에 오셔서 이 사회상을 보고 안타까이 외치셨던 말씀, "하루살이는 걸러내고 약대는 삼키도다"(마 23:24)입니다.

지금 대제사장들과 바리새인들이 무슨 일을 하고 있습니까? 하나님의 율법을 응용하여 정적을 죄인으로 몰아붙여 죽이고 있는 중에 있습니다. 그들 안에 있는 것들은 아직도 죄의 속성 그대로 남을 죽이고 자기가 살려는 이기심으로 가득한 상태입니다. 이와 같은 죄성 그대로 율법을 맡겨놓으니까 그 사람들이 하는 행위가 다 자기들은 살리고 남은 여지없이 죽이더란 얘기입니다.

주님께서 오셔서 하신 말씀대로 "새 포도주는 새 부대에 넣어야 하느니라"(마 9:17; 막 2:22; 눅 5:38)하신 것은 참 실감이 가는 말씀입니다. 그 이유가 어디 있습니까? 낡은 심성이 그대로 있는데 아무리 좋은 말씀을 들려주어도 자기 욕심을 따라 이 말씀을 응용하고 있습니다. 심성이 근원적으로 아직도 죄성인데 성경의 모든 법을 그에게 맡겨놓으면 결국 그 법을 응용하여 자기를 채우고 남을 죽이게 되는 것입니다.

우리는 안식일을 거룩하게 철저히 지켜놓고 그 다음에 지키지 않는 사람을 죽이기를 예사로 하고 있습니다. 신앙생활에서 나는 저 사람들과 다르다는 생각이 들어오면 이미 자기를 채우고 있다는 것을 명심해야 합니다. 거짓말하지 말라, 도적질 하지 말라, 간음하지 말라, 탐내지 말라. 무슨 뜻입니까? 그럼 아무것도 하지 말고 가만히 있으란 뜻입니까? '하지 말라', '하지 말라'는 것은 적극적으로 하나님을 사랑하라는 뜻입니다. 거짓말 할 틈이 없다는 것입니다.

물질의 탐욕을 부릴 시간이 없고 방종할 시간이 없다는 것입니다. 아무 것도 하지 않고 가만히 있는 것 자체로 이미 정당하지 않습니다. '나는 지켰고 너는 안 지켰다' 이것을 구별하기 위하여 우리에게 주신 율법이 아닙니다. 남의 흠집을 잡기 위한 용도가 아닙니다. 적극적으로 하나님을 사랑하는 뜻에서 이 계명을 우리에게 주신 것입니다.

성경에서 '하지 말라'고 통제하는 것은 하지 말고 가만히 있으란 뜻이 아닙니다. 적극적으로 달리 할 일이 있다는 것입니다. 성경의 모든 계명은 이런 원리를 가지고 우리에게 요구하고 있습니다. '나는 거짓말 하지 않았다'라는 것으로 자신을 정당화하면 이미 그릇된 것입니다.

왜 거짓말을 하지 말아야 됩니까? 이는 적극적으로 하나님의 진리의 말씀, 하나님의 입에서 나오는 풍요로운 생명의 말씀을 전파하라는 권면인 것입니다. 적극적으로 하나님의 일에 뛰어들지 않는 것 자체도 죄입니다. 이웃을 사랑하지 않는 것도 기도와 전도하지 않는 것도 다 죄입니다. '하지 말라'는 것을 하는 것도 죄이지만 마땅히 할 일을 하지 않는 것도 죄입니다.

이를 가장 실감 있게 반증하는 예가 바로 부자와 나사로와의 이야기입니다.

부자가 지옥에 가서 보니까 정말로 혀에 물 한 방울이 그리울 정도로 불이 이글이글대는 곳에서 고통 중에서 아브라함께 이런 요구를 합니다. "구하옵나니, 아버지여, 나사로를 내 형제들에게 보내어 내 형제가 다섯이 있으니 저희에게 증거하여 저희로 인하여 이 고통 받는 곳으로 오지 않도록 하옵소서"(눅 16:27,28)라고 합니다. 이에 아브라함이 대답합니다. "저희에게 모세와 선지자들이 있으니 그에게 들을지어다"(눅 16:29)하였습니다. 부자의 반응이 이렇습니다. "그렇지 아니하나이다. 아버지, 아브라함이여. 만일 죽은 자 가운데서 살아온 자가 있으면 회개하리이다”(눅 16:30)라고 하였을 때 주님께서 결정적인 대답을 하십니다. “모세와 선지자들에게 듣지 아니하면 비록 죽은 자 가운데서 살아온 자가 있을지라도 구원함을 받지 아니하리라”(눅 16:31) 하셨습니다.

무슨 뜻입니까? 지금 선지자들과 사도들의 이야기를 듣지 아니하면 죽은 자가 살아나서 직접 면전에서 이야기하더라도 듣지 않을 것이란 것이 결론입니다. 인간은 그만큼 자기편에서 생각하고 자기에게 유익한 방향에서 결정하지 진리니 생명이니 하는 것은 아직도 귀에 들리지 않습니다. 그만큼 자기밖에 모르는 죄인이라는 것을 단적으로 지적하신 말씀입니다. 자기 눈에 보이거나 손에 잡히지 아니하면 실감하지 아니하는 탐욕의 존재입니다. 그렇다면 오늘 우리가 여기 와서 하나님의 말씀을 듣는다는 것 자체가 얼마나 큰 기적이며 은혜이며 영광인지 모릅니다.

그 다음에 빌라도가 고소한 자들에게 한 말입니다.

31절, “빌라도가 가로되 너희가 저를 데려다가 너희 법대로 재판하라 유대인들이 가로되 우리에게는 사람을 죽이는 권이 없나이다 하니”

빌라도가 모든 권한을 고소하는 자들에게 위임하였습니다. ‘너희 법대로 하라.’ 그랬더니 스스로 처리하기를 거절합니다. 그렇게 잡아 죽이기로 열렬하던 유대인들이 빌라도가 모든 죽일 권한이 너희에게 있지 않느냐, 너희들이 죽여라, 너희들의 법으로 재판해라, 그렇게 했는데 안 하겠다는 겁니다. 왜 그랬을까요? 자기들의 법과 규례를 지키기 위해서입니다. 자신의 행위를 정당화하려는 꾀를 부리는 것입니다. ‘우리에게는 사람의 죄를 죽일 권한이 없나이다.’ 왜 없습니까? 있습니다. 저들도 죽일 권한이 있습니다. 그런데도 우린 안 하겠다는 겁니다.

그러나, 우리의 신앙을 위로하는 마지막 결론은 무엇입니까?

32절, “이는 예수께서 자기가 어떠한 죽음으로 죽을 것을 가리켜 하신 말씀을 응하게 하려 함이러라" 하였습니다. 예수께서 이미 제자들에게 자신의 죽음에 대하여 말씀하신 적이 있습니다.

"보라 우리가 예루살렘으로 올라가노니 인자가 대제사장들과 서기관들에게 넘기우매 저희가 죽이기로 결안하고 이방인들에게 넘겨주어 그를 능욕하며 채찍질하며 십자가에 못 박게 하리니 제삼 일에 살아나리라"(마 20:18, 19).

예수님이 이미 제자들에게 예언하신 대로 십자가의 수난이 이루어지고 있습니다. 만일 로마 통치 아래 있지 아니하고 그들의 법에 따라서 죽으셨어야 했다면 예수님은 돌에 맞아 죽으셔야 하였을 것입니다. 유대인들은 죄인을 돌로 쳐 죽이기로 되어 있습니다. 그런데, 예수님께서 십자가에 못 박혀 죽을 것이라는 예언은 이미 수천 년 전에 모세의 입을 통하여 예언된 바가 있습니다. 로마의 지배아래 있는 상황이라, 유대의 법으론 사형을 집행할 권한이 없지만 그래도 빌라도가 너희 법대로 처리하라 하였을 때에 거절했던 제사장 무리들의 소행은 다 선지자의 입으로 예언하게 하신 것을 성취하시는 하나님의 간섭이었습니다.

로마의 방식으로 십자가의 형틀에서 죽기로 되어 있었던 것은 이미 천 수백 년 전에 모세를 통하여 예언한바 그대로 또한, 바로 얼마 전에 예수님이 제자들에게 예언하신바 그대로 지금 이루고 있는 장면입니다. 모세가 광야에서 뱀을 든 것과 같이 인자도 들려야 할 것이입니다.

탐욕의 인간이 율법을 이용하여 자신의 배를 채우고 주님을 빌라도에게 넘겼지만 우리가 놀라워야 할 대목은 성경은 예언 그대로 이루어지고 있었다는 것입니다. 예수님은 처음부터 섬기러 오셨고, 우리의 죄를 대속하기 위하여 십자가에 못 박히러 오셨습니다. 인간이 하나님께서 행하신 일에 대하여 무지하였고 원수 된 자리에서 그를 반대하였지만 하나님의 말씀은 일점일획도 변함이 없이 그대로 이루어지고 있었다는 결론을 내리고 있습니다.

● ● ● ● ● ● ● ● ●

말씀의 주체는 예수님이십니다. 요한은 예수님을 가리켜 '생명과 빛'이라고 했습니다. 생명과 빛은 활동하는 힘이며 능력이며 지혜입니다. 어두움이 감당할 수 없습니다. 생명의 역사는 지금도 말씀을 따라 어둠을 물리치면서 힘차게 그 판도를 넓혀 가고 있습니다. 인간의 악행에도 불구하고 이를 이루시는 하나님의 간섭은 그리스도 안에서 약속하신 생명을 일으키며 진행되고 있습니다. 전쟁과 질병과 기근의 고통 속에서도 한 영혼을 구원하는 이 하나님이 베푸시는 사랑의 간섭은 지금도 중단하지 않습니다.

역사의 마지막 그 날, 새 하늘과 새 땅이 이 곳에 새롭게 이루어질 그 지점까지 역사는 생명을 중심으로 줄기차게 진행되고 있습니다. 어둠이 주장하지 못합니다. 사망의 권세가 주장하지 못합니다. 부활의 생명을 가진 예수 그리스도가 역사의 주체자임을 자각하는 계기가 되어야 할 것입니다.

(요 18:33-40)

"이에 빌라도가 다시 관정에 들어가 예수를 불러 가로되
네가 유대인의 왕이냐 예수께서 대답하시되 이는 네가 스스로 하는 말이뇨 다른 사람들이
나를 대하여 네게 한 말이뇨 빌라도가 대답하되 내가 유대인이냐 네 나라 사람과
대제사장들이 너를 내게 넘겼으니 네가 무엇을 하였느냐 예수께서 대답하시되
내 나라는 이 세상에 속한 것이 아니라 만일 내 나라가 이 세상에 속한 것이었더면
내 종들이 싸워 나로 유대인들에게 넘기우지 않게 하였으리라 이제 내 나라는 여기에
속한 것이 아니니라 빌라도가 가로되 그러면 네가 왕이 아니냐 예수께서 대답하시되
네 말과 같이 내가 왕이니라 내가 이를 위하여 났으며 이를 위하여 세상에 왔나니 곧 진리에
대하여 증거하려 함이로라 무릇 진리에 속한 자는 내 소리를 듣느니라 하신대 빌라도가
가로되 진리가 무엇이냐 하더라 이 말을 하고 다시 유대인들에게 나가서 이르되
나는 그에게서 아무 죄도 찾지 못하노라 유월절이면 내가 너희에게 한 사람을 놓아 주는
전례가 있으니 그러면 너희는 내가 유대인의 왕을 너희에게 놓아주기를 원하느냐 하니
저희가 또 소리질러 가로되 이 사람이 아니라 바라바라 하니 바라바는 강도러라"

예수님께서 드디어 빌라도의 법정으로 끌려 와서 심문을 받고 있습
니다. 빌라도는 로마가 파송한 유대의 총독입니다. 그는 지금 자기 나라
백성이 아닌 식민지인 유다를 통치하는 최고의 권력을 가진 자입니다.

빌라도의 입장에서는 예수님에게 관심을 기울이지 않을 수 없었습니
다. 당시 정치권의 사람들은 모두 로마의 권력에 붙어사는 눈치꾼들이
요 어쩌면 기생충과 같은 자들입니다. 민심은 이미 그들을 떠나고 있었
습니다. 이때 나사렛 예수라는 사람이 나타나서 유다의 군중들을 이끌
고 다닙니다.

예수가 가는 곳마다 환호하는 함성이 하늘을 찌를 듯합니다. "호산나

찬송하리로다 다윗의 자손으로 오시는 이여” 하면서 종려나뭇가지를 꺾어 흔들며 겉옷을 길에 깔아 그의 길을 환호하는 모습은 그의 말 한마디로 빌라도의 총독부 정도는 얼마든지 무너지게 할 위세가 있어 보였던 것입니다.

빌라도의 또 다른 관심은 예수께서 행하시는 일이 모두가 다 초월한 권능의 표적들이란 것입니다. 그는 알 수 없지만 군중들의 신뢰는 마치 하나님이 오신 것이나 다름없는 신앙의 대상이었다는 것입니다. 빌라도에게도 예수는 종교적인 호기심을 갖게 하는 인물로서 두려움의 대상이었습니다.

이러한 입장에서 심문하는 첫 질문은 그의 예수에 대한 호기심으로 가득합니다. 33절에서 “네가 유대인의 왕이냐”물었습니다. 유대를 통치하는 입장에서 빌라도는 무엇보다 예수의 정치적 지도력에 눈을 뗄 수가 없습니다. 온 민중들이 왕으로 추대하고 있는 분위기에서 현 정치권에 속한 대제사장 무리들이나 바리세인들에 비하면 예수는 어쩌면 그의 정치적 동반자가 될 가능성도 있는 상황입니다.

이에 대한 예수님의 대답입니다. 34절에서는 “이는 네가 스스로 한 말이냐, 다른 사람이 나를 대하여 네게 한 말이냐” 라고 묻습니다. 예수님의 빌라도를 향한 지적은 지금 총독의 관심은 정치적 지위를 확고히 하고자 하는 것이지 진리에 대하여 알고 싶어서가 아니지 않느냐 하는 것입니다. 주님은 빌라도의 마음을 이미 알고 계셨습니다. 그 분명한 증거가 빌라도의 답변에서 나타납니다.

35절, “빌라도가 대답하되 내가 유대인이냐 네 나라 사람과 대 제사장들이 너를 내게 넘겼으니 네가 무엇을 하였느냐.”

내가 유대인이냐 하는 것은 빌라도의 관심이 전적으로 종교적인 것에 대해서는 관심이 없다는 것을 반증하는 답변입니다. 나는 오직 나의 총독으로서 갖는 정치적인 책임과 유다를 통치하는 데 필요한 사항만을 다스린다는 것입니다. 그의 관심은 진리니 생명이니 하는 문제에는 관심을 기울이지 않았습니다.

이에 예수님이 말씀하십니다. 36절, "예수께서 대답하시되 내 나라는 이 세상에 속한 것이 아니라 만일 내 나라가 이 세상에 속한 것이었더면 내 종들이 싸워 나로 유대인들에게 넘기우지 않게 하였으리라 이제 내 나라는 여기에 속한 것이 아니니라."

우리는 지금 빌라도의 심문을 받으시는 장면을 통하여 다시 한번 예수 그리스도의 나라에 대한 분명한 이해를 확인할 수 있습니다. 빌라도의 관심은 예수의 정치적 영향력이었습니다. "네가 유대인의 왕이냐?"로 시작된 그의 호기심은 점점 미궁에 빠져들고 있는 장면입니다.

빌라도 앞에 선 예수는 바로 하루 전과 비교하여 정치적으로는 아무 영향력도 행사할 것 같이 보이지 않는 상황입니다. 그렇게 "우리의 왕이 되소서" 하고 따라 다니던 군중들도 이제는 예수를 못 박으라고 소리 지르고 있고 따르던 제자들마저도 뿔뿔이 흩어진 채 모습을 찾을 수가 없고 그나마 하나가 있었지만 발각되자 예수를 부인해버린 상태입니다.

그러면서도 예수님은 빌라도에게 내 나라는 여기에 속하지 아니하였고 만일 이 세상에 속하였다면 나의 종들이 와서 나를 이렇게 세상에 넘겨주지 아니하였을 것이라고 합니다. 예수님은 나의 나라는 이 세상에 속하지 아니하였다고 당당히 말씀하시고 그 모습에는 권위와 위엄이 엄격하십니다. 빌라도에게 있어서 예수님의 나라는 지금 어디에 있다는 말인가, 아니면 보이지 않는 곳에 비밀리에 군대들을 숨겨두었다는 말인가 하면서 당황하지 않을 수 없습니다. 다음 질문에서 그의 당황과 두려움을 엿볼 수 있습니다.

37절, "빌라도가 가로되 그러면 네가 왕이 아니냐 예수께서 대답하시되 네 말과 같이 내가 왕이니라 내가 이를 위하여 났으며 이를 위하여 세상에 왔나니 곧 진리에 대하여 증거하려 함이로라 무릇 진리에 속한 자는 내 소리를 듣느니라 하신대"

빌라도의 즉각적인 질문, "진리가 무엇이냐?" 빌라도에게 있어서 진리는 적어도 힘이 있어야 합니다. 예수님은 지금 죄수의 몸으로 포박된 채 유대인의 요청에 의하여 내일이면 십자가에 못 박혀 죽어야 할 죄인입니다. 가장 힘없고 무능하기 이를데 없는 연약한 죄인일 뿐입니다. 그에게 있어서 진리는 정치적 권력이나 군대를 움직일 만한 통치력이 있어야 하는데 예수는 그렇게 무능하고 약한 죄수이면서 내 나라, 나의 종들이라 하면서 진리를 이야기 하고 있습니다.

빌라도에게 있어서 예수는 진리를 거론할 만큼 왕권이 있거나 정치적인 지지 세력이 있는 인물이 아닙니다. 지금은 그렇게 추종하던 제자들마저도 자취를 감춘 상태입니다. "진리가 무엇이냐?" 라 한 것은 예수의 초라한 처지를 조롱하고 멸시하는 반응으로 건넨 질문입니다.

예수님이 세상에 오신 목적은 하나님의 나라를 이 땅에 건설하기 위한 것입니다. 의와 생명과 진리가 서로 만나는 신령한 나라입니다. 죄와 죄책과 사망의 심판에서부터 인간을 구원하여 다시는 사망이나 형벌이나 슬픔이나 싸움이 없는 영원한 진리의 나라를 세우기 위하여 대속의 십자가를 지러 오셨습니다.

빌라도가 휘두르는 권력과 군대의 힘으로 다스리는 나라가 아니라 하나님이 다스리시는 심령의 나라를 세우기 위한 것입니다. 죄로 말미암아 빼앗긴 하나님의 영광을 회복하기 위하여 인간이 저질러 놓은 죄의 값으로 십자가의 죽음을 감당하려고 여기 죄인이 살고 있는 죽음의 땅에 오신 것입니다. 하나님의 왕권을 회복하여 그 영광의 정사를 아버지께 바치려고 오셨습니다. 그 죄의 값을 치르는 과정에서 지금 빌라도의 심문을 받고 있는 것입니다. 빌라도가 이를 이해할 리가 없습니다. 예수께서 위엄과 권위가 있어 호기심을 갖기는 하였지만 그를 추종하는 세력이 없는 마당에 더 이상 정치적인 관심을 갖기에는 매력이 없었습니다.

예수님은 하나님의 나라와 그 생명과 진리를 증거하고 있는데 빌라도는 그의 정치적 생명과 결부하여 진리를 파악하려 했던 것입니다.

"진리가 무엇이냐"라는 말은 빌라도의 심경을 읽을 수 있는 대목입니다. 예수의 진리는 적어도 그의 관심사인 정치적인 힘과는 상관이 없는 것으로 더 이상 관심거리가 아니었습니다. "진리가 무엇이냐" 라는 말로 예수의 정치적인 지도력에 대하여 조소와 경멸을 보내고 있습니다. 예수의 진리는 빌라도에게 있어서는 반역이나 민란의 소지가 전혀 없는 것으로 죄가 될 수 없었습니다. 심문한 결론을 이렇게 내립니다.

38절, "진리가 무엇이냐 하더라 이 말을 하고 다시 유대인들에게 나가서 이르되 나는 그에게서 아무 죄도 찾지 못하노라."

당시 유월절이 되면 죄수 하나를 풀어주는 관습이 있었습니다. 이스라엘이 출애굽하던 자유와 구원의 날을 기념하여 만든 아주 훌륭한 관습이었습니다. 빌라도는 예수를 풀어 줄 심사로 유대인들에게 제안하였던 것입니다. 빌라도의 예수를 풀어주려는 결심은 상당히 굳은 입장이었습니다. 누가복음에는 예수를 심문하고 난 후 죄가 없음을 알고 유대인들에게 제안하기를 사형에 해당하는 죄는 없는 것으로 확정하였으니 그러면 때려서 훈방하는 정도에서 사건을 마무리하고 싶어 했었다고 기록하고 있습니다.

빌라도의 결정에 대한 유대인들의 반응, 40절, "저희가 또 소리 질러 가로되 이 사람이 아니라 바라바라 하니 바라바는 강도니라" – 유대인들의 예수에 대한 증오는 하늘에 닿고 있었습니다. 이렇게 갑작스러운 변심들이 왜 일어난 것일까요? 그렇게 목숨이라도 함께 버리겠다고 호언장담하던 제자도 모습을 감추어버린 쓸쓸한 환경에서 예수님은 인간들의 탐욕에 의하여 결국 강도보다도 못한 죄인으로 취급받기에 이르렀던 것입니다.

예수님은 인간들의 요구와 하나님의 뜻사이에서 일어나고 있는 반목과 괴리를 한 몸에 걸머지고 억울하게도 강도보다 못한 죄인의 길을 걷고 있었습니다. 그는 처음부터 죄의 짐을 지러 오셨고 섬기시려 오셨으며 십자가의 고난의 길을 걸으려고 오셨습니다. 그토록 인간의 죄가 하나님 앞에서 무서운 심판을 받아 마땅하다는 것을 고발하시려고 십자가를 지러 오신 것입니다. 주님은 기꺼이 강도와 살인죄를 씌우면서까지 자신의 탐욕을 채우려는 인간의 죄를 대신하여 십자가에서 하나님의 심판을 받으시는 길을 걷고 있었습니다.

빌라도의 비아냥거리는 소리를 들으면서 묵묵히 아무 변명도 하지 않고 오직 일념으로 아버지의 뜻을 이루려고 십자가의 길을 걷고 계십니다. 과연 주님의 모습에서 죄인을 구원하시려는 은혜의 진리가 흘러넘치고 있습니다.

빌라도는 예수가 죄가 없음을 알면서도 자신의 정치적인 생명을 각오하면서까지 예수님을 옹호하지 못했습니다. 그는 군중들의 소리에 자신의 진실을 눈감아버린 역사상 가장 불행한 인물로 낙인찍히고 말았습니다. "진리가 무엇이냐?" 죄수의 초라한 처지에서 거론할 사안이 아니란 뜻입니다. 빌라도의 진리는 권력과 군사력과 정치적인 영향력이 있을 때 통하는 사실로서 설득력을 갖습니다. 힘이 없는 자에게는 진리란 있을 수 없으며 푸념일 뿐입니다.

진리는 그 자체로 영원하며 불변하는 사실로서 권위를 주장하는 성격을 갖습니다. 타협이 불가능하고 상대적일 수 없는 가치이며 생명을 내용으로 합니다. 예수님이 친히 "내가 곧 길이요 진리요 생명이니 나로 말미암지 않고는 아버지께로 올 자가 없느니라"(요 14:6)고 말씀 하셨습니다. 이 세상의 것이 아무리 빛나고 고상하고 아름다워도 하나님께로 가는 길이 아니면 진리일 수 없습니다. 오직 예수님 한 분 밖에는 다른 길이 없고 다른 진리가 없고 다른 생명이 없습니다.

● ● ● ● ● ● ● ● ● ●

신앙은 예수의 길과 진리와 생명을 어떻게 나의 것으로 외치며 증거하느냐의 싸움입니다. 그러나 현실은 예수의 진리가 거대한 교세와 웅장한 건물과 화려한 의식과 사업들로 치장된 힘의 논리에 의하여 조롱과 멸시를 받아 설득력을 잃어버린 듯 합니다. 진리에 대한 빌라도의 견해는 그때 그 사람이 지금에서도 그 사람에 의하여 계속되고 있는 정황입니다. 힘이 있을 때 그의 말이 진리가 되는 시대는 빌라도 뿐 아니라 지금도 여전하다는 것은 참으로 안타까운 현상이 아닐 수 없습니다.

진리는 거대한 외형이나 현실적인 성공에 의하여 판명되는 것이 아니라 하나님의 말씀을 따라 오직 믿음으로 순종하며 살아가는 자에게서 발견되는 은혜의 영광임을 깨닫고 이러한 고백이 일어나야 할 것입니다.

조롱과 멸시를 그 몸에 걸머지면서 아버지의 뜻을 따라 십자가의 길을 당당히 걸으셨던 주님의 발자취가 그리운 시대입니다. 다시는 빌라도의 전철前轍을 밟지 말라고 경고하는 대목임을 명심하는 은혜가 있기를 바랍니다.

제 19장
축복으로 초대하는 예수 그리스도

(요 19:1-16)

"이에 빌라도가 예수를 데려다가 채찍질하더라 군병들이 가시로 면류관을 엮어 그의 머리에 씌우고 자색 옷을 입히고 앞에 와서 가로되 유대인의 왕이여 평안할지어다 하며 손바닥으로 때리더라 빌라도가 다시 밖에 나가 말하되 보라 이 사람을 데리고 너희에게 나오나니 이는 내가 그에게서 아무 죄도 찾지 못한 것을 너희로 알게 하려 함이로라 하더라 이에 예수께서 가시 면류관을 쓰고 자색 옷을 입고 나오시니 빌라도가 저희에게 말하되 보라 이 사람이로다 하매 대제사장과 하속들이 예수를 보고 소리 질러 가로되 십자가에 못 박게 하소서 십자가에 못 박게 하소서 하는지라 빌라도가 가로되 너희가 친히 데려다가 십자가에 못 박으라 나는 그에게서 죄를 찾지 못하노라 유대인들이 대답하되 우리에게 법이 있으니 그 법대로 하면 저가 당연히 죽을 것은 저가 자기를 하나님 아들이라 함이니이다 빌라도가 이 말을 듣고 두려워하여 다시 관정에 들어가서 예수께 말하되 너는 어디로서냐 하되 예수께서 대답하여 주지 아니하시는지라 빌라도가 가로되 내게 말하지 아니하느냐 내가 너를 놓은 권세도 있고 십자가에 못 박을 권세도 있는 줄 알지 못하느냐 예수께서 대답하시되 위에서 주지 아니하셨더면 나를 해할 권세가 없었으리니 그러므로 나를 네게 넘겨 준 자의 죄는 더 크니라 하시니 이러하므로 빌라도가 예수를 놓으려고 힘썼으나 유대인들이 소리 질러 가로되 이 사람을 놓으면 가이사의 충신이 아니니이다 무릇 자기를 왕이라 하는 자는 가이사를 반역하는 것이니이다 빌라도가 이 말을 듣고 예수를 끌고 나와서 박석(히브리 말로 가바다)이란 곳에서 재판석에 앉았더라 이날은 유월절의 예비일이요 때는 제 육시라 빌라도가 유대인들에게 이르되 보라 너희 왕이로다 저희가 소리 지르되 없이 하소서 저를 십자가에 못 박게 하소서 빌라도가 가로되 내가 너희 왕을 십자가에 못 박으랴 대제사장들이 대답하되 가이사 외에는 우리에게 왕이 없나이다 하니 이에 예수를 십자가에 못 박히게 저희에게 넘겨 주니라"

빌라도가 예수를 심문하는 과정에서 그에게서 죄가 없음을 확인하였지만 결국 예수를 십자가의 형에 처하도록 판결하게 됩니다. 최고의 통치권자가 무죄라고 선언하였는데도 불구하고 십자가의 극형에 처하도록 내어주었다는 것은 재판관으로서 용납될 수 없는 범법행위가 됩니다. 인간은 법을 정해놓고 법대로 집행할 수 없는 죄의 속성을 가지고 있음을 엿볼 수 있는 대목입니다. 빌라도의 판결에서 아주 두드러진 진리는 하나님께서 인간의 악행이 오히려 하나님의 구속계획을 이루는 데에 적당한 도움의 방편들이 되도록 간섭하시더란 것입니다.

> "여호와께서 온갖 것을 그 씌움에 적당하게 지으셨나니 악인도 악한 날
> 에 적당하게 하셨느니라"(잠 16 : 4).

빌라도는 예수에 대하여 죄가 없음을 적어도 일곱 번이나 확인하였습니다. 그는 예수를 방면하고자 노력하였습니다. "빌라도는 예수를 놓고자 하여"(눅 23:20), "빌라도가 예수를 놓으려고 힘썼으나"(요 19:12). 동시에 그는 아내로부터 예수를 재판하지 말 것을 아주 강하게 권고 받은 적도 있었습니다(마 27:19). 빌라도는 예수의 무죄함을 알고 유대인들에게 스스로 판결하라고 명령하였고(요 18:31) 헤롯에게로 돌려보내기도 하였습니다(눅 23:7).

인간은 누구나 자신의 의사대로 일을 행할 수 없다는 것이 성경의 지적입니다. 여기 아무라도 자기의 의사를 따라 이 시대, 이 지점에서 살고 있지 아니합니다. 이 가정도 이 사회도 이 직업도 이 공동체도 교회마저도 내가 선택하여 온 곳이 아닙니다. 우리가 선택할 수밖에 없었던 전혀 다른 간섭이 있었음을 부정할 수 없습니다. 누구나 우리의 통제 밖의 불가항력적 간섭에 의하여 행동을 결정하게 됩니다. 그러므로 인간은 자존자일 수 없고 누구에게든지 예속되어 있는 존재인 것입니다. 오직 하나님만이 그 계획대로 역사를 섭리하시고 이루시는 분이심을 골자로 하여 성경이야기를 들려주고 있습니다.

빌라도는 연거푸 예수의 무죄함을 밝히면서 결과적으로는 그에게 채찍질을 하고 죄인의 홍포를 입히고 제사장들과 그 하속들이 보는 가운데로 끌고 나오게 됩니다. 이에 유대인들이 예수를 보고 소리를 지르기 시작합니다.

6절, "대제사장들과 하속들이 예수를 보고 소리 질러 가로되 십자가

에 못 박게 하소서 십자가에 못 박게 하소서 하는지라 빌라도가 가로되
너희가 친히 데려다가 십자가에 못 박으라 나는 그에게서 죄를 찾지 못
하노라."

제사장들과 유대인들이 예수를 십자가에 못 박아 죽이고자 들추어낸
죄목은 빌라도로서는 감당할 수 없는 압박용 죄상들입니다.

> "우리가 이 사람을 보매 우리 백성을 미혹하고 가이사에게 세 바치는 것
> 을 금하며 자칭 왕 그리스도라 하더이다 하니"(눅 23 : 2).

유대인들이 들추어낸 죄상은 로마의 총독으로서 분노해야 할 반역죄
에 해당되는 것입니다. 빌라도 스스로가 나는 그에게서 아무 죄를 찾지
못하였다고 한 것이 로마당국에 알려지게 되는 날이면 오히려 자신이
반역죄가 될 가능성이 있는 죄상입니다.

그들은 로마의 가이사 황제에게 불복하는 반역자라는 것과 자칭 유
대인의 왕이라고 선동하는 자로 고발하고 있습니다. 유대인들이 집요
하게 들추어낸 죄상들은 결국 빌라도로 하여금 예수를 십자가에 내어
놓지 않으면 안 되는 정치적 압박이었던 것입니다.

12절, "이러하므로 빌라도가 예수를 놓으려고 힘썼으나 유대인들이
소리 질러 가로되 이 사람을 놓으면 가이사의 충신이 아니니이다 무릇
자기를 왕이라 하는 자는 가이사를 반역하는 것이니이다."

유대인들의 간악한 고발에서 우리는 인간이 얼마나 자기 유익을 좇
아 남을 살인하기를 예사로이 여기는 가증스러운 위선의 존재인가를
엿보게 됩니다. 사실상 유대인들이 고발한 내용대로라면 예수의 행동
은 나라와 민족에게 해로울 것이 없습니다.

유대인들 편에서는 로마의 황제 가이사에게 세금을 바치지 못하도록
하는 것과 유대인의 왕으로서 국권을 로마로부터 회복하고자 하는 일

련의 활동은 마땅히 환영과 지지를 받아야 할 일들입니다. 그들이 빌라도에게 고발한 내용대로 라면 예수는 민족을 로마로부터 구할 지도자로 지목받아 마땅합니다. 예수께서 하신 일은 유대인들 편에서는 죄가 될 것 하나도 없습니다.

유대인들이 예수를 고발한 죄목이 많지만 심문한 결과 하나도 사형에 해당하는 죄상이 드러난 것이 없습니다. 다만 예수를 죽이고자 하는 목적으로 최고의 통치자인 빌라도를 화나게 하는 충동적인 죄상 밖에 없습니다. 빌라도를 집요하게 옥죄며 예수를 십자가에 못 박으라고 소리치는 제사장들과 그들의 하속들에 의하여 빌라도는 무죄한 예수를 십자가의 죽음에 내어주고 말았습니다.

흔히 우리가 생각하기를 무죄한 예수님을 유대인들의 간교한 요구로 어쩔 수 없이 빌라도가 십자가에 처형하고 말았다고 합니다. 악독한 유대인들과 무지한 로마의 병정들이 무죄한 예수를 십자가에 못을 박아 죽였다는 생각에 사로 잡혀 있습니다. 그러나 성경은 어느 한 곳에서도 예수님은 죄인들에 의하여 억울한 누명을 쓰고 안타깝게 돌아가셨다고 설명하지 않습니다.

주님은 겟세마네 동산에서 가룻 유다를 앞세우고 자신을 잡으러 온 무리들 중 성급한 베드로가 제사장의 종 말고의 귀를 베어버렸을 때에 베드로를 만류하면서 땅에 떨어진 귀를 다시 붙여주시고 하신 말씀에서 십자가의 죽음은 이미 성경이 예언한 대로 이루어지는 그 아버지의 뜻임을 강조하신 적이 있습니다.

> "너는 내가 내 아버지께 구하여 지금 열두 영 더 되는 천사를 보내시게 할 수 없는 줄로 아느냐 내가 만일 그렇게 하면 이런 일이 있으리라 한 성경이 어떻게 이루어지리요 하시더라"(마 26:53,54).

10, 11절, "빌라도가 가로되 내게 말하지 아니하느냐 내가 너를 놓을

권세도 있고 십자가에 못 박을 권세도 있는 줄 알지 못하느냐 예수께서 대답하시되 위에서 주지 아니하셨더면 나를 해할 권세가 없으리니 그러므로 나를 네게 넘겨 준 자의 되는 더 크니라 하시니"

예수님의 수난은 아버지께서 허락하신 것이요, 이미 성경에서 예언한 것이기 때문에 잡히신 것이며, 예언한 대로 조롱과 멸시를 받으시는 것입니다. 인간의 권력의 힘이나 군사력이나 정치적인 세력에 의하여 진행되는 고난이 아닙니다. 열두 영도 더 되는 천사들을 명하시면 빌라도의 군대 정도는 한 순간에 제압할 수 있으신 분이십니다. 인간이 너무 간악하여서도 아니고 무지하여서도 아닙니다. 인간의 힘에 의하여 바보같이 당한 것이 아닙니다. 힘이 없어서가 아닙니다. 아버지의 요구로 십자가의 길을 걷고 있는 것입니다.

위에서 허락하지 아니하시면 로마의 가이사도 빌라도 총독도 예수를 심문하기는커녕 감히 붙잡을 수도 없습니다. 베드로의 칼을 만류하시면서 "베드로야, 내가 아버지께서 주신 잔을 마시지 않겠느냐?" 또한 겟세마네 동산에서 기도하시면서 "내 뜻대로 마옵시고 아버지의 뜻대로 하옵소서" 라고 하셨습니다. 주님은 십자가의 잔을 당연히 마셔야 할 것은 이 쓴잔을 아버지께서 요구하셨기 때문이라고 강조하셨습니다.

십자가의 수난을 감상적이거나 사색적으로 생각해서는 안 될 것입니다. 아버지의 요구에 자신을 제물로 바치는 아들의 충성과 열정에 오히려 긴장하고 두려워해야 할 사건입니다. 십자가를 바라볼 때마다 '하나님은 한 번 계획하신 것은 저토록 강렬한 열정을 가지고 이루시는 분이구나' 에 대한 경외심을 가져야 할 것입니다. 하나님은 과연 능치 못할 일이 없는 분이심에 대한 긴장감을 가슴에 안고 맞이할 사건입니다.

기독교의 특징은 역사성에 있습니다. 일반적으로 종교는 초월성에 기초하여 신앙을 요구합니다. 뜻 밖에도 기독교를 초월성에다 두고 이

해하려는 사람들이 많습니다. 신앙세계가 신비롭고 경이롭고 그 내용
이 충격적이고 오묘하다는 쪽으로 기울여져 있습니다. 또 다른 면에서
는 도덕과 윤리성이 돋보이고 진리를 탐구하기에 좋은 가치로서 평가
하려는 경향도 있습니다.

그러나 성경은 하나님의 존재를 증명하려는 시도가 전혀 없습니다.
하나님의 존재에 대한 설명이 없습니다. 성경의 첫 구절은 하나님께서
활동하시는 웅장한 역사를 선포합니다.

"태초에 하나님이 천지를 창조하시니라"(창 1:1). 천지를 만드신 이가
하나님이라고 선포합니다. 우리의 의혹을 풀어줄 만한 다른 설명이 없
습니다. 태초가 언제인지, 창조 전에는 무엇을 하셨는지에 대해서 우리
는 모릅니다. 우리가 알고 싶은 문제에 대하여 대답하지 않습니다.

성경은 역사의 사실을 바탕으로 펼치는 하나님에 관한 이야기입니
다. 실재하시며 현존하시며 역사를 계획하신 대로 섭리하시는 역사의
주체자이시라는 것을 한결같이 선포합니다. 예수님이 오셔서 행하신
일들은 모두가 다 기적성이요 초월한 표적들입니다. 앉은뱅이를 일으
키시고 눈먼 자를 눈을 뜨게 하시고 죽었던 자를 살려내시고 각색 병을
고치시고 귀신을 쫓아내시고 바람과 바다를 꾸짖으사 조용하게 만드시
는 등 기적의 사건들을 베푸셨습니다.

뿐만 아니라 성령강림하시더니 사도들에게도 예수님과 방불한 권능
의 표적들이 나타나기 시작하였습니다.

성경에서 이렇게 기적을 도입한 것은 기적을 통하여 세상을 형통하
게 살라는 것을 목적으로 한 것이 아닙니다. 우리가 살고 있는 자연 속
에 기적을 나타내신 것은 기적을 통하여 하나님의 창조주이심, 구속주
이심과 심판주이심을 증명하고자 함을 목적을 도입한 것입니다. 기적
을 가지고 사람을 평안하게 하고 세상을 만족하게 하려 함을 목적으로

소개하지 아니합니다. 이 모든 기적의 역사를 가지고 하나님께로 돌아와서 하나님의 나라를 상속받으라고 동원한 것입니다.

성경에서 기적을 도입한 것은 기적만이 하나님의 일이 아니라 자연도 하나님이 만드신 것이며 이 세상의 역사 자체가 다 하나님의 뜻을 따라 흘러가고 있다는 것을 알게 하려는 것입니다. 초월만이 아니라 자연도 함께 다 하나님의 영원한 계획을 따라 섭리하는 이가 하나님이시라는 것을 골자로 하여 역사를 펼치는 것입니다.

기독교 신앙은 감상적이거나 철학적이지 않습니다. 있는 그대로의 사실을 하나님의 계획과 이를 이루시는 하나님의 구체적인 간섭으로 이해하는 것입니다. 우리의 감정이나 이해에 관계없이 하나님은 한 영혼을 구원하는 역사를 중심으로 인류의 모든 사건을 운행하시는 주체자이십니다. 그 역사의 머리를 성경이 예언하는 대로 신천신지를 향하여 가도록 간섭하고 계십니다. 이러한 하나님의 뜻에 보조를 같이 할 때 우리의 길이 천국을 향함은 물론이거니와 이 땅을 기업으로 차지하는 복을 누리게 되기로 약속하고 있습니다.

빌라도의 무지와 유대인들의 간교한 계략에도 불구하고 인간을 구원하시려는 하나님의 계획은 그들의 악행을 통하여 성취되고 있었습니다. 신앙은 역사 자체를 있는 그대로 하나님의 계획과 성취하시는 간섭으로 이해할 때에 우리가 받은 구원의 은혜의 영광을 다시 한 번 찬송하게 됩니다. 오늘도 하나님의 뜻이 이루어지고 있는 한, 우리의 한 순간은 하나님의 전능하신 손길을 따라 움직이는 거룩한 길임을 확신하는 고백이 마땅히 일어나야 할 것입니다.

예수 그리스도의 생애는 분명한 사실이며 역사 자체입니다. 자연과 초자연이 함께 하나의 역사를 만들어가는 하나님에 관한 이야기입니다. 앞으로 예수님을 통하여 나타난 구원의 계획은 역사의 중심이 되어 끝을 맺을 것입니다.

19절, " 빌라도가 패를 써서 십자가 위에 붙이니 나사렛 예수 유대인의 왕이라 기록되었더라."

21, 22절, "유대인의 대제사장들이 빌라도에게 이르되 유대인의 왕이라 말고 자칭 유대인의 왕이라 쓰라 하니 빌라도가 대답하되 나의 쓸 것을 썼다 하니라."

빌라도는 그리스도의 일이 역사적인 사실인 것을 압니다. 예수가 죄인이 아닌 것을 압니다. 그의 양심으로는 살리고 싶은 사람입니다. 그럼에도 불구하고 십자가의 죽음에 내어주고 말았습니다. 진리에 대하여 무지하기 때문입니다. 그가 진리로 알고 있는 것은 로마의 가이사 황제밖에 없습니다. 총독의 권력과 세도가 더 큰 진리로 자리하게 된 것입니다.

하나님은 예수 그리스도를 보내시고 인류의 죄를 대속하기 위하여 그로 하여금 십자가의 죽음을 당하게 하시고 그 수난의 역사를 마감하신 후에 드디어 부활하심으로 하나님의 나라를 이곳에 세우시고 그의 택하신 백성을 불러 교회를 이루시며 모든 민족에게 십자가의 진리를 전하게 하시는 증인으로 살게 하신 것입니다. 십자가의 대속은 창조주 하나님이 친히 이루신 역사적인 사실이며 이를 이루기 위하여 빌라도와 대제사장들과 바리세인들이 연합하여 하나님의 영원한 뜻을 완성하고 있는 것입니다.

● ● ● ● ● ● ● ● ●

빌라도는 십자가의 팻말에 히브리와 로마와 헬라의 언어로 유대인의 왕이라고 기록하여 많은 유대인들이 보도록 하였습니다. 빌라도 자신의 신앙고백으로 쓴 것이 아닙니다. 그렇다면 예수를 구주로 영접하였을 것입니다. 그는 쓸 것을 썼을 뿐입니다. 그의 양심으로 유대인들 앞에서 예수의 무죄함을 알리려고 썼습니다. 그러나 빌라도의 이와 같은 번민과 갈등으로 쓴 팻말이 결과적으로는 온 인류들이 보는 가운데 예수님의 왕이심을 선포하는 방편이 된 것입니다. 십자가를 통하여 우리를 구원하시는 하나님의 신비로운 손길보다 더 큰일은 세상에 없습니다. 하나님의 열정의 간섭으로 이루어진 십자가의 역사를 냉엄하게 바라보는 순간, 우리의 구원을 오직 믿음으로 말미암아 감격과 영광으로 자랑하며 외치며 살기로 각성하는 은혜가 있어야 할 것입니다.

십자가 - 축복에의 초대

> "이후에 예수께서 모든 일이 이미 이룬 줄 아시고 성경으로 응하게 하려 하사 가라사대 내가 목마르다 하시니 거기 신 포도주가 가득히 담긴 그릇이 있는지라 사람들이 신 포도주를 머금은 해융을 우슬초에 매어 예수의 입에 대니 예수께서 신 포도주를 받으신 후 가라사대 다 이루었다 하시고 머리를 숙이시고 영혼이 돌아가시니라"

예수님께서 십자가에 달려 돌아가시기 전까지 주님이 친히 말씀하신 가상칠언 중 요한복음에만 기록된 내용은 다른 복음서와 비교하여 특별합니다. 다른 복음서와 달리 요한복음의 기록은 십자가의 수난 당하시는 모습이 안타깝거나 가련해 보이지 않습니다. 요한은 가상칠언 중 세 번의 말씀을 소개하고 있습니다.

첫째는 어머니에게 하신 말씀입니다. 19장 26절 하반절에서 27절에서 "여자여 보소서 아들이니이다 하시고 또 그 제자에게 이르시되 보라 네 어머니라."

두 번째와 세 번째는 본문에 기록되어 있습니다. "내가 목마르다",

"다 이루었다."

요한에게 있어서 십자가에서 주님이 당하시는 수난의 모습은 모두가 영광과 위엄으로 묘사되어 있습니다. 이미 성경에 예언된 대로 기쁨과 승리감으로 이루어가는 웅장함을 보여주고 있습니다.

특별히 여기 두 마디 말씀은 십자가의 수난이 절정을 이루는 장면임과 동시에 승리의 영광을 선포하시는 내용들입니다. "내가 목마르다"는 말씀은 십자가상에서 나타낸 고통의 단면을 보여주는 장면입니다. 인간의 죄를 걸머지신 하나님께서 인간으로서 갖는 고통을 절규하시는 소립니다. 하나님의 심판대 앞에서 받는 십자가의 고통이 얼마나 처절하고 비참하냐 하는 것을 묘사해주는 탄식입니다. 이는 십자가의 고난을 감당하시는 주님의 성실을 엿볼 수 있는 단면입니다.

"내가 목마르다" 하신 후 곧 이어 "다 이루었다" 하시고 영혼이 떠나시도록 고개를 숙이십니다. "다 이루었다" 하신 것은 예수님이 오신 목적을 다 성취하셨다는 것을 선포하는 순간입니다. 주님은 "다 이루었다" 고 이 한 마디 선포하기 위하여 오신 것입니다. 아버지의 말씀대로 다 이루셨다는 것입니다. 아버지의 율법이 요구한 대로 죄를 대속하시는 심판을 다 받으시고 율법을 완성하셨음을 확인하시는 장면입니다. 주님이 선포하셨듯이 율법의 요구대로 인간의 죄를 대속하시는 데 따른 죄책과 영원한 심판과 질병과 가난과 저주와 형벌의 고통을 십자가에서 남김없이 다 소멸하셨습니다.

아버지의 요구에 순종하심으로 성취하신 대속의 고통을 다 감당하신 이상 더 이상 십자가에 달려 있으실 이유가 없으셨습니다. 이제는 모든 것을 성부께 맡기고 죽음 아래로 내려가셨습니다. 주님은 십자가의 고통이 너무나 극심하여 기진한 상태에서 죽으신 것이 아닙니다. 피와 물을 다 쏟으셨기 때문에 육체가 더 이상 힘이 없어서 죽음에게 사로잡힌 것이 아닙니다.

성경은 주님의 죽으심은 사망의 권세에 굴복하는 모습이 아니라 자의에 따라 죽음을 허락하시는 모습을 그려주고 있습니다. 십자가의 죽음을 허락하시는 모습은 권위와 위엄과 영광으로 가득한 전능하신 하나님의 행동 그대로를 보이신 것입니다. 아버지의 때가 이름으로 주님은 먼저 고개를 숙이시고 죽음 아래로 스스로 내려가셨습니다.

30절, "머리를 숙이시고 영혼이 떠나가시다" 하신 것은 주님이 평소에 하신 말씀대로였습니다.

"아버지께서 나를 사랑하신 것은 내가 다시 목숨을 얻기 위하여 목숨을 버림이라 이를 내게서 빼앗는 자가 있는 것이 아니라 내가 스스로 버리노라 나는 버릴 권세도 있고 다시 얻을 권세도 있으니 이 계명은 내 아버지에게서 받았노라 하시니라" (요 10 : 17, 18).

"다 이루었다" - 십자가는 무엇보다 하나님의 공의가 실현되는 율법의 마침입니다. 십자가 이후에는 하나님께서 법으로 따져서 더 이상 죄로 인하여 진노하실 이유가 없습니다. 예수님은 아버지 하나님의 공의를 만족하게 완성하심으로 하나님의 기쁘심과 영광을 온전히 나타내셨습니다. 죄로 말미암아 깨어지고 산산조각이 난 하나님의 영광과 권위가 회복되는 상태를 만드신 것입니다. 십자가에서 완성되는 공의를 보시고 아버지는 지고의 만족한 자리에 드신 것입니다.

십자가의 수난은 죄에 대한 하나님의 심판과 공의라는 양면성을 동시에 완성하시는 하나님의 능력과 지혜의 절정인 것입니다. 이는 하나님에게는 영광과 권위를 되찾으시는 지고至高의 기쁨과 만족의 자리임과 동시에 사랑하는 자녀들에게 있어서는 말할 수 없는 축복의 목록들이 다시 약속되는 순간입니다. 성경은 놀랍게도 십자가의 대속을 우리로 형벌을 면케 하는 정도가 아니라 적극적으로 하나님께서 약속하신 복을 내리시는 언약의 완성으로 설명하고 있습니다.

　하나님께서 언약하신 축복이 왜 십자가로 말미암아 오게 되었는가를 아는 것은 신앙생활에서 결코 놓쳐서는 안 될 중대한 지식입니다. 우리가 하나님께로부터 마땅히 복을 받아 누려야 할 자리에서 그 복의 원리를 아는 것은 무엇보다 중요한 과제입니다. 십자가로 말미암아 이루어진 하나님의 언약에 대한 지식이 없으면 이토록 풍성한 역사를 사탄에게 내어주게 되는 고통과 괴로움을 면할 길이 없습니다.

　예수 믿고 천국을 못 간다는 것이 아니라 이 땅에서 사는 동안 영육간에 엄청난 손해를 봄과 동시에 천국의 상급마저 놓치게 되는 안타까움을 피할 길이 없습니다. 하나님의 지식이 빈곤하면 결과적으로 하나님이 맡기신 역사를 마귀와 죄에게 빼앗길 수밖에 없는 상태에서 언제나 교계는 분쟁하고 교회나 개인은 서로 비판하고 정죄하는 상처의 아픔을 피할 길 없습니다.

　지식은 장래를 바라보게 하는 근거가 됩니다. 지식이 없으면 미래가 없어집니다. 지식이 있는 사람이 미래를 창조적으로 이끌어 갑니다. 지식이 없이 열정을 가지고 뛰기만 하면 쉽게 지치고 피곤하여 넘어지게 됩니다. 예배나 기도나 찬양이나 모두 하나님의 지식을 바탕으로 하여 진행될 때에 참 믿음과 기쁨과 영광이 따르게 됩니다. 감성적 분위기에 따라 나를 마취시키는 열광적인 행사들은 객관성이 없으므로 곧바로 식어집니다.

　우리의 감정세계는 폭발하는 힘은 있어도 방향을 올바로 잡아주지는 않습니다. 방향이 잘못되면 낭떠러지에 굴러 자빠질 수도 있고 깊은 물에 수장될 수도 있습니다. 우리의 가는 방향만은 지식이 잡도록 해야 됩니다. 뛰고 춤을 추되 무엇을 근거에 의해서 하느냐 하는 것이 더욱 중요합니다.

예수님께서 십자가에서 고통하시면서 "목마르다" 하시고 이어서 "다 이루었다" 하셨을 때 주님께서 가지셨던 마음이나 그 행동원리가 무엇이었겠습니까? 십자가에서 인간의 죄를 대속하시면서 그 수난의 절정을 "내가 목마르다"라고 절규하시던 장면에서 예수님께서 가지셨던 마음과 생각은 무엇이었겠습니까? 그 자세가 오늘 우리들에게도 강하게 요구되고 있습니다. 십자가의 수난을 통하여 이루어질 아버지의 뜻을 생각하시던 주님의 생각은 곧바로 하나님에 관한 지식이었습니다. 아버지의 뜻을 놓고 싸우시는 성자 그리스도의 생각과 마음가짐은 오늘 우리에게도 강렬히 요구되는 신앙의 핵심 사항이 될 것입니다.

우리가 십자가에서 다 이루시고 난 이후에 하나님께서 언약하신 축복을 이 땅에 이끌어 내야 하는 입장에서 반드시 주님의 그 생각을 가슴에 품어야 합니다. 이는 세상의 상식이 아니라 신앙의 상식입니다.

신앙의 상식이란 무엇입니까? 특별한 지식이 아닙니다. 상식은 아무나 다 아는 보통지식입니다. 예수 믿는 사람은 적어도 십자가에 관한한 그것이 무엇을 의미하는가? 십자가가 왜 세워졌으며 십자가 이후의 나의 삶은 무엇을 위하여 존재하며 또 내 삶의 현실은 어떻게 개척하며 어떻게 열매 맺어야 할 것인가?에 대한 하나님의 지식을 하나의 상식으로 가져야 됩니다. 그럼에도 불구하고 우리는 너무 모르는 것이 많은 상황에서 열심히 믿고 있습니다.

특기特記할 것은 성경은 십자가의 사건을 대속의 차원에서만 설명하지 않는다는 것입니다. 우리를 죄와 사망에서 건져내신 구출사건으로만 이야기하지 않습니다. 성경은 십자가의 사건을 더 강하게 더 깊고 풍성하게 '순종'이라는 차원에서 설명하고 있습니다. 주님께서 십자가를 지셔야 할 이유에서 로마서는 더 많은 경우 순종을 들고 있습니다. 그 대표적인 구절입니다.

"한 사람의 순종치 아니함으로 많은 사람이 죄인 된 것 같이 한 사람의 순종하심으로 많은 사람이 의인이 되리라"(롬 5 : 19).

예수님을 아담과 비교하여 아담을 순종하지 않는 부류로 정죄하고 예수님을 순종하신 의인으로 설명합니다. 우리는 대개의 경우 주님께서 십자가를 지실 때에 아버지께서 명령하신 것을 순종하는 마음으로 지셨다고 생각합니다. 우리도 그렇게 순종하자는 것으로 십자가의 사건을 순종의 본으로 설명하는 예가 많습니다. 그러나 이와 같은 생각은 십자가의 사건을 삶의 규범 내지는 덕목으로만 이해하는 결과를 낳게 합니다. 십자가는 삶의 아름다움이나 가치를 고상하게 만들기 위하여 순종의 미덕을 위하여 세워진 것이 아닙니다.

예수님은 순종의 본이 되기 위하여 십자가를 지신 것이 아닙니다. 십자가는 '순종'이라는 것을 만들어내기 위한 대속의 역사입니다. 성부 하나님은 인간이 살고 있는 이 땅에 순종의 머릿돌을 놓기 위한 목적을 가지고 아들로 십자가에 오르기를 요구하셨습니다. 십자가를 통하여 순종의 본이 나타난 것이 아니라 순종이라는 기초를 놓기 위하여 아버지는 아들을 기꺼이 못 박았다는 것입니다. 역사상에 순종의 대표적인 열매를 맺기 위한 하나님의 계획이었습니다.

기독교를 한 마디로 요약하면 순종입니다. 신앙의 핵심이 순종이라면 이를 깊게 이해하기 위해서는 불순종이 무엇인가를 알아야 합니다. 불순종의 원인을 제공한 아담을 추적하지 않을 수 없습니다. 불순종은 우리가 현재 가지고 있는 인간의 본성입니다. 우리가 불순종의 씨앗으로 태어났기 때문에 자연인들은 본성상 하나님을 믿을 수가 없는 것입니다.

하나님은 창조주시요 아담은 피조물입니다. 하나님이 만드신 것을 다 아담에게 맡기시면서 "다스리라", "정복하라", "충만하라"고 하셨습니다. 하나님은 있는 그대로를 다스리는 제한된 사명을 주신 것이 아닙니다. 자연을 개발하고 사회를 만들어 문화를 창달하고 삶의 환경을 편리하도록 문명을 개척하라는 무한한 번성을 명령하신 것입니다. 하나님은 이토록 모든 권한을 아담에게 맡겨 주셨습니다. 얼마든지 개발해도 좋다는 것입니다. 이러한 통치권을 인간에게 이양한 것은 하나님께서 인간에게 내리신 최상의 축복활동입니다.

그렇지만 인간이 결코 잊지 말아야 할 것은 단 하나의 조건, 소유권은 언제나 하나님께 있다는 것입니다. 다스리는 권세를 주셨다할지라도 맘대로 해서는 안 되는 입장이라는 것입니다. 하나님의 것을 가지고 살고 있는 한 무엇을 하든지 하나님께 자문을 구하고 하나님께 감사하고 하나님을 영화롭게 할 것을 단서로 붙이신 것입니다. 아담의 신분 자체가 어디까지나 피조물이며 하나님을 섬겨야 할 종이며 청지기입니다.

선악과를 따먹지 말라는 명령을 생각할 때마다 아담은 자신의 신분이 하나님 아래 있다는 것을 늘 명심했어야 합니다. 내가 주인이 아니라 내 위에 하나님이 계신다는 것을 확인하며 살아가는 금명禁命으로서 선악과를 따먹지 말라고 한 것입니다. 선악과의 계명은 주종관계를 확실하게 하기 위한 조치였습니다. 아담은 위로 하나님을 섬기며 아래로 만물에 대하여 하나님이 허락하신 대로 다스리며 정복할 권리를 가지고 사는 피조물의 대표격입니다. 그렇게 살 때에 하나님은 최상의 축복을 약속해주셨습니다.

그러나 불행하게도 아담은 마귀의 유혹에 넘어 가서 선악과를 따먹어 버렸습니다. 하나님께서 명령하신 금명을 깨뜨렸습니다. 하나님과 같이 된다는 마귀의 말에 넘어가버렸습니다. 그래서 따먹고 하나님의 품을 떠났더니 하나님이 된 것이 아니라 다른 권세가 기다리고 있었습니다. 죄의 권세였습니다.

마귀는 일차적으로 하나님의 영광을 엿보다가 하나님의 보좌로부터 쫓겨난 불순종의 영입니다. 아담이 어리석게도 불순종의 원흉인 마귀의 손에 붙잡히게 된 것입니다. 하나님을 떠난 즉시로 인류에게 내려진 것은 저주와 형벌의 사망이었습니다. 하나님과의 영적관계가 영원히 단절되는 어두움의 존재가 되어버렸던 것입니다.

하나님의 품을 떠나자마자 인간의 심성은 하나님의 지식이 사라지고 사단의 지식이 자리하는 곳이 되고 말았습니다. 순종의 아름다움이 사라지고 불순종의 억세고 난폭한 지식이 자리하는 인격체가 되어버렸습니다. 불순종의 영이 지배하는 인격체가 되니까 그때부터 인간은 서로를 향하여 자신을 요구하며 다투고 분쟁하기를 좋아하는 길을 가게 되었습니다. 자기만을 요구하는 탐심의 존재로 변질되었습니다. 자신을 무엇으로 채우고 또 채워도 한 없이 목말라하는 탐심이 인간을 갈증의 존재로 만들어버렸습니다.

인간 내면에서부터 한없이 솟아나는 갈증을 해갈하기 위하여 인간이 찾아간 곳은 초월자를 그리워한 나머지 우상을 만들어 섬기는 우준하고 어두운 자리였습니다. 종교적으로 우상을 만들어 섬기는 상태에서 인간의 인격은 모두가 다 남을 죽이고 자기만을 요구하는 저급한 수준에서 서로를 향하여 싸우는 자들이 되어 버렸습니다. 또 윤리적으로도 더럽고 냄새나는 타락한 수준에서 그 삶이 생존경쟁과 약육강식의 굴레를 벗어나지 못하는 모순을 일삼고 있습니다.

죄는 들어옴으로부터 인간 역사는 전쟁과 기근과 질병과 자연 재난과 환경오염 등 수많은 재앙의 악순환 속에서 온갖 더러움과 악취가 나는 사회와 문화를 만들며 살게 된 것입니다. 왜 이러한 모순이며 부조리입니까? 왜 고통이며 슬픔입니까? 왜 이토록 비참한 저주의 죽음입니까? 그 원인을 성경은 죄라고 규명합니다.

죄는 무엇입니까? 그 출발이 불순종입니다. 불순종의 심성이 죄의 본성입니다. 위로 하나님이 계시지 않으니까 불순종의 속성대로 서로를 향하여 자존심과 정욕을 불태우면서 온갖 싸움의 역사를 만들 수밖에 없습니다. 인간은 본질적으로 권위에 대하여 저항감을 갖습니다. 어린아이들도 시키면 시키는 대로 하지 않습니다. 사회도 문화도 연구해보면 권위의 자리를 깨뜨리고 파괴하려는 저항운동이 곧 사회운동의 근간을 이룹니다. 어느 사회이든지 권위의 자리는 언제나 저항을 받고 있습니다.

성경에서는 말세의 현상 중에 가장 뚜렷하게 나타나는 것은 사람이 그 부모를 거역하고 대신 돈을 사랑하고 사람의 심성이 변하여 사랑과 정이 식어질 것이라고 경고하고 있습니다. 지금은 권위의 상실시대를 맞고 있습니다. 부모와 스승의 권위, 정부와 법의 권위, 도덕과 교권의 권위 등 모든 분야에서 권위가 실종되고 있습니다.

사실상 권위가 실종되면 순종을 배울 기회가 사라지게 되며 하나님을 최고의 권위로 섬기는 일은 더욱 불가능해집니다. 섬기기는 하지만 인간 자신의 마음에 맞도록 고쳐서 섬기는 것을 자랑으로 여길 수밖에 없습니다.

사람들은 권위를 어떤 강압하는 힘이라고 생각하고 있습니다. 그러나 하나님의 권위는 그 내용이 사람을 살리고 삶을 의욕적으로 살게 하는 지식과 능력의 어떤 수준입니다. 사람을 설득하여 하나님의 사랑의 권위에 순종하게 하는 능력입니다. 사실상 성경에서 명령하는 부모의 권위는 어떤 경우에라도 지켜져야 합니다. 설사 부모답지 않더라도 부모의 자리는 자식에 대하여 권위라는 본질을 갖는 자리입니다.

특별히 하나님의 권위에 대하여 인간이 저항하면서 만들어낸 사상이 현대사상의 특징인 진리의 상대성입니다. 절대가치가 없다는 것입니다. 어느 사회 문화이든지 그 나름대로 가치가 있다는 것을 인정해야 만이 문명인으로 대우해줍니다. 예수만이 진리다고 주장하면 이미 사상적으로 따돌림을 받습니다.

진화론적 사고를 가진 자가 인정을 받는 시대가 된 것입니다. 그것이 과학적인 논리성이 없을지라도 인간은 진화론을 옹호하며 그 이론을 학문의 근거로 삼습니다. 그토록 자기가 주인이지 위에 누가 있으면 저항하는 불순종의 속성을 가지고 있습니다.

그러나 성경은 언제나 순종을 근거로 한없는 축복을 약속하고 있습니다. 하나님께서 종 되었던 이스라엘 백성을 출애굽 시키시면서 요구하시는 말씀도 순종이었습니다.

> "세계가 다 내게 속하였나니 너희가 내 말을 잘 듣고 내 언약을 지키면 너희는 열국 중에서 내 소유가 되겠고 너희가 내게 대하여 제사장 나라가 되며 거룩한 백성이 되리라 너는 이 날을 이스라엘 자손에게 고할지니라" (출 19:5, 6).

가나안의 복지를 약속하시면서 주신 당부의 말씀도 순종입니다.

> "그런즉 너는 오늘날 상천 하지에 오직 여호와는 하나님이시오 다른 신이 없는 줄을 알아 명심하고 오늘 내가 네게 명하는 여호와의 규례와 명령을 지키라 너와 네 후손이 복을 받아 네 하나님 여호와께서 네게 주시는 땅에서 한 없이 오래 살리라" (신 4:39, 40).

아브라함의 경우도 마찬가지로 순종을 조건으로 하여 복을 약속하셨습니다.

"여호와께서 아브람에게 이르시되 너는 너의 본토 친척 아비 집을 떠나 내가 네게 지시할 땅으로 가라 내가 너로 큰 민족을 이루고 네게 복을 주어 네 이름을 창대케 하리니 너는 복의 근원이 될지라"(창 12:1, 2).

하나님의 권위와 명령에 대하여 기꺼이 순종하는 신분으로 있을 때 내가 너로 큰 민족을 이루고 네게 복을 주어 네 이름을 창대케 하리니 너는 복의 근원이 될 것이라고 약속하셨습니다.

이방 종교의 특성은 전부가 다 이미 결과적으로 가지고 있는 것, 죽음의 저주와 형벌의 공포와 두려움을 달래어 주는 진사陳謝의 형식을 종교의 형태로 취하고 있습니다. 그들에게 있어서 신관은 공포와 무서움을 가지고 오는 재앙의 신입니다. 신의 진노를 진정시키기 위한 방법으로 제물을 바치고 지성을 드리고 자신을 학대하고 금욕하고 극기하는 구도의 길을 종교의 형태로 꾸민 것입니다.

왜 이렇게 고행을 수행합니까? 지성과 열성을 가지고 신을 감동하게 함으로 자신의 종교적인 탐심을 채우고 있는 것입니다. 이방 종교에는 적극적으로 축복을 향하여 삶을 의욕적으로 살도록 하는 약속이 없습니다. 그들에게는 약속해주는 절대자가 없습니다. 자신의 평안과 고요를 채우기 위한 종교적인 탐심뿐입니다. 인간은 왜 이토록 두려움과 긴장과 불안 속에 살아야 합니까? 이는 바로 불순종으로 인해 본질상 하나님의 진노 아래 있다는 증거들입니다.

성경에서 놀랍게도 이러한 기존의 것을 아무리 연마하고 두들겨도 그것은 여전히 본질상 진노 아래 있는 것을 개발하는 격임을 지적하면서 이 땅은 새로운 터가 마련되어야 함을 강조합니다. 이에 대한 바울의 논조는 아주 분명하게 그리스도의 생애를 아담과 비교하여 입증하고 있습니다.

"그러나 아담으로부터 모세까지 아담의 범죄와 같은 죄를 짓지 아니한 자
들 위에도 사망이 왕노릇 하였나니 아담은 오실 자의 표상이라"(롬 5 : 14).

아담은 인간을 향한 하나님의 축복활동을 멈추게 한 불순종의 씨앗
을 뿌린 자입니다. 하나님과의 관계를 정상 위치로 바로 잡아줄 누군가
가 반드시 와야 할 만큼 불순종의 원인을 제공한 인류의 대표입니다. 아
담이 불순종함으로 깨어진 하나님 자신의 영광을 위한 축복활동을 가
능케 할 새로운 대표가 반드시 와야 합니다.

"아담은 오실 자의 표상이라" – 아담이 저질러놓은 것을 바로 잡아줄
자가 반드시 필요하다는 것입니다. 아담이 실패하여 누리지 못하는 행
복을 되찾으시는 하나님의 방법은 단 한 가지 이 지구상에 '순종'이라
는 의義의 한 행동을 하나 만들어내는 것입니다.

예수님은 순종의 머릿돌이 되고자 제 2의 아담으로 오실 수밖에 없으
셨던 것입니다. 십자가는 하나님 앞에서 온전한 순종을 완성하는 표입
니다. 이를 통하여 하나님의 영광과 권위가 회복될 뿐만 아니라 십자가
를 바라보는 자들에게 창조하실 때의 보시기에 좋으셨던 축복을 다시
금 약속하는 표로 확증해 주셨습니다.

예수를 믿는다는 것은 불순종하여 잃어버렸던 것을 다시 찾으시는
하나님의 영광에 초대된 삶입니다. 하나님이 이제는 얼마든지 복을 내
리시는 순종의 터가 마련되었기 때문입니다. 우리가 순종해서가 아닙
니다. 예수 그리스도의 순종의 터 위에 우리를 부르셨기 때문에 불순종
한 우리이지만 우리를 향하여 축복을 누리도록 간섭하시는 대상으로
삼으셨다는 것입니다.

우리는 지금도 하나님의 명령에 대하여 저항과 불순종의 심성으로 예
수를 믿고 있습니다. 그러나 하나님 보실 때에는 우리에게는 순종한 것처
럼 예수 그리스도 안에서 온전한 의로 보시기로 한 것입니다. 이것이 하나

님께서 십자가를 통하여 예수 안에 부름 받은 우리를 보시는 시각입니다.

신앙은 하나님께서 우리를 보실 때에 어떻게 평가하느냐에 대한 이해를 쌓는 싸움입니다. 우리를 대하여는 하나님은 우리가 얼마든지 요구해도 손을 들어 주시는 축복의 관계가 확립된 상태를 이루신 것입니다. 우리의 요구를 외면하실 수 없는 아버지가 되신 것입니다. 하나님의 뜻을 이루는 유일한 존재로서 하나님께서 보실 때에는 세상의 무엇과도 견주어 비교가 안 되는 존귀한 가치들입니다. 왜 그렇습니까? 예수께서 십자가를 지심으로 순종의 머릿돌이 되셨기 때문입니다.

오늘 우리가 성경을 오해하고 다분히 틀리고 있는 것 중 가장 심각한 문제는 순종을 축복의 조건으로 이해하고 있다는 것입니다. 하나님께서 순종을 조건으로 하여 축복을 약속하셨지만 이제는 십자가를 통하여 순종의 머릿돌이 되게 하신 이상 예수 안에 사는 우리에게는 어떤 경우에라도 순종을 조건으로 하는 축복의 약속은 하나님께서 친히 이루신다는 것을 놓쳐서는 안 됩니다. 예수 안에 있다는 것은 십자가를 지나왔다는 뜻입니다. 이제는 순종하면 복을 받고 불순종하면 벌을 받는 입장이 아닙니다.

구약적으로 표현하면 가나안 땅에서 누리는 축복을 약속하신 것과 같습니다. 가나안 땅은 젖과 꿀이 흐르기로 약속된 곳입니다. 그 땅의 성격이 하나님께서 약속하신 대로 풍요와 번성과 안식과 승리를 거두어들이도록 간섭하시는 곳입니다. 불순종하면 단지 채찍이 있을 뿐이지 저주나 형벌을 내리시는 곳은 아닙니다.

예수 그리스도 안에서 살아가는 우리는 어떤 경우라도 다시 세상으로 내어쫓기는 형벌은 없습니다. 예수 안에서 세상에서 환난을 만난다 하더라도 그것은 죄에 대한 형벌로서가 아니라 앞으로 차지해야 할 축복의 약속을 힘을 내어 붙들도록 간섭하시는 하나님의 손길인 것입니다.

그리스도 안에서 누리는 축복의 약속에 대하여 사도 바울은 더욱 적극적입니다.

> "그런즉 누구든지 사람을 자랑하지 말라 만물이 다 너희 것임이라 바울이나 아볼로나 게바나 세계나 생명이나 사망이나 지금 것이나 장래 것이나 다 너희의 것이요 너희는 그리스도의 것이요 그리스도는 하나님의 것이니라"(고전 3:21-23).

"만물이 다 너희 것임이라" - 하나님은 예수를 믿는 이유 때문에 만물을 우리에게 다 맡기셨다는 것입니다. 창조초기에 아담에게 맡기셨던 문화적 명령과 문명의 창달에 대한 번성과 사회와 물질과 관련하여 모든 만물을 다 우리에게 다시 맡겨주셨다는 것입니다.

만물이 존재하는 이유는 예수를 믿는 우리를 위해서입니다. 우리가 아니면 만물이 있어야 할 이유가 없다는 것입니다. 그렇다면 세상에서 누가 주인이며 누가 객입니까? 예수를 믿는 우리 자신이 주인공입니다. 우리 주변의 모든 상황과 만물은 다 우리를 위한 보조역할들입니다. 우리가 주인공이며 주변의 상황은 조연입니다. 세상은 우리의 역할을 위하여 필요한 보조 재료들입니다. 돈은 누구를 위하여 필요합니까? 권력이 누구를 위한 것들입니까? 사회 온갖 기능과 역할이 누구를 위하여 필요합니까? 우리의 삶은 하나님의 영광을 위한 유일한 가치들이기 때문에 세상은 우리의 활동을 돕기 위한 수단이 됩니다.

하나님은 우리가 아니면 더 이상 지구와 역사를 존속시키실 이유가 없으십니다. 불신자에 대한 성경의 증언은 참으로 심각합니다.

> "그러므로 내가 이것을 말하며 주 안에서 증거하노니 이제부터는 이방인이 그 마음의 허망한 것으로 행함 같이 너희는 행하지 말라 저희 총명이

어두워지고 저희 가운데 있는 무지함과 저희 마음이 굳어짐으로 말미암아 하나님의 생명에서 떠나 있도다"(엡 4 : 17, 18).

불신자의 상태를 가리켜 하나님의 생명에서 떠나 있다고 합니다. 하나님에 대하여 감각이 없으니까 왜 사는지 어디로 가는지 도무지 알 수 없습니다. 허망한 인생이라 합니다. 그렇게 의롭게 선하게 살아도 모든 것이 절망이며 무효인 삶입니다. 근원적으로 불순종의 영이 지배하기 때문에 일생이 무서움과 불안 가운데 살 수밖에 없습니다. 죽을 힘을 다해 살아도 마지막 심판의 처절한 허망함 가운데 떨어집니다.

성경에서 시간을 허비하는 것을 방탕이라고 정죄합니다. 불신자의 생애가 바로 방탕한 생활입니다. 행동이 더럽고 불의하다는 뜻이 아닙니다. 세월을 소모하고 허비했다는 뜻입니다. 마치 수돗물을 틀어 놓고 외출해 버리는 것과 같습니다. 가스불을 켜놓은 채 외출해 버리는 것과 같습니다.

우리가 예수를 믿고 교회생활을 하고 있는 입장에서 아직도 방탕의 세월을 살고 있다면 어서 속히 돌이켜야 합니다. 주님께서 십자가의 고통 중에서 마지막 숨을 거두시면서 선포하신 말씀을 기억하는 순간, 나의 신분에 대한 새로운 자각이 일어나기를 바랍니다.

● ● ● ● ● ● ● ● ● ●

"내가 목마르다", "내가 다 이루었다" – 그렇게 다 이루신 터 위에 우리를 세워주셨습니다. 주님이 순종의 터가 되심으로 잃어버린 하나님의 축복활동을 다시 시작하게 하시는 하나님의 은혜의 영광을 놓치지 말아야 할 것입니다. 우리가 얼마나 적극적인 형태로 하나님이 내리시는 축복의 자리에 부름을 받고 있는가를 아는 것만큼 더 큰 영광이 없습니다. 동시에 이보다 더 눈물겨운 감동이 없습니다.

치유하는 능력 - 물과 피

"이날은 예비일이라 유대인들은 그 안식일이 큰 날이므로 그 안식일에 시체들을 십자가에
두지 아니하려 하여 빌라도에게 그들의 다리를 꺾어 시체를 치워 달라 하니 군병들이
가서 예수와 함께 못 박힌 첫째 사람과 또 다른 사람의 다리를 꺾고 예수께 이르러는
이미 죽은 것을 보고 다리를 꺾지 아니하고 그 중 한 군병이 창으로 옆구리를 찌르니
곧 피와 물이 나오더라 이를 본 자가 증거하였으니 그 증거가 참이라
저가 자기의 말하는 것이 참인 줄 알고 너희로 믿게 하려 함이니라 이 일이 이룬 것은
그 뼈가 하나도 꺾이우지 아니하리라 한 성경을 응하게 하려 함이라
또 다른 성경에 저희가 그 찌른 자를 보리라 하였느니라"

신앙생활에서 넘어지기 쉬운 약점은 완벽주의입니다. 신앙의 결벽증
입니다. 구원을 확인하는 것도 내가 스스로 연마하고 닦아서 도덕적으
로나 종교적으로 어느 정도 수준에 도달해야 되는 것으로 생각합니다.
이러한 생각에 잡혀 있는 한 은혜의 풍성한 영광을 누릴 수 없게 됩니
다. 이미 신앙을 출발한 지 오래되었지만 아직도 내가 부족하다는 느낌
때문에 언제나 갈등하는 상태를 면할 길이 없습니다. 지금쯤은 벌써 하
나님과의 관계가 익숙해져 있어야 할 것인데 아직도 시작마저 하지 않
고 있는 현실이 안타깝습니다.

성경의 가장 굵직한 교리는 구원은 전적으로 하나님의 주권에 의하

여 이루어졌다는 것입니다.

> "곧 창세 전에 그리스도 안에서 우리를 택하사 우리로 사랑안에서 그 앞
> 에 거룩하고 흠이 없게 하시려고 그 기쁘신 뜻대로 우리를 예정하사 예수
> 그리스도로 말미암아 자기의 아들들이 되게 하셨으니"(엡 1 : 4, 5).

구원을 창세 전에 이미 계획하셨다는 것입니다. 구원이 창세 전과 관련이 있었다는 것은 우리의 소관이 아니란 뜻입니다. 구원에 관한 한 전적으로 하나님의 계획에 의해서 이루어진 것이란 것을 역설하는 내용입니다.

성경은 놀랍게도 구원을 출생을 가지고 설명하고 있음은 신비롭습니다. 하나님이 낳아 주신 것으로 설명합니다.

> "영접하는 자 곧 그 이름을 믿는 자들에게는 하나님의 자녀가 되는 권세
> 를 주셨으니 이는 혈통으로나 육정으로나 사람의 뜻으로 나지 아니하고
> 오직 하나님께로서 난 자들이니라"(요 1 : 12, 13).

이 세상에 내가 나고 싶어서 난 사람 아무도 없습니다. 자신의 의사와 관계없이 그냥 태어난 것입니다. 전적으로 타의에 의하여 난 것입니다. 태어났기 때문에 사는 것입니다. 이제 와서 살 자격이 있느냐 없느냐 하는 것은 참으로 바보 같은 질문입니다.

신앙에 있어서 자격을 논하는 것처럼 어리석음이 없습니다. 우리의 생각으로 적어도 교회에 대하여 이렇게 저렇게 했으면 좋겠다고 자기 방식을 요구하는 것은 참으로 어리석은 일입니다. 또 교회의 직분에 대해서도 이런 사람이 목사가 되고 장로가 되었으면 좋겠다하는 것만큼 신앙생활을 방해하는 것도 없습니다. 교회는 모든 것이 하나님이 주선하여 이루어 놓으신 신비로운 공동체입니다. 우리가 결정해서 온 자리

가 아닙니다. 전적으로 하나님께서 부르셔서 온 자들이 하나님을 배우는 기회로 열려져 있는 하나님 나라의 기관입니다.

병원에는 누가 가는 곳입니까? 건강한 사람은 가지 않습니다. 아무나 가고 싶어서 자기의사로 결정하여 가는 곳이 아닙니다. 내 몸에 병의 징후가 있거나 아니면 병을 사전에 예방하고자 하는 이유가 발생했을 때 의사를 찾는 법입니다. 병이라는 전혀 다른 힘에 의하여 병원에 갑니다. 병든 자라야 가는 곳입니다. 의사로부터 병을 치료받기 위해서입니다.

그리스도인의 자기정체성을 놓치면 일생을 방황하게 됩니다. 여기는 병든 나를 고치고 바로 세우는 병원과 같은 곳입니다. 완벽한 의인이나 자신이 깨끗하다고 자랑하는 자는 올 수 없는 곳입니다.

나의 존재의 가치나 의미를 몰라서 유리방황하는 자, 사회공동체에서 소외되고 따돌림을 당하는 자, 빚에 시달리다 못해 좌절하여 자신을 포기할 지경에서 살길을 찾아 나선 자, 질병의 고통을 안고 죽음의 문제에 봉착한 자, 인간적으로 불완전하고 연약한 자들이 와서 하나님의 나라에서 공급되는 생명의 강수를 마시며 삶의 원기를 회복하여 하나님의 영광을 위한 자기 자신의 존재가치를 발견하는 곳입니다.

본문에 기록된 예수님의 마지막 숨지시는 장면은 보통 넘어갈 내용이 아닙니다. 우리의 구원을 위하여 주님이 어떻게 하셨는가를 가장 뚜렷하게 보여주시는 장면입니다.

십자가의 형틀은 사형을 집행하는 방법 중에 가장 고통을 주려는 목적으로 고안한 것입니다. 십자가에 못을 박고 작열하는 햇빛을 맞으며 서서히 죽게 하는 최악의 고통을 가하는 데 건강한 사람은 생명이 다 소진되기까지 보통 이삼 일이 걸린다고 합니다.

주님이 죽으시는 장면에 대한 묘사입니다.

31절에서 33절, "이날은 예비일이라 유대인들은 그 안식일이 큰 날

이므로 그 안식일에 시체들을 십자가에 두지 아니하려 하여 빌라도에게 그들의 다리를 꺾어 시체를 치워 달라하니 군병들이 가서 예수와 함께 못 박힌 첫째 사람과 또 그 다른 사람의 다리를 꺾고 예수께 이르러는 이미 죽은 것을 보고 다리를 꺾지 아니하고”

유대인들은 안식을 거룩하게 지키려고 십자가에 달린 죄수들을 일찍 죽게 해달라고 간청하였습니다. 아직도 다른 두 강도들은 죽지 않고 살아 있었습니다. 그런데 주님은 이미 죽은 상태로 그 몸이 시체가 되어 있었습니다. 다리를 꺾어서 일찍 죽게 할 필요가 없었습니다. 예수님은 아버지의 뜻이 다 이루어진 것을 확인하신 후에 스스로 죽음 아래로 내려가신 것입니다. 죽음의 권세에 의하여 죽으신 것이 아닙니다. 나는 버릴 권세도 있고 얻을 권세도 있다고 하셨습니다. 죽음의 권세에 붙잡힌 채 죽지 않기로 성경은 이미 예언한 바 있습니다.

“그 모든 뼈를 보호하심이여 그 중에 하나도 꺾이지 아니하도다”(시 34:20).

34절, “그 중 한 군병이 창으로 옆구리를 찌르니 곧 피와 물이 나오더라” – 예수님의 죽음을 확인하기 위하여 창으로 옆구리를 찔렀더니 찌른 곳에서 피와 물이 쏟아져 나왔다고 합니다. 죽은 자에게서 피와 물이 분수처럼 쏟아져 나왔습니다. 예수님의 죽음은 썩는 몸이 아니었습니다. 시체가 되었어도 살아 있었습니다. 피와 물을 쏟고 있었습니다. 십자가의 죽음은 우리의 죄를 대속하는 희생제물입니다. 죄인을 살리기 위한 속죄 양의 제물로서 죽은 것입니다.

그렇게 죽은 몸에서 피와 물이 흘러나옴으로써 우리가 생명을 얻게 된 것입니다. 피는 속죄의 표입니다. 죄를 없게 하는 희생의 피입니다. 하나님의 진노를 진정케 하는 능력의 피입니다. 의의 피며 하나님과의 화평을 이루는 보혈의 피입니다.

물은 생명을 힘 있게 하고 무성하게 하고 열매를 맺게 하는 근원입니다. 죽은 몸에서 생명수가 한없이 분수처럼 흘러나왔습니다.

속죄는 그 다음 단계로 생명을 풍성하게 하는 감동과 기쁨과 축복으로 발전하는 출발점입니다. 하나님과 우리 사이를 깊고 풍성하게 하는 성결의 표입니다. 날마다 회개의 길을 열어 우리로 하여금 하나님의 나라를 경험하게 하는 은혜의 말씀입니다.

모세가 광야에서 물을 내기 위하여 반석을 치자 쪼개어진 바위에서 생명수가 강물같이 흘러나왔었습니다. 얼마든지 우리의 부정함과 허물을 씻어주시는 사랑과 은혜의 풍성함을 약속하는 증표입니다. 심판하는 힘보다 훨씬 더 큰사랑과 은혜를 약속하는 장면입니다.

하나님께서 우리를 불러오신 자리가 어디입니까? 십자가의 죽음으로부터 흘러내리는 보혈의 피가 강수같이 넘실거리는 곳입니다.

"대저 하나님께로서 난 자마다 세상을 이기느니라 세상을 이긴 이김은 이것이니 우리의 믿음이니라 예수께서 하나님의 아들이심을 믿는 자가 아니면 세상을 이기는 자가 누구뇨 이는 물과 피로 임하신 자니 곧 예수 그리스도시라 물로만 아니요 물과 피로 임하셨고 증거하는 이는 성령이시니 성령은 진리니라 증거하시는 이가 셋이니 성령과 물과 피라 또한 이 셋이 합하여 하나이니라"(요일 5:4-8).

우리가 받은 구원이 그리스도의 몸에서 흘러나온 피와 물로써 이루어진 것임을 한시라도 잊어서는 안 됩니다. 내가 한 일이 전혀 없는 상태에서 오직 예수께서 죽으시고 그 몸에서 피와 물이 쏟아져 나옴으로 일으켜진 구원을 성령께서 내 안에서 작용하셔서 마침내 내가 구원을 받게 되었습니다. 구원에 관한 한 내가 한 일은 전무하며 하나님이 하신 일만이 수두룩합니다. 우리는 감당할 길이 없는 은혜만이 겹겹이 쌓이는 감격의 환경에서 사는 입장입니다. 구원이 오로지 하나님이 행하신 일임을 이사야는 일찍이 예언하였습니다.

> "그가 찔림은 우리의 허물을 인함이요 그가 상함은 우리의 죄악을 인함
> 이라 그가 징계를 받음으로 우리가 평화를 누리고 그가 채찍에 맞음으로
> 우리가 나음을 입었도다" (사 53 : 5).

구원의 법칙은 이렇습니다. 내가 잘못했는데 옆 사람이 대신 매를 맞음으로 내가 용서를 받은 것과 같습니다. 내가 아파서 수술을 받아야 하는데 옆 사람이 수술을 받아서 내가 건강해지는 것과 같습니다.

우리는 예수 그리스도가 대신 십자가를 지시고 죽으시고 그 몸에서 피와 물을 쏟아주심으로써 우리가 형벌과 저주와 사망의 심판으로부터 자유하게 되었고 이제는 이전 보다 더욱 건강하고 풍성한 감동과 기쁨의 삶을 살게 된 것입니다.

우리는 하나님을 반대하고 우리가 그를 십자가에 못 박았는데 그 몸에서 피와 물을 한없이 쏟아주심으로 우리가 죄 사함을 받았고 강건하게 되었고 더욱 풍성하게 되었습니다. 나는 예수님을 찔렀는데 찌른 그곳에서부터 분수처럼 피와 물이 쏟아져 나와서 나를 한없는 기쁨과 감격이 있는 곳에서 살게 하셨습니다. 이것이 바로 복음입니다.

> "아들이 있는 자에게는 생명이 있고 하나님의 아들이 없는 자에게는 생
> 명이 없느니라 내가 하나님의 아들의 이름을 믿는 너희에게 이것을 쓴 것은
> 너희로 하여금 너희에게 영생이 있음을 알게 하려 함이라 " (요일 5 : 12, 13).

우리 안에 그리스도 예수님이 이미 계심에도 불구하고 없는 것처럼 살수도 있다는 것을 암시하는 대목입니다. 현재 우리의 상태가 그렇습

니다. 우리는 하나님의 아들이 숨쉬고 있는 생명체인데 그럼에도 불구하고 우리에게는 아들의 숨결을 엿볼 수 없습니다. 그럴 수도 있다는 것입니다.

그러나 이것을 쓰고 말하는 것은 하나님께서 우리 안에 그리스도의 생명을 담아 두셨다는 것을 깨우치기 위함이라는 것입니다. 왜 성경을 기록하여 들려주느냐 하면 이미 이루어놓으신 하나님의 은혜의 영광을 놓치지 않도록 간섭하려는 의도에서입니다. 성경을 대할 때마다 자신의 신분을 각성하고 잠에서 깨어날 것을 강하게 요구합니다. 바보처럼 멍청하게 일생을 그렇게 짜증스럽게, 영육 간에 가난과 연약에 메여 살지 말라는 뜻입니다.

신앙은 하나님이 이루어놓으신 것을 내가 얼마나 나의 것으로 외치며 증거 하느냐에 대한 싸움입니다. 구원이 나의 행위로 이루어진 것이 아니기 때문에 갈등이 있기 마련입니다. 나를 보면 이 구원을 지킬 자신이 없게 되어 있습니다. 언제나 면목이 없습니다. 숨고 싶은 심정입니다. 그렇다고 하나님의 약속을 앞에 두고 미안해서 안 가지면 내가 손해입니다. 내가 가난뱅이가 되고 빈털터리가 됩니다.

우리 중에 어떤 사람은 자기중심으로 교회를 보니까 언제나 갈등이고 불만이고 비판으로 일관합니다. 하나님의 사랑과 은혜를 모르는 소치입니다. 완벽주의자가 되지 맙시다. 결벽증에서 벗어나십시오. 하나님께서 행하신 일을 자기가 표준이 되어 평가하면 언제나 사회적 각도에서 볼 수밖에 없는 입장이기 때문에 언제나 싸늘한 비판과 불평과 저항감뿐입니다. 그에게 십자가의 은혜가 끼어들 틈이 없어서 삶을 풍성하게 할 근원이 없게 됩니다. 자신의 시각에서 하나님의 행하신 일을 비판하지 마시기 바랍니다. 하나님이 하신 일을 누가 감히 꺾겠느냐 하는 것이 성경의 일관된 꾸짖음입니다.

이 세상에서 가장 불효한 자식은 부모보다 먼저 죽는 것입니다. 무자식이 상팔자이지만 자식 죽기를 바라는 부모는 없습니다. 아무리 부모의 속을 썩여서 매를 맞는다 하여도 나갔다가 꾸벅꾸벅 다시 들어와서 부모와 함께 밥상에 앉아 있는 자식을 보는 부모가 기쁘고 행복한 것입니다. 여러분의 결벽증 때문에 부모가 살고 있는 집을 떠나면 부모의 마음은 그때부터 슬퍼집니다. '나같은 것 없어줘야지', '내가 교회에 나온다는 것은 하나님께 누가 돼', '더 이상 하나님의 집에 들어가지 말자'라는 생각은 신앙에 있어서 가장 나쁜 생각입니다.

우리가 하나님의 사랑하시는 자녀들임을 잊지 마시기 바랍니다.

매일 속을 썩여도 집에는 들어와야 부모는 즐거운 것처럼 하나님도 우리가 하나님의 집으로 들어올 때가 가장 기쁘십니다. '내가 믿는 자답지 못하다', '허랑 방탕했다', 그래도 좋습니다. 욕을 먹여도 좋습니다. 그래도 아들로서 아버지 집에는 들어와야 합니다. "잘못했습니다" 빌고 매를 맞는 한이 있더라도 아버지 집에 들어오는 아들이 아버지가 주시는 풍족한 양식을 함께 나눌 수 있습니다.

성경은 한 없이 삶의 지친 자들을 초청하고 있습니다.

"너희 목마른 자들아 물로 나아오라 돈 없는 자도 오라 너희는 와서 사 먹되 돈 없이, 값 없이 와서 포도주와 젖을 사라"(사 55 : 1).

여기 교회는 하나님의 자녀들이 함께 생수의 강물을 마시는 데 필요한 관계와 만남이 있는 곳입니다. 아버지의 집에 먹을 양식이 풍족합니다. 이미 이루어놓으신 것을 함께 나누고 누리고 기뻐하는 곳입니다. 우리가 와서 즐거워하는 것이 아버지의 기쁨이며 소원이심을 놓치지 마시기 바랍니다.

봄은 꽃을 피게 하는 계절입니다. 그러나 기억하십시오. 봄이 생명을 만들지는 못합니다. 이미 있는 생명을 힘 있게 하고 싹을 나게 하고 잎을 내어 무성하게 하는 계절일 뿐입니다. 생명이 있었기에 봄이라는 계절이 활동을 시작할 때 꽃을 피게 하는 것입니다.

교회가 꽃을 피게 하는 활동무대임을 깨치는 은혜가 있기를 바랍니다. 이미 우리는 아들의 생명을 가지고 여기에 왔습니다. 아무리 못나도 아버지께서 사랑하시는 자녀들이 여기에 온 것입니다. 어느 누구라도 아버지의 사랑을 받지 못할 자식은 하나도 없습니다. 완벽하여 온 사람 없습니다. 다들 허물과 실수를 가지고 왔습니다.

성경은 우리가 예수님의 향기이며 세상의 빛이며 소금이라고 예수의 모습을 대변하는 역할을 감당할 것을 요구합니다. 그렇게 되려면 예수의 몸에서 흘러나온 피와 물처럼 우리의 인격과 삶의 고백도 그 내용이 그리스도의 피와 물로 흘러 넘쳐야 할 것입니다. 그 방법으로 바울은 이렇게 권면합니다.

> "너희가 짐을 서로 지라 그리하여 그리스도의 법을 성취하라 만일 누가 아무것도 되지 못하고 된 줄로 생각하면 스스로 속임이니라 각각 자기의 일을 살피라 그리하면 자랑할 것이 자기에게만 있고 남에게는 있지 아니하리니 각각 자기의 짐을 질 것임이니라"(갈 6:2-5).

교회에서 만나는 지체들 사이는 이미 예수께서 십자가에서 우리의 죄의 짐을 지셨듯이 우리 사이에서도 서로의 짐을 질 것을 권면합니다. 남의 약점을 발견하면 그 부끄러움을 나의 것으로 여기며 사랑으로 그 허물을 덮어주는 자의 길을 가라는 것입니다. 주님께서 걸어가신 길을 묵묵히 갈 것을 권면하고 있습니다.

누가 나를 찌르거든 그리스도의 법을 좇아 십자가를 지고 자신의 몸에서 피와 물을 쏟아내십시오. 자기 기준과 스케일에 맞지 않는다고 단절하지 마십시오. 정말 자신이 완벽하다고 생각하거든 그 사람의 몫을 더하여 더욱 열심을 내십시오. 누가 기도를 쉬거든 그 사람의 몫을 대신하여 기도의 분량을 늘리십시오. 누가 혈기를 부리거든 더욱 온유하기를 힘쓰십시오. 누가 욕하거든 욕을 당하십시오. 할퀴거든 그대로 당하십시오. 그러나 자신은 그리스도의 법을 성취하십시오.

●●●●●●●●●●

나의 몸에서 그리스도와 같이 피와 물을 쏟아내는 헌신이 있음으로 인해 내 곁에 있는 사람이 온전해지고 강건해지고 풍성해지는 믿음의 분발이 있기를 바랍니다. 죽은 시체에서 피와 물을 쏟으신 십자가를 생각하면서 내가 나를 십자가에 못 박은 후에 '나에게서도 남을 살리는 피와 물을 쏟게 하옵소서'의 기도가 절실해지는 순간입니다.

제 20장
부활로 평강이 되신 예수 그리스도

부활, 안식 후 첫날

(요 20:1-10)

"안식 후 첫날 이른 아침 아직 어두울 때에 막달라 마리아가 무덤에 와서 돌이 무덤에서 옮겨간 것을 보고 시몬 베드로와 예수의 사랑하시던 그 다른 제자에게 달려가서 말하되 사람이 주를 무덤에서 가져다가 어디 두었는지 우리가 알지 못하겠다 하니 베드로와 그 다른 제자가 나가서 무덤으로 갈쌔 둘이 같이 달음질하더니 그 다른 제자가 베드로보다 더 빨리 달아나서 먼저 무덤에 이르러 구푸려 세마포 놓인 것을 보았으나 들어가지는 아니하였더니 시몬 베드로도 따라 와서 무덤에 들어가 보니 세마포가 놓였고 또 머리를 쌌던 수건은 세마포와 함께 놓이지 않고 딴 곳에 개켜 있더라 그 때에야 무덤에 먼저 왔던 그 다른 제자도 들어가 보고 믿더라 (저희는 성경에 그가 죽은 자 가운데서 다시 살아나야 하리라 하신 말씀을 아직 알지 못하더라) 이에 두 제자가 자기 집으로 돌아가니라"

이때까지 예수님의 생애는 십자가의 죽으심을 정점으로 마쳤습니다. 십자가에서 마지막 운명하실 때에도 '내가 다 이루었다' 하시고 죽음을 허락하셨습니다. 생애는 마치셨지만 복음은 예수님이 죽으심으로부터 효력을 나타내기 시작하였습니다. 주님은 죽은 시체가 된 후에도 복음 의 역사를 계속 이루고 계셨습니다. 살아계셨을 때에 그의 몸에서 물과 피가 쏟아져 내린 것이 아니라 시체가 된 몸에서 흘러나왔습니다. 우리 의 죄를 씻으시고 우리의 삶을 성결케 하심으로 능력 있게 살도록 그의 죽음의 몸에서 보혈의 피를 쏟아내신 것입니다.

그 다음 단계로 예수님의 부활은 복음의 역사를 완성하시는 하나님의 신비로운 계획을 더 한층 경이로운 지경으로 안내하고 있습니다. 복음은 부활로 인하여 적극적으로 사람들의 심령에 하나님의 나라를 심어주는 보증이 되었습니다. 바울은 예수 그리스도의 사역에 부활이 없다면 우리의 믿음마저도 헛된 것이라고 하였습니다. 그만큼 부활은 신앙의 중심이 되는 사건이며 복음 중에 복음인 것입니다.

구약의 사건들은 모두가 다 그리스도의 부활을 상징하는 내용을 주제로 삼고 있습니다. 원시복음인 뱀의 머리를 상하게 할 것이란 것도 부활을 전제로 하여 죄의 권세를 상하게 할 것이라고 하였던 것입니다. 부활이 아니면 죄의 권세를 상하게 할 수 없습니다. 홍수로 죄인들을 쓸어버리신 것도 죽음 이후에 다시 살아날 것을 전제로 한 심판이었습니다.(벧전 3:21). 홍해를 가르고 건너게 하신 것도 우리가 예수 그리스도와 함께 새롭게 태어날 부활의 영광을 보여주시는 사건이었습니다(고전 10:2).

홍수나 홍해를 건넌 것이나 다 우리가 예수 그리스도와 함께 죽고 함께 살아나는 부활을 설명하는 사건들입니다. 이를 신약에서는 성령 세례로 설명하고 있습니다.

물은 죄인들을 심판하는 수단이었음과 동시에 구원의 방주를 뜨게 하는 새 생명의 표였습니다. 이와 같이 그리스도 안에서 우리의 옛사람은 주님의 십자가에서 함께 죽었고 그의 부활과 함께 다시 살아난 것입니다. 이를 성령께서 우리의 심령에 확신시켜 주신 결과 우리가 지금 하나님의 역사를 분명한 진리와 사실로 알고 믿고 있는 것입니다.

부활의 중요성에 대한 바울의 논증은 더욱 분명합니다.

> "예수는 우리의 범죄함을 위하여 내어줌이 되고 또한 우리를 의롭다 하심을 위하여 살아나셨느니라"(롬 4 : 25).

"그리스도께서 다시 사신 것이 없으면 너희의 믿음도 헛되고 너희가 여전히 죄 가운데 있을 것이요 또한 그리스도 안에서 잠자는 자도 망하였으리니 만일 그리스도 안에서 우리의 바라는 것이 다만 이생 뿐이면 모든 사람 가운데 우리가 더욱 불쌍한 자라 그러나 이제 그리스도께서 죽은 자 가운데서 다시 살아 잠자는 자들의 첫 열매가 되셨도다"(고전 15:17-20).

성경은 부활로부터 시작하여 하나님의 나라가 적극적으로 우리가 살고 있는 역사와 함께 진행되다가 하나님의 나라의 온전한 통치가 이루어지는 지점을 그리스도의 재림의 때로 약속하고 있습니다. 부활은 더 이상 이 세상이 전부가 아니라 앞으로 다가오는 하나님의 나라가 있음을 적극적으로 증명하는 표적인 것입니다.

예수님의 부활은 앞으로 일어날 부활들의 첫 열매가 되셨습니다. 유일한 열매가 아니라 첫 열매입니다. 앞으로 뒤따라 나올 열매들의 머리입니다. 주님의 부활을 시작으로 우리가 그 뒤를 이어 잠자는 데서 깨어날 것을 약속하고 있습니다.

예수님의 부활이 신앙의 중심사건이라는 것은 성경의 모든 사건이 부활과 관련된 내용을 담고 있다는 데서 확증되고 있습니다. 특히 요한은 예수의 부활이 우연하게 일어난 사건이 아니라 하나님의 계획에 의한 섭리였음을 확증해주는 단서를 제공하고 있습니다.

1절, "안식 후 첫날 이른 아침 아직 어두울 때에 막달라 마리아가 무덤에 와서 돌이 무덤에서 옮겨간 것을 보고"

예수님의 부활을 처음으로 목격한 사람은 마리아입니다. 마리아가 부활하신 예수님을 만난 날이 안식 후 첫날 이른 아침 아직 어두울 때였습니다. 예수님이 안식 후 첫날에 부활의 첫 열매가 되셨습니다. 안식 후 첫날과 부활이 어떤 관계가 있는 가? 하는 것은 오늘 우리가 주일을 안식일로 지키는 입장에서 반드시 해결해야 될 신학적 논제입니다.

원래 안식일은 칠일 째 되는 날인 토요일입니다. 지금까지 안식일은 토요일을 중심으로 지켜오고 있었습니다. 그러나 인간이 하나님의 품을 떠나자 사람의 심성이 부패하여져서 하나님의 지식이 사라지고 하나님을 경배치도 아니하는 육체로 돌아가 버렸습니다. 하나님께서 보실 때 심판할 하실 수밖에 없는 죄의 속물이 된 것입니다. 이로써 인간에게 영원한 죽음과 더불어 저주와 형벌의 삶이 가해지게 되었습니다. 인간의 죄로 인하여 발생한 가장 심각한 현상은 피조세계에서 하나님의 영광이 사라지고 말씀의 권위가 땅에 떨어지고 말았다는 것입니다.

하나님에게 있어서 인간의 죄는 하나님자신의 영광과 권위와 관련된 문제이기 때문에 하나님께서 친히 풀어내셔야 할 문제일 수밖에 없으셨습니다. 하나님은 죄로 더러워진 땅을 멸하지 아니하시고 이토록 부패한 땅에 하나님의 영광의 나라를 건설하기로 하신 것입니다.

위로 하나님을 섬기고 아래로 피조물에 대해서는 다스리는 권세를 인간에게 회복시킴으로 잃었던 화평의 질서를 다시 세우시는 것입니다.

우주창조는 죄로 말미암아 병들고 썩고 냄새나는 날들이었습니다. 하나님은 이러한 죄의 날들을 새롭게 창조하지 않으면 안 되셨습니다. 이는 환경과 장소의 재창조가 아니라 심령의 재창조인 것입니다. 상실한 하나님의 형상을 회복하는 것입니다. 죄로 인하여 죽었던 영혼을 다시 살려내는 역사입니다.

새롭게 역사를 출발하는 날은 제 팔일 째입니다. 부패한 우주창조의 질서를 마감하고 새로운 시대를 시작하는 날은 새로운 생명이 탄생하는 날입니다. 이미 있던 생명을 고치고 개혁하는 것이 아니라 옛 것을 죽게 하고 새롭게 태어나게 하는 재창조입니다. 그 생명의 새로운 출발을 상징하는 의식이 할례입니다. 할례는 태어난 지 팔일 째 되는 날에 양피를 동그랗게 잘라내는 의식입니다. 아이의 생명은 하나님의 소유라는 것을 공포하는 의식이었습니다. 태어난 그대로는 안 된다는 것입니다. 생식본능을 거세함으로 이제부터 아이의 일생은 하나님의 은혜로 산다는 것을 자각하게 하는 의식입니다.

할례는 오늘날 세례와 같은 뜻입니다. 세례는 예수와 함께 죽고 예수와 함께 살아났음을 자각하게 하는 의식입니다. 생명의 새로운 탄생을 성령께서 확증해주시는 날입니다. 특히 안식일 규례에 대한 모세의 유언은 부활과 관련하여 더욱 확실히 입증하고 있습니다. 모세가 유언하는 자리에서 이스라엘 각 지파의 두령들을 모으고 안식일에 대한 규례를 종전과 달리 명령하였습니다.

"너는 기억하라 네가 애굽 땅에서 종되었더니 너의 하나님 여호와가 강한 손과 편 팔로 너를 거기서 인도하여 내었나니 그러므로 너의 하나님 여호와가 너를 명하여 안식일을 지키라 하느니라"(신 5 : 15).

처음 안식을 명하셨을 때에는 창조를 다 마치시고 일곱 째 되는 날에 쉬셨기 때문에 안식하라고 되어 있었습니다. 그러나 이제는 모세가 유언하는 장면에서 출애굽의 구원을 기념하는 날로서 안식하라고 명하신 것입니다. 안식일은 처음 우주창조를 기념하는 날로서 출발하였다가 구속의 날을 기념하는 날로 발전해가는 모습을 역력히 보여주고 있습니다. 구속을 완성한 날은 안식 후 첫날입니다. 제 팔일 째입니다. 그 날에 예수님은 죽음을 깨뜨리시고 다시 살아나셨던 것입니다. 하나님의 계획을 따라 말씀대로 제 팔일 째 날에 일어나셨습니다.

안식 후 첫날 아직 어두울 때였습니다.

다음으로 부활하신 예수님을 확인한 마리아가 예수님을 만지려다가 거절당하는 장면을 소개하고 있습니다. 그 이유를 주님께서 설명하시는 내용입니다.

"예수께서 이르시되 나를 만지지 말라 내가 아직 아버지께로 올라가지 못하였노라 너는 내 형제들에게 가서 이르되 내가 내 아버지 곧 너희 아버지, 내 하나님 곧 너희 하나님께로 올라간다 하라 하신대"(요 20 : 17).

예수님은 이전에 마리아를 비롯하여 제자들이 알고 있던 선생이나 선지자로서는 만날 수 없습니다. 부활하신 후에는 아버지께 먼저 보이신 후 이제는 하나님의 나라의 새로운 질서와 관계로 만나야 합니다. 이러한 새 질서에 관하여 레위기서에서는 벌써 예표하고 있었습니다.

"이스라엘 자손에게 고하여 이르라 너희는 내가 너희에게 주는 땅에 들어가서 너희의 곡물을 거둘 때에 위선 너희의 곡물의 첫 이삭 한 단을 제사장에 가져 갈 것이요 제사장은 너희를 위하여 그 단을 여호와 앞에 열납되도록 흔들되 안식일 이튿날에 흔들 것이며"(레 23 : 10, 11).

이스라엘 백성이 가나안 땅에 들어가서 얻은 곡식 중에 첫 이삭 한 단을 하나님께 먼저 바치고 난 다음에 먹도록 되어 있었습니다. 이러한 규례는 초실절에 행하는 제사로서 그해에 난 첫 열매를 하나님께 드리는 요제입니다. 요제는 하나님께 바치는 제사의 방법입니다. 예수님은 부활의 첫 열매로서 먼저 하나님께 바친 후에 제자들을 만나실 수 있습니다. 그날이 안식 후 첫날입니다. 그날에 부활하셨습니다.

부활하신 후 마리아에게 전하라고 하신 말씀의 내용도 새로운 질서와 관계를 역력히 보여주는 대목입니다. 이제는 더 이상 제자와 선생의 관계가 아닙니다. 한 가족, 한 형제의 새로운 질서임을 강조하신 것입니다. 교회는 부활의 생명을 공동으로 소유하는 만남과 관계로서 한 가족이며 한 형제가 모이는 곳입니다.

이와 같은 절기를 통하여 부활을 예표하고 있는 것 중에 초막절은 더욱 뚜렷합니다.

"명절 끝날 곧 큰 날에 예수께서 서서 외쳐 가라사대 누구든지 목마르거
든 내게로 와서 마시라 나를 믿는 자는 성경에 이름과 같이 그 배에서 생수
의 강이 흘러나리라 하시니"(요 7 : 37, 38).

명절 끝날 곧 큰 날은 초막절입니다. 제 팔일 째 되는 날로서 안식일
이튿날입니다. 초막절은 수장절에 곁들여서 지키는 절기입니다. 이스
라엘의 남자들은 어린아이에 이르기까지 수장절의 기쁨이 있는 절기에
옛 조상들이 건너왔던 광야로 나아가서 초막을 짓고 거기서 일주일 동
안을 생활하는 절기입니다. 옛 조상들은 비록 광야생활이지만 하나님
이 베푸신 기적으로 어느 민족 못지않게 풍요를 누리며 살았었습니다.
그러면서도 조상들은 하나님을 영화롭게 아니하고 원망과 불평의 세월
을 보낸 결과 다 광야에서 쓸어져 죽고 말았던 것입니다.

그럼에도 불구하고 출애굽 제 이삼 세대들은 가나안 땅에 들어와서
풍요로운 곡식 단들을 거두는 추수의 기쁨과 감격을 누리고 있는 것입
니다. 하나님께서 추수의 기쁨이 있는 절기에 초막절을 명하신 것은 지
금 누리고 있는 가나안 땅에서의 열매가 어디에서부터 난 것들인가를
가르치려는 목적으로 명하신 것입니다. 초막절을 지키면서 이스라엘
백성은 가나안 땅에서 거두어들인 열매들을 볼 때마다 하나님과 연결
하여 생각지 않으면 안 되는 것들임을 깨달아야 했습니다.

가나안 땅에 들어와서 얻은 열매는 이스라엘 백성이 직접 씨를 뿌리
거나 가꾸어 추수한 것들이 아니었습니다. 들어가자 마자 그곳에는 열
매가 준비되어 있었습니다. 약속대로 젖과 꿀이 흐르는 땅이었습니다.
하나님께서 준비하신 열매로 유월절 제사를 지내고 먹고 마셨던 것입
니다. 성경은 그 땅의 소산을 먹기 시작하면서 하늘에서 내려오던 만나
가 그쳤다고 표현하고 있습니다(수 5 : 11, 12).

그 땅의 소산은 우리가 뿌린 씨앗에서 돋아난 열매가 아닙니다. 하나
님께서 준비해두신 열매입니다. 그 첫 열매가 그리스도의 부활입니다.

"그러나 이제 그리스도께서 죽은 자 가운데서 다시 살아 잠자는 자들의
첫 열매가 되셨도다"(고전 15:20).

그 땅의 소산을 먹고 마시는 자는 그 배에서 생수의 강이 흘러나리라
고 하셨습니다.

오순절에 임하셨던 성령의 권능으로 말미암아 사도들을 비롯하여 성
도들의 모습 속에는 자신들도 억제할 수 없는 기쁨이 넘쳐흘렀습니다.
부활의 생명을 가진 자들의 삶에는 세상의 권력과 명예를 가진 자들도
감당할 수 없는 만족과 감동이 흐르고 있었습니다. 영원히 목마르지 아
니하는 생수가 부활의 예수 그리스도가 계시는 보좌로부터 한 없이 공
급되기로 약속되어 있습니다.

죽음과 그 형벌의 심판을 이기시고 다시 사신 예수님께서 보내신 성
령은 승리와 영광을 기지고 오시는 그리스도의 영입니다. 하늘의 보좌
는 생수의 강이 흐르도록 준비되어 있는 곳입니다. 이 땅에서 목말라하
는 영들의 부르짖는 소리를 들으시고 얼마든지 오시기로 약속되어 있
습니다. 부으시고 또 쏟아 부으셔도 하늘의 보좌는 빈곤치 아니합니다.

● ● ● ● ● ● ● ● ● ●

안식 후 첫날에 부활하신 예수 그리스도의 영은 약속의 영입니다.
새로운 생명의 시대를 열어 우리로 하늘나라의 것으로 충만을 입어 세
상을 이기도록 보내심을 받을 약속의 영입니다. 성령은 부활의 생명을
함께 소유하는 자들의 새로운 질서가 한 가족, 한 형제임을 잊지 않도록
그리스도의 말씀을 기억나게 하실 것입니다.

성령강림 이후에 나타난 초대교회의 모습에는 오늘 우리에게서 만나
볼 수 없는 기쁨과 감격과 삶의 소망이 흘러넘치고 있었습니다. 교회는
마땅히 생수의 강이 흐르는 기쁨과 감동이 분수처럼 솟구쳐야 할 곳임
을 자각하는 은혜가 있기를 바랍니다.

(요 20:11-18)

"마리아는 무덤 밖에 서서 울고 있더니 울면서 구푸려 무덤 속을 들여다보니 흰 옷 입은 두 천사가 예수의 시체 뉘었던 곳에 하나는 머리 편에, 하나는 발 편에 앉았더라 천사들이 가로되 여자여 어찌하여 우느냐 가로되 사람이 내 주를 가져다가 어디 두었는지 내가 알지 못함이니이다 이 말을 하고 뒤로 돌이켜 예수의 서신 것을 보나 예수신 줄 알지 못하더라 예수께서 가라사대 여자여 어찌하여 울며 누구를 찾느냐 하시니 마리아는 그가 동산지기인 줄로 알고 가로되 주여 당신이 옮겨 갔거든 어디 두었는지 내게 이르소서 그리하면 내가 가져가리이다 예수께서 마리아야 하시거늘 마리아가 돌이켜 히브리 말로 랍오니여 하니 (이는 선생님이라) 예수께서 이르시되 나를 만지지 말라 내가 아직 아버지께로 올라가지 못하였노라 너는 내 형제들에게 가서 이르되 내가 내 아버지 곧 너희 아버지, 내 하나님 곧 너희 하나님께로 올라간다 하라 하신대 막달라 마리아가 가서 제자들에게 내가 주를 보았다 하고 또 주께서 자기에게 이렇게 말씀하셨다 이르니라"

안식 후 첫날 이른 아침에 막달라 마리아가 무덤으로 갔습니다. 무덤을 막았던 돌은 옮겨져 있고 예수님의 시체는 보이지 않았습니다. 마리아는 시체가 없어진 것을 확인하고 놀라서 베드로와 요한에게 이 소식을 전하였습니다. 요한이 먼저 무덤 안을 들여다보고 시체를 쌌던 세마포가 놓인 것을 보고 들어가지는 않았습니다. 나중에 베드로가 무덤 안에 들어가 보니 몸을 쌌던 세마포와 머리를 싼 수건이 따로 떨어져 있는 것을 보았습니다. 세마포는 몸을 둘둘 말아 놓았던 원형 그대로 있었고 마치 증기가 증발하듯이 몸만 빠져나간 흔적이었습니다. 머리에 싼 수건은 따로 머리 위치에 잘 개켜져 있었습니다. 예수님이 부활하셨음이 확인되는 순간입니다. 무덤 안의 모습을 보고 거기에 왔던 다른 제자도 다 믿었다고 기록하고 있습니다.

마리아는 무덤 밖에 서서 울고 있다가 무덤 안으로 들여다보는 순간 천사 둘이 하나는 세마포가 있는 발쪽에 하나는 수건을 쌌던 머리 쪽에 앉아 있는 것을 보았습니다.

13절, " 천사들이 가로되 여자여 어찌하여 우느냐 가로되 사람이 내 주를 가져다가 어디 두었는지 내가 알지 못함이니이다" 그리고 이어서 주님과 마리아와의 대화가 진행됩니다.

15절, " 예수께서 가라사대 여자여 어찌하여 울며 누구를 찾느냐 하시니 마리아는 그가 동산지기인 줄 알고 가로되 주여 당신이 옮겨 갔거든 어디 두었는지 내게 이르소서 그리하면 내가 가져 가리이다."

마리아는 지금 예수님의 시체가 없어진 것을 확인하고 크게 울고 있었습니다. 눈물을 흘리는 정도가 아니라 극한 슬픔 가운데 통곡하고 있었습니다. 우리는 마리아의 울고 있는 모습에서 다음과 같은 의문을 품게 됩니다. 마리아에게 있어서 무덤 안에 예수님의 시체가 그대로 누워 있었다면 울지 않고 기뻐했을 것인가 하는 것입니다. 마리아의 신앙에서 동시에 오늘 우리의 모습을 발견하게 됩니다.

만일 마리아의 소원대로라면 기독교의 신앙이 성립되지 않았을 뿐 아니라 우리가 믿는 믿음도 다 헛되고 절망에 떨어질 수밖에 없습니다. 신앙은 예수님의 행하신 일을 역사적 사실로 아는 것과 동시에 이를 하나님의 영원한 계획으로 이루어진 진리로 믿는 것입니다. 나의 소원대로가 아니라 하나님의 뜻으로 이루어진 사실로서 성경역사를 진리로 굳히고 나를 그 요구에 드리며 바치는 삶입니다.

우리는 하나님을 대상으로 내가 가지는 어떤 기대나 소원을 열심히 설득하는 정도에 따라 나의 기쁨과 슬픔을 가리는 혼동 속에서 신앙생활을 합니다. 마리아처럼 자기 기대와 소원을 중심으로 기뻐하기도 하고 절망하기도 하는 신앙을 가지고 있는 경우가 허다합니다.

같은 장면에서 마태복음은 마리아에게 천사가 일러준 말을 이렇게 묘사하고 있습니다.

> "천사가 여자들에게 일러 가로되 너희는 무서워 말라 십자가에 못 박히신 예수를 너희가 찾는 줄을 내가 아노라 그가 여기 계시지 않고 그의 말씀하시던 대로 살아나셨느니라 와서 그의 누우셨던 곳을 보라"(마 28 : 5, 6).

예수님은 평소에 말씀하시던 대로 살아나셨습니다. 천사가 강조한 것은 말씀하시던 대로입니다.

엠마오로 내려가고 있던 제자들에게 나타나셔서 하신 말씀도 동일합니다.

> "가라사대 미련하고 선지자들의 말한 모든 것을 마음에 더디 믿는 자들이여 그리스도가 이런 고난을 받고 자기의 영광에 들어가야 할 것이 아니냐 하시고"(눅 24 : 25, 26).

예수는 선지자들의 말한 대로 마땅히 죽었다가 자기영광의 나라로 들어가야 할 것이 아니냐? 성경의 꾸짖음은 예수님이 친히 말씀하신 대로 이루어져야 옳지 않겠느냐 하는 것입니다. 말씀대로라는 것이 성경의 가장 굵직한 외침입니다.

마리아는 오라비 나사로가 죽어 이미 무덤에서 썩고 있었을 때 예수님께서 오셔서 생명으로 이끌어내심을 보고 주님은 무엇이든지 능치 못할 일이 없음을 직접 경험하여 알고 있었던 자였습니다. 죽은 자를 살리시는 예수 그리스도를 고백한 신앙인이었습니다. 제자들도 마찬가지로 "주는 그리스도시요 살아계신 하나님의 아들"(마 16:16)임을 믿고 고백하던 자들이었습니다. 뿐만 아니라 나사로의 죽은 것을 살려내시는 장면을 목격했던 장본인들이었습니다.

그럼에도 불구하고 제자들을 비롯하여 마리아와 같은 신앙인들은 예수님을 능력 많으신 하나님의 아들로는 믿고 있었지만 예수님이 이 땅에 오셔서 이루시고 계시는 뜻에 대해서는 알지 못하고 있었습니다. 기적을 베푸시는 의도가 무엇인지 그 뜻을 깨닫지 못하였습니다. 나사로를 죽음에서 생명으로 이끌어내시던 주님이 십자가에서 죽으셨다면 하나님이 그를 다시 살리실 것도 믿었어야 하지만 그 수준까지는 나아가지 못하였습니다. 그들은 아직 예수님께서 행하신 역사의 현장에 부름 받았을 뿐, 하나님의 뜻을 낱낱이 감동하고 이해하는 수준은 아니었습니다.

제자들은 아직까지 예수님의 죽으심과 부활과 영광의 승천과 다시 심판주로 오실 재림에 대하여 이해가 없었습니다. 보이는 초월한 현상 속에서 그가 하나님의 아들이며 그리스도이심 정도로 아는 신앙이었습니다.

지금 우리도 예수 그리스도가 행하신 일에 부름 받은 자에 불과합니다. 우리 스스로가 알아서, 이해해서, 감동해서 여기 교회의 직분이 있는 자리까지 오지 않았습니다. 하나님은 우리를 불러다 놓으신 곳에서 십자가의 복음과 부활의 영광과 다시 오실 심판의 날에 있을 환난과 재림의 영광과 그 이후에 이루어질 하나님의 역사에 대하여 하나 둘 가르치시고 하나님 자신을 경험하도록 간섭하시는 것입니다. 한꺼번에 모든 것을 마치 청사진을 보여주듯이 다 알도록 하지 않으십니다.

우리가 부름 받은 자리는 내가 경험하고 이해하는 일은 전무한 곳입니다. 오직 하나님께서 행하시고 이루신 일들만 있는 곳에 부름 받았습니다. 우리로서는 생소한 일들입니다. 모두가 다 우리의 이해를 초월한 하나님의 일들만 있는 곳입니다. 예수님은 누구시며 죄의 값이란 무엇이며 그 속죄의 값으로 지불된 십자가는 무엇이며 부활은 어떻게 이루어졌으며 그 속죄의 완전한 자리는 어딘가에 대하여 처음부터 다 알고 여기 신앙의 자리까지 온 것이 아닙니다.

우리는 지금 상상에도 없던 속죄의 사실이 선포되고 있는 곳에 부름을 받았습니다. 십자가에 죽었다가 다시 살아나신 부활의 사실 앞에 초대되어 있습니다. 지금 우리가 교회란 이름으로 너나 할 것 없이 생명과 진리가 약동하고 있는 부활의 자리에 와 있습니다. 와서 보니 하나님께서 내 죄를 담당하시느라 십자가를 지셨고 죽으셨다가 삼일 만에 부활하셨음을 알게 된 것입니다. 먼저 알고 온 자리가 아닙니다. 하나님이 불러다 놓으신 곳입니다.

마리아는 예수님의 시체가 없어졌다는 이유로 심히 통곡하고 있었습니다. 당연히 평소에 말씀하시던 대로 믿었다면 시체가 없어진 것을 오히려 기뻐하고 영광의 승리를 마땅히 외쳤을 것입니다. 그러나 마리아는 역사상 최대의 영광과 경이로운 사실을 확인하는 순간에 슬퍼하며 통고하고 말았습니다. 그녀의 관심은 예수님의 시체뿐이었습니다. 시체에 뿌릴 향유를 가지고 와서 시체를 장식하고 관리할 생각뿐입니다. 마리아에게는 다시 사심에 대한 기대나 그 영광의 하나님의 나라가 문을 열고 있는 환희의 환상은 없었습니다. 시체가 없어진 절망스러운 곳에서 울고만 있었습니다.

이때 부활하신 예수님이 나타나셔서 마리아에게 말씀하신 내용입니다.

15절, "예수께서 가라사대 여자여 어찌하여 울며 누구를 찾느냐 하시니…"

"어찌하여 우느냐?" 하는 것은 질문형의 물음이 아닙니다. 수사학적인 표현입니다. 다시 말하면 여자여, 울 이유가 없지 않느냐의 뜻입니다. "왜 우느냐? 누굴 찾느냐"의 질문이 아니라 울고 있을 일이 아니라는 것입니다. "내가 부활하여야 마땅하지 않느냐?" 마땅히 기뻐하고 영광을 하나님께 돌려야 할 일이라는 것입니다.

하나님은 우리의 절망하고 있는 상황에 찾아오셔서 하시는 말씀도 "울 이유가 무엇이냐? 내가 곧 진리요 생명이지 않느냐?"주님을 확인시켜 주시는 위로와 격려의 소식입니다.

우리는 모두 본능적으로 나의 소망과 기대에 대하여 절망하고 있는 곳에서 살고 있습니다. 절망과 슬픔은 하나님에 대하여 알지 못하는 무지에서 비롯되는 어두움의 현상입니다. 부활하신 하나님의 계획과 이를 이루시는 능력과 사랑의 열정을 아는 한 삶에 대하여 두려워 해야 할 이유가 없습니다.

기독교 신앙은 가난하지 않습니다. 이 신앙보다 더 만족함이 없고 예수의 부활보다 더 큰 지식이 없고 더 영광스러운 사실이 없습니다. 성경상의 선진들은 죽음이 두렵지 않는 정도로만 산 것이 아니라 부활을 근거로 하여 이제는 더 높고 깊은 고백으로 하나님의 나라를 일구며 억제할 수 없는 기쁨과 감격으로 살았습니다. 부활을 믿고 그 사실 앞에서 자신의 부활을 바라보면서 영원을 준비하는 일에 적극적으로 삶을 힘 있게 살았습니다. 몇 푼에 불과한 자존심과 물질의 탐욕에 얽매이지 않았습니다. 하나님의 나라를 확장하고 그 의를 위하여 하나님의 요구에 기꺼이 순교의 희생을 지불하였습니다.

우리가 초대받은 자리는 우리가 행한 일이 전무한 곳이기 때문에 생소할 수밖에 없습니다. 교회는 하나님께서 일궈놓은 속죄의 완전한 자리, 부활의 사실을 진리로 선포하는 곳입니다. 우리의 경험이 아니기 때문에 하나님의 일에 대하여 서툴고 몰상식하고 낯선 곳일 수밖에 없습니다. 마치 마리아가 마땅히 영광을 기뻐해야 할 곳에서 통곡하고 있는 것과 같습니다. 그렇게 하나님에 대하여 미숙한 우리가 예수 그리스도를 통하여 나타나신 하나님의 사랑을 하나 둘 배우며 성장해 가는 과정임을 깨우치고 더욱 분발하는 결심이 일어나야 될 것입니다.

● ● ● ● ● ● ● ● ● ●

부활의 사실을 믿는 한, 우리는 세상을 두려워하지 않는 정도가 아니라 이 세상이 전부가 아님을 알아 다가오는 천국을 준비하는 일에 역점을 두고 살아가는 단호한 결심을 해야 할 것입니다. 세상의 모든 가치들은 시대를 따라 변하고 상황에 따라 변질됩니다. 어제의 의가 오늘에는 불의가 되고 전 시대의 가치가 오늘에 와서는 걸레처럼 버려집니다.

그러나 한 가지 변치 않는 진리는 유일하게도 예수님의 십자가와 부활입니다. 인간이 고안한 것들이 진리일 수 없습니다. 예수님은 우리의 요구에 의하여 오지 않으셨고 우리와 논의해서 다시 살아나신 것이 아닙니다. 말씀대로 오셨고 말씀대로 십자가에 달리셨고 말씀대로 다시 살아나셨습니다. 이렇게 말씀하시던 대로 다시 사신 것처럼 말씀대로 우리의 부활도 일으켜질 줄을 확신합니다.

말씀을 따라 부활이 믿는 자들의 자랑이며 삶의 힘이고 유일한 위로이며 소망임을 굳게 붙드는 결심이 있기를 바랍니다.

(요 20:19-21)

"이날 곧 안식 후 첫날 저녁 때에 제자들이 유대인들을 두려워하여 모인 곳에
문들을 닫았더니 예수께서 오사 가운데 서서 가라사대 너희에게 평강이 있을지어다
이 말씀을 하시고 손과 옆구리를 보이시니 제자들이 주를 보고 기뻐하더라
예수께서 또 가라사대 너희에게 평강이 있을지어다
아버지께서 나를 보내신 것 같이 나도 너희를 보내노라"

본문은 예수님께서 부활하신 후 첫 번째로 제자들에게 나타나셔서
선포하신 말씀입니다. 이때 이미 제자들은 당국으로부터 핍박과 위협
이 가해지고 있는 살벌한 분위기 속에서 두려워한 나머지 몸을 어느 다
락방에 숨기고 있었습니다. 문을 닫고 있었는데 거기에 홀연히 부활하
신 예수님이 나타나셨습니다. 종전의 모습과는 전혀 다른 부활체의 모
습이었습니다.

부활하신 후 제자들에게 처음으로 하신 말씀, "너희에게 평강이 있을
지어다."

'너희에게' – 너희가 누구냐 하면 평소에 예수님을 죽는 데까지 따라

가겠다고 고백했다가 세 번이나 주님을 배심한 베드로를 비롯하여 십자가를 지실 때 이리저리 다 도망쳐버렸던 제자들과 절망한 나머지 엠마오로 가던 두 제자도 거기 함께 있었고 얼마 있지 아니하면 다 자기 생업으로 돌아갈 배신자들입니다.

그렇게 믿지 못할 제자들이 모인 곳에 오셔서 전하신 메시지가 "너희에게 평강이 있을지어다" 였습니다. 부활하신 후 처음으로 전하신 메시지이기 때문에 하나님의 우리를 향하신 깊은 애정과 사랑의 신실함을 엿보게 하는 대목입니다.

서신서에는 그 서두에 인사말에서 반드시 빼놓지 않고 전하는 내용이 '예수 그리스도로 말미암아 너희에게 은혜와 평강이 있기를 원하노라' 고 기록하고 있습니다. 성경은 아무리 못난 자라도 하나님의 자녀가 된 이상 하나님의 은혜와 평강의 축복을 받을 자격이 있다는 것을 골자로 해서 하나님께서 베푸시는 사랑의 이야기를 전하고 있습니다.

민수기에서 하나님은 일찍이 모세에게 은혜와 평강의 축복을 선포하라고 명령하셨습니다.

> "아론과 그 아들들에게 고하여 이르기를 너희는 이스라엘 자손을 위하여 이렇게 축복하여 이르되 여호와는 네게 복을 주시고 너를 지키시기를 원하며 여호와는 그 얼굴로 네게 비취사 은혜 베푸시기를 원하며 여호와는 그 얼굴을 네게로 향하여 드사 평강 주시기를 원하노라 할지니라 하라"
> (민 6 : 23 - 26).

하나님의 자기백성을 향하신 뜻은 복을 주시며 은혜 베푸시며 평강을 주시는 것입니다. 이러한 하나님의 뜻을 알고 서로에게 하나님으로 은혜와 평강을 베푸시도록 인사하고 기원하라고 권면하는 내용입니다. 은혜와 평강은 성경에서 발견되는 가장 아름답고 고상한 하나님에 관한 지식입니다. 사랑하는 그의 백성에게 근원적으로 하나님은 복을 내리시고 은혜 베푸시며 평강을 약속대로 이루신다는 것입니다.

이러한 평강의 축복이 부활하신 후에 선포되었다는 것은 더욱 큰 뜻이 있습니다. 부활이란 무엇입니까? 죄의 결과로 빚어진 저주와 형벌의 심판인 죽음을 이겼다는 것을 확증해주는 사건입니다.

예수께서 세상을 이기신 증표가 부활입니다. 죽음과 저주와 형벌의 원흉인 사단을 발아래 누르신 확실한 보증물이 부활입니다. 그렇다면 부활하신 예수 그리스도 안에서는 더 이상 저주나 형벌이 없고 죽음의 심판이 없고 우리를 슬프게 하는 사건들이 없다는 것이 분명합니다.

예수 그리스도 안에서라는 것은 그 안에 존재한다는 것이 아니라 예수 안에 있기 때문에 더 이상 사단과 죄에게 빼앗기지 않는다는 뜻입니다. 우리 주 예수 그리스도 안에서 이제 우리 주변에는 우리를 해할 원수들이 없는 상황을 만들어내셨습니다. 부활로 만들어내셨습니다. 교회는 부활의 그리스도를 공통분모로 하여 서로가 형제자매의 한 가족 구성원임을 주님이 친히 확증해 주셨습니다. 주님께서 부활로 만드신 교회는 은혜와 평강의 약속을 이루는데 서로가 위로하고 격려하는 가장 친밀한 만남과 관계임을 놓쳐서는 안 됩니다.

구약시대의 성전은 하나님을 만나는 장소였습니다. 다윗이 주변열강들을 무찌르고 사방을 평정한 후에 하나님의 성전을 건축하고자 결심하고 하나님께 구하였다가 거절당하고 맙니다. 다윗에게 성전건축을 허락지 아니한 이유를 이렇게 설명합니다.

"여호와의 말씀이 내게 임하여 이르시되 너는 피를 심히 많이 흘렸고 크게 전쟁하였느니라 네가 내 앞에서 땅에 피를 많이 흘렸은즉 내 이름을 위하여 전을 건축하지 못하리라 한 아들이 네게서 나리니 저는 평강의 사람이라 내가 저로 사면 모든 대적에게서 평강하게 하리라 그 이름을 솔로몬

이라 하리니 이는 내가 저의 생전에 평안과 안정을 이스라엘에게 줄 것임
이나라"(대상 22 :8, 9).

"너는 피를 많이 흘렸고 크게 전쟁하였느니라 네가 내 앞에 피를 많
이 흘렸은즉 내 이름을 위하여 전을 건축하지 못하리라" – 성전건축을
하려고 간청했는데, 하나님이 다윗의 청을 거절하셨습니다. 실로 다윗
은 일생을 전쟁을 수행하느라 피를 많이 흘렸던 일생을 살았습니다. 주
변나라 즉 모압, 암몬, 블레셋, 다메섹, 아말렉 등 주변 열강들을 평정하
고 저들로부터 조공을 받아내기까지 그는 전쟁의 용사로 일생을 피 흘
리며 살았습니다. 전쟁의 위험이 상존하고 있는 한 이스라엘은 하나님
이 약속하신 평안과 번영과 안식을 보장받을 수 없습니다. 원수가 호시
탐탐 기회를 노리고 있는 상태에서는 은혜와 평강의 전을 건축할 수 없
습니다. 하나님의 성전은 원수가 완전히 없어지고 난 다음에 세워져야
합니다.

교회는 사람들에게 은혜와 평강을 주는 곳이어야 합니다. 주변에 원
수들이 항상 위협하고 있는 상황에서는 평강을 보장할 수 없게 됩니다.
교회가 평강을 내용으로 역사를 시작하기 위해서는 먼저 교회를 해하
려는 원수를 진멸해야 합니다. 다윗으로 대변되는 전쟁의 용사는 예수
그리스도이십니다. 평강을 우리에게 전하기 위해서 그는 십자가에서
피흘려 돌아가셨습니다. 칼과 창으로 싸워 이긴 전쟁이 아닙니다. 하나
님의 공의의 율법으로 싸워 이기셨습니다. 사단이 자신의 죄를 변명할
수 없도록 죄의 값을 대속하신 것입니다.

사단의 입장에서는 하나님이 사랑하는 자녀들의 죄를 용서하시는 경
우를 빌미로 자신의 죄를 변명할 기회를 노리고 있었을 법합니다. 사랑
이란 이름으로 자녀의 죄를 용서하신다면 자신의 죄도 변호할 시비를
걸 빌미가 생기는 것입니다. 그런데 하나님이 친히 육신의 몸을 입고 죄

인이 되어 대속의 십자가에서 죽으심으로 속죄의 피를 심히 흘리셨습니다.

하나님은 엄격한 공의의 법대로 처리하시면서 그의 사랑하는 자녀들을 구원하셨습니다. 하나님은 사단이 자주 쓰는 율법과 세상의 모든 이론을 잠재우시고 사랑하는 자녀들을 죄와 사망의 형벌에서 구출하신 것입니다. 십자가에서 쏟아져 내리는 보혈의 피를 보는 자들의 모든 입을 잠잠케 하셨습니다. 예수님이 세상을 이기셨습니다. 뿐만 아니라 다시 사심으로 대승리의 증거물을 보여주셨습니다.

부활은 원수들을 완전히 발아래 누르신 표적입니다. 더 이상 제자들의 공동체를 해할 원수들이 다 사라지고 난 후에 예수께서 오셔서 제자들에게 드디어 메시지를 전합니다. "너희에게 평강이 있을지어다." 전쟁에서 승리의 영광을 거둔 자만이 선포할 수 있는 메시지입니다.

주님이 승리한 결과 교회는 평강을 누리는 유일한 장소가 되었습니다. 이를 분명하게 설명하는 대목은 바울의 논증에서 찾을 수 있습니다.

바울은 에베소서에서 예수님은 교회를 사랑하시고 위하여 그의 몸을 주셨다고 하였습니다. 교회인 우리는 그의 몸의 지체라고 하였습니다(엡 5:30). 그의 몸의 지체란 뜻이 의미심장합니다. 다른 사본에 보면 지체를 한 몸으로 설명하고 아담이 하와를 보고 한 말과 같이 번역하고 있습니다. 영어로는 이렇게 번역하고 있습니다. "For we are members of his body, of his flesh, and of his bones."(KJV) 교회는 그리스도에게서 흘러나오는 피와 물로 만들어진 부활공동체입니다. 이는 마치 아담의 갈빗대에서 하와를 만드신 것과 같습니다. 아담이 여자를 향하여,"이는 내 뼈 중에 뼈요 살 중에 살이라" 한 것과 같은 이치입니다. 예수 그리스도를 신랑으로 교회를 아내로 묘사하고 있는 것도 한 몸을 이루고 있기 때문입니다.

아내는 남편의 것을 함께 공유하는 자리입니다. 남편이 대통령이면 아내는 영부인이 됩니다. 남편의 영광을 아내도 함께 누립니다. 이것이 아내의 특권입니다. 주님이 원수를 진멸하고 그의 몸에서 교회를 만드신 것은 교회로 하여금 결과적으로 은혜와 평강을 누리게 하기 위함입니다. 이렇게 주님은 제자들에게 평강을 선포하시면서 승리의 분명한 증표로 부활체를 보이신 것입니다.

교회가 생기기 전 우리는 마귀의 손 안에서 모든 것을 빼앗기며 살았었습니다. 우리에게는 평화나 안정이나 기쁨이 없었습니다. 원수를 원수로 알아보지 못하는 어리석은 인생을 살고 있었습니다. 원수는 마귀입니다. 마귀 혹은 사단이라고 하는 원수는 거짓과 위선의 명수입니다.

우리를 속이고 멸망시키려는 것을 목적으로 우리를 미혹합니다. 마귀에게 붙잡혀 있는 한 우리는 이 세상을 살면 살수록 우리의 것을 도적질당하고 맙니다. 건강을 도적질 당합니다. 우리의 행복을 빼앗아 갑니다. 우리의 사랑과 우정과 낭만과 꿈을 도적질해갑니다. 세상의 원리는 생존경쟁이며 약육강식입니다. 배신과 배도와 술수와 궤계와 파당과 시기와 질투와 싸움과 전쟁과 질병과 기근이 끊임없이 일어나는 참으로 거칠고 난폭한 현실입니다. 누가 이렇게 합니까? 바로 사단입니다.

세상가 역사는 결국 멸망시키려는 자 공중의 권세 잡은 자의 손길에 의해서 오늘도 멸망을 향하여 가고 있습니다. 그러므로 순수했던 과거로 돌아갈 수 없습니다. 제도를 만들고 법을 만들고 이마를 맞대어 아무리 복지 제도를 만든다 하더라도 인류는 멸망의 길을 재촉하는 길로 가지 평화와 안정으로 돌아갈 수 없습니다.

이방 종교의 형태는 모두가 다 자연의 순환논리를 가지고 인간 최대의 문제인 죽음을 갈고 연마합니다. 마귀에게 속고 있는 것입니다. 기존의 것을 연마한다 해도 보기에는 아름답게 치장할 뿐이지 본질은 자연 그대로입니다. 구리를 연마해서 금을 만들 수 없는 것과 같습니다. 죽음은 소멸이 아닙니다. 시간은 영원합니다. 우리의 공간이 없어진다고 해서 시간이 소멸되지 아니합니다.

기독교의 역사관은 직선적입니다. 사계절이 돌아가듯이 돌고 돌지 않습니다. 출발이 있고 끝이 있고 다시 시작이 있습니다. 죽음 이후에는 반드시 천국과 지옥의 갈림길이 있습니다. 죽음과 생명이 동일하지 않습니다. 죽음과 생명이 마지막 갈라집니다. 하나는 지옥으로 하나는 천국으로 갑니다.

천국과 지옥은 미래의 사건입니다. 아직도 죽지 않고 살아있는 자들에게는 실감나지 않습니다. 그러나 분명한 사실은 그 천국의 영광을 지금 내가 여기 살고 있는 삶의 현실에서 누리고 외치고 증거하도록 약속되어 있다는 것입니다. 성경의 인물들이 한결같이 여기 이 땅에서 고통과 괴로움을 겪으면서도 그들은 하나님의 나라를 경험하며 그 은혜의 능력과 감동을 온 몸을 가지고 외치며 살았습니다. 현실이란 삶의 현주소입니다. 삶이란 고통과 괴로움의 발자국들이 확연한 현실입니다. 어느 누구도 이 현실의 국면들을 피하여 살 수 없습니다.

갈릴리 바다를 항해하던 제자들에게 폭풍이 불어 닥쳤습니다. 그곳에서 평생을 어부로 살던 사람들이지만은 예측할 수 없는 풍랑을 만나서 배가 침몰하는 위기에 직면하게 되었습니다. 훌륭한 뱃사공들이란 누구입니까? 폭풍이 예상되면 배를 띄우지 않는 지혜로운 사람이 훌륭한 사공입니다. 그러나 아무리 훌륭한 사공이라도 일단 바다를 향하여 배를 띄우고 난 다음 항해 중에 만나는 폭풍은 비켜갈 수 없습니다. 제자들은 숙명적으로 폭풍의 위험과 부딪혀 싸울 수밖에 없었습니다. 오늘 우리에게 삶의 풍랑은 예외일 수 없습니다. 순간마다 일마다 재난의 위험은 도사리고 있습니다.

한번 받은 축복과 영광의 명예가 계속되지 않습니다. 더 많은 경우 우리는 삶의 비바람과 파도와 싸워야하는 힘겨운 역경을 만나야 합니다. 이 세상의 어느 누구도 그의 인생을 마음대로 조작할 수 없다는 것입니다. 그 방향과 상황을 우리가 맘대로 바꿀 수 없습니다.

우리가 살고 있는 현실은 언제나 나의 계획을 변경하고 수정하게 하는 전혀 다른 간섭에 의하여 진행됩니다. 우리는 전혀 통제할 수 없는 다른 힘에 의해서 밀려갑니다. 나의 계획대로 여기 온 자들이 아무도 없습니다. 이리저리 삶의 파도에 밀려 이런저런 형편을 따라 이 지점에 도달한 것입니다.

거친 파도와 싸우느라 지쳐버린 제자들에게 주님이 오셨습니다. 제자들이 유령 인가하여 소리를 지르고 있는데 주님이 오셔서 위로하십니다. "안심하라 내니 두려워하지 말라" 평강을 선포하신 것입니다. 그리고 이 사건의 결론을 이렇게 내립니다. "주께서 배에 올라 저희에게 가시니 바람이 그치는지라" 또 요한복음에서는 똑같은 사건을 이렇게 결론내립니다. "가라사대 내니 두려워 말라 하신데 이에 기뻐서 배로 영접하니 배는 곧 저희의 가려는 땅에 이르렀더라" 라 하였습니다. 배가 하늘로 떠서 목적지에 도착한 것이 아닙니다. 예수께서 배에 오르자마자 그 배는 곧 가려던 목적지에 도착하였다고 합니다.

사랑에 빠져있는 남녀의 만남은 시공을 초월하는 능력을 발휘합니다. 진실로 사랑하는 사이에는 긴 여행에도 불구하고 아주 짧은 순간으로 느껴집니다. 사랑의 행복감에 쌓이게 되면 낮과 밤의 구별이 없습니다. 초막이든 궁궐이든 어디든지 그들에게는 하늘나라입니다. 제자들에게 있어서 주님이 그들과 함께 항해한다는 것은 그 자체로 하늘나라입니다. 그 자체로 그 상황이 평강의 상태입니다. 아직도 풍랑은 그대로 일고 있지만 그들은 이미 항구에 도착한 것이나 다름이 없는 안정과 평안을 누렸다는 것입니다.

•••••••••••

오늘 인생의 풍랑은 누구에게나 고통과 아픔의 사연들을 싣고 밀려오고 있습니다. 이 풍랑을 잠재울 방법은 인간에게 없습니다. 우리의 통제 밖의 상황입니다. 문제는 이 풍랑 속을 누구와 함께 통과하느냐 하는 것입니다. '하나님과 함께' 라는 것이 성경의 주제입니다.

지금 우리가 누구와 함께 험하고 거친 세파를 통과하고 있습니까? 예수님께서 오셔서 제자들에게 전한 메시지가 평강이라면 교회는 평강의 만남과 관계일 수밖에 없습니다.

예수님이 누구시기에 죽었던 나사로를 명하여 다시 살리셨습니까? 그가 뉘시기에 그의 꾸짖음에 바람과 파도가 잠잠하였었습니까? 각색 병든 자들을 말씀으로 고치시고 귀신을 쫓아내신 분이 누구십니까? 그분이 바로 부활하신 예수 그리스도십니다. 교회는 그리스도의 몸이요 우리는 그의 지체들입니다.

주님이 죽음을 친히 이기시고 부활의 몸을 가지시고 제자들에게 전하신 메시지가 무엇이었습니까? 21절의 "너희에게 평강이 있을지어다"하신 것은 지당하신 말씀입니다. 예수님은 우리들에게 평강을 전하실 뿐 아니라 평강을 누리도록 간섭하실 전능의 하나님이십니다. 우리의 평강을 빼앗는 자가 있다면 마땅히 원수를 제거하시고도 남을 권세를 가지셨습니다.

세상의 모든 것을 이기신 예수님이 우리를 떠나지 않으시겠다는 증표로 십자가를 지시고 부활까지 하셨습니다. 그렇게 하여 구원한 사랑하는 그의 자녀들을 어떤 경우라도 다시 원수에게 빼앗기실 리가 없습니다. 그리스도 안에서 보장된 평강의 복을 오직 감사와 기쁨으로 외치며 하나님께 영광을 돌려야 할 것입니다.

성령을 받으라

(요 20:21-23)

"예수께서 또 가라사대 너희에게 평강이 있을지어다
아버지께서 나를 보내신 것 같이 나도 너희를 보내노라
이 말씀을 하시고 저희를 향하사 숨을 내쉬며 가라사대 성령을 받으라
너희가 뉘 죄든지 사하면 사하여질 것이요
뉘 죄든지 그대로 두면 그대로 있으리라 하시니라"

예수님께서 부활하신 후에 홀연히 제자들에게 나타나셔서 첫 번째로 하신 말씀입니다. "너희에게 평강이 있을지어다" 주님께서 가지셨던 평강을 주시겠다는 약속입니다. 평강의 하나님이 너희와 함께 계심으로 어디를 가든지 승리하게 하실 것이라는 위로의 약속입니다. 주님께서 십자가에 달리실 때에 베드로는 세 번이나 부인하였고 모두 자기의 길을 갔었던 자들이었습니다. 부활하신 몸으로 오셔서 평강을 전하시는 주님 앞에서 다들 면목이 없는 처지입니다. 면목이 없고 두려워 떨고 있는 제자들에게 이것보다 더 큰 위로가 없습니다.

두 번째로 하신 말씀, "아버지께서 나를 보내신 것과 같이 나도 너희

를 보내노라" 주님의 생애가 자신을 위하여 살지 아니하고 아버지의 뜻을 이루는 열심과 충성으로 사셨듯이 제자들도 동일한 뜻을 가지고 살도록 사명을 내리신 것입니다. 우리의 삶도 이제부터는 우리의 뜻대로 살 수 없는 전혀 별개의 사명이 주어진 것입니다. 아버지의 뜻을 섬기는 삶은 적어도 주님의 평강을 약속받은 자들에게 가능합니다.

먼저 평강을 약속하시고 사명으로 부르셨다는 것을 잊어서는 안 됩니다. 아버지의 뜻이 비록 십자가를 지는 고난이었지만, 주님은 아버지께서 주시는 평강을 한없이 누리면서 감당하셨습니다. 그와 같이 우리도 세상에 보내심을 받았다는 것입니다.

제자들은 지금까지 예수님을 따라다니면서 그들이 보고 듣고 하는 현상만을 추종하였지 주님의 뜻에 대해서는 무지한 상태였습니다. 주님으로부터 베풀어지는 경이로운 표적과 권능에 현혹되어 있었습니다. 당시 군중들로부터 최대의 인기를 가지고 있던 민족의 지도자 밑에서 제자로 수종 들고 있는 것 자체로 그들의 긍지와 자랑은 하늘 높듯 하였습니다.

제자들은 주님처럼 영혼구원에는 관심이 없었습니다. 십자가를 지셨지만 주님이 가지셨던 평강은 삶에서 찾을 수 없었습니다. 삶의 내용면에서 주님과는 전혀 달랐습니다. 주님이 십자가에 달려 비참하게 돌아가신 후 제자들은 세상 근심과 걱정에 얽매어 다락방에 몸을 숨기고 있었습니다.

그러나 머지 않아 성령이 임하시면 제자들은 주님이 누리신 평강을 가지고 복음증인의 사명자로 나서게 될 것입니다. 주님이 평소에 가르치시고 행하셨던 일을 더 놀랍고 웅장하게 이루어 가게 될 것입니다. 그들은 이제부터 예수님의 제자로서 주님이 이루시는 표적을 구경하고 감동하는 입장이 아니라 주님이 행하신 하나님의 일을 직접 경험하는 자들이 될 것입니다. 예수님이 행하시던 일을 그대로 이양 받아 아버지의 뜻을 이루어가는 평강의 사람들로 나서게 될 것입니다.

세상의 지도자들은 그가 아무리 훌륭하더라도 그가 가졌던 것을 제자들에게 그대로 이양해준 사람은 없습니다. 그들이 터득한 교훈이나 구도의 길을 가르쳤을 뿐 자신과 동질의 것을 이동시키지는 못하였습니다. 그들은 교사일 뿐입니다.

그러나 예수 그리스도 안에서는 우리 모두 주님이 가지셨던 평강과 능력과 승리의 삶을 그분의 수준에서 동일하게 누리고 외치는 감동과 기쁨을 향유하는 것입니다. 아브라함을 비롯하여 믿음의 선진들이 쏟아놓은 만족과 행복은 그들만의 것이 아니라 그리스도 안에서 우리에게도 그때 그 감동과 그 만족 그대로인 것입니다. 예수께서 이루어 놓으신 부활의 생명이 활동하는 자에게는 세대와 문화와 인종의 벽을 뛰어넘어 동일한 하나님의 나라가 벌써 이루어지고 있는 것입니다. 하나님의 나라는 서로 다르지 않습니다.

부활하신 주님의 세 번째 말씀입니다. 22절, "이 말씀을 하시고 저희를 향하여 숨을 내쉬며 가라사대 성령을 받으라."

아버지께서 나를 세상에 보내신 것 같이 제자들도 주님과 동일한 모양으로 세상을 살아야 하는 입장에서 반드시 성령을 받아야 함을 강조하는 내용입니다. 숨을 내쉬며 성령을 받으라고 하셨습니다. '숨을 내쉰다' 는 표현은 신약 성경에 여기에서 딱 한번 등장하는 단어입니다. "숨을 내쉬며" 라는 표현은 맨 처음 창세기 2장 7절에 기록되어 있는 것과 같은 단어입니다.

"여호와 하나님이 흙으로 사람을 지으시고 생기를 그 코에 불어 넣으시니 사람이 생령이 된지라" (창 2:7).

생기를 불어넣어 주시니 사람이 생령이 되었다고 합니다. 그 생기라는 단어가 바로 '숨을 내쉬며' 라는 단어와 똑같은 내용입니다. 이 생기는 하나님께서 인간에게 불어 넣어 주신 영입니다. 하나님의 생기 때문에 인간이 영적인 존재가 된 것입니다. 인간이 영적인 존재라는 것은 그 특징이 하나님을 알아보는 존재가 되었다는 것입니다. 하나님을 감각하는 생명적인 요소가 인간 속에 자리 잡고 있다는 뜻입니다. 인간이 다른 동물과 구별되는 특징은 하나님을 아는 영성을 가졌다는 것에 있습니다.

성경에서 죄를 규명할 때 하나님을 알아보는 감각기관인 영혼이 죽은 상태로 설명합니다. 죄가 들어와서 영혼이 활동을 멈추게 되니까 하나님과의 관계가 단절되는 혼돈한 상태가 찾아오게 되더란 것입니다. 성경은 이것을 죽음이라 단정하고 죄로 규명합니다. 죽음의 상태는 하나님에 대하여 느낌이 없고 하나님의 말씀을 전하여도 들리지 않는 무감각이며 무지입니다. 하나님으로부터 단절되니까 인간이 만들어내는 역사와 문화는 온통 부패하고 냄새나는 죽음의 양상들입니다. 죽음의 영향 아래 있는 세상은 전쟁, 가난, 질병, 재난, 오염된 환경, 끝없는 생존경쟁과 약육강식의 저급한 싸움들이 그 내용물입니다.

이러한 역사의 순환과정은 인간의 본성으로는 바꿀 수가 없습니다. 기존의 것을 개발하고 확대하고 개편해서 될 일이 아닙니다. 아무리 구도의 길을 연마해도 여전히 하나님 앞에서는 죄인의 비참한 자리에 머물러 있는 격입니다. 아무리 개편하고 확대해도 이 세상은 영원히 존속할 가치가 없는 곳입니다. 전혀 다른 세계가 와야 할 구원의 대상이지 기존의 것으로는 참혹한 심판을 피할 길이 없다는 뜻에서 비참한 세상입니다.

성경의 특징은 계시에 있습니다. 새로운 것을 나타내 보여주는 세계입니다. 하나님과 그의 나라를 세상에 나타내신 하나님의 역사입니다. 성경의 사건들은 그 내용이 다 하나님의 지식을 전달하는 이야기 형식의 역사인 것입니다. 그 전달하는 방법이 인간이 알아보기 쉽게 세상의 역사를 사용하신 것입니다. 성경에 등장되는 인물들은 하나님의 뜻을 전달하기 위하여 하나님이 동원하신 인물일 뿐이지 그들의 것이 진리이거나 이야기의 주인공일 수는 없습니다.

성경의 가장 핵심이 되는 내용은 예수님께서 십자가를 지고 죽으셨다가 삼일 만에 다시 살아나셨다는 것을 골자로 합니다. 부활의 생명이 사람들의 심령에 활동하기 시작하면서 사람들의 생각 속에 하나님의 나라에 대한 환상과 꿈이 생겨나게 되었습니다. 부활의 생명으로부터 하나님을 아는 지식을 공급하는 통로가 생긴 것입니다. 죽었던 영혼이 생기를 얻고 하나님에 대하여 반응하는 시대가 열린 것입니다.

하나님은 생명을 중심으로 삶의 환경을 바꾸어 주신 것입니다. 생명의 특징이 무엇입니까? 생명은 모든 환경이 자라고 꽃피고 열매 맺게 하는데 필요조건이 되게 합니다. 생명은 비가 오고 바람이 불어야 자라며 햇빛이 쬐여져야 자랍니다. 문제는 환경이 아니라 생명이 있느냐 없느냐 하는 것이며 이것이 관건입니다. 그러나 죽음은 모든 주변 환경이 모두 썩게 하고 부패하게 하는 데에 좋은 조건이 됩니다.

하나님을 알지 못한 채 살면 사람의 일생이 온통 슬픔과 탄식으로 일관합니다. 냉장고는 가장 신선한 식료품을 유지해 주는 생활필수품입니다. 그러나 단전이 되는 경우 가장 신선해야 될 곳이 가장 더럽고 냄새나는 곳으로 변해버립니다. 생활환경을 해치는 곳으로 변질되고 맙니다. 하나님과의 관계가 단절된 상태에서 인간이 만들어낸 문화는 인간으로 더욱 더럽고 부패한 길을 가도록 하여 결국 하나님의 심판에 이르는 길을 재촉하는 셈이 됩니다.

예수께서 부활하신 시점에서 제자들에게 나타나셔서 숨을 내쉬며 성령을 받으라고 하신 것은 새 생명의 역사를 감당하도록 능력과 지혜와 권능을 부여하시겠다는 의도였습니다. 성령의 권능을 받지 않으면 부활의 생명을 힘 있게 전할 용기와 지혜가 생기지 않습니다. 성령은 없는 것을 있게 하는 영이 아닙니다. 이미 예수님께서 이루신 것 곧 부활의 생명을 더욱 힘 있게 하고 감동케 하고 영광스럽게 하는 그리스도의 영입니다. 성령이 오시면 제자들에게도 신성이 충만하여 주님과 방불한 생애를 살게 하실 것입니다.

사도행전에서 보는 바와 같이 성령의 권능이 임하면서부터 제자들에게 큰 기쁨과 능력이 나타나서 복음을 전하였더니 순식간에 수천 수만 명의 사람들이 회개하고 돌아오는 대 부흥이 일어났던 것입니다. 기이한 것은 제자들의 가르침 아래로 들어온 사람들이 한결 같이 서로를 향하여 아낌없이 자신의 것을 나누어주고 서로의 필요를 따라 물건을 통용하는 은혜와 사랑의 사람으로 변하였다는 것입니다. 적은 수의 사람이 아닙니다. 수천 수만 명이나 되는 거대한 집단이 생겨나더니 모인 사람들이 오직 사도들의 가르침을 받고 기적을 행하며 사랑하며 모이기를 힘쓰며 선행을 격려하는 하늘나라를 경험하더란 것입니다. 이 생명의 공동체가 바로 교회입니다.

교회는 성령의 권능으로 이루어진 그리스도의 몸입니다. 예수님은 곧 제자들을 떠나 하나님의 나라로 올라가실 것입니다. 예수님이 떠나시면 남아 있는 것은 제자들뿐입니다. 부활하신 후 성령을 받으라고 약속하신 것은 주님의 일은 승천하심으로 끝이 아니라 성령을 통하여 세상 끝 날까지 계속될 것임을 선포하신 것입니다. 제자들은 예수님의 일을 계속 감당해야 할 그리스도의 흔적들입니다. 주님은 원래 계시던 곳으로 가셨을지라도 그리스도의 사역은 교회라는 이름으로 계속될 것입니다.

성령은 교회를 예수의 부활을 근거로 평강을 약속대로 각 사람에게 회복하시며 그리스도의 인격과 성품을 닮게 하여 하나님의 일을 감격과 기쁨으로 수행하도록 능력과 지혜를 공급하시는 그리스도의 다른 이름입니다. 다른 보혜사 성령을 보내시리라고 하셨습니다. 성령 그가 오시면 더 이상 세상 근심으로 인하여 낙망하거나 두려워 할 일이 없어 질 것이라고 하셨습니다.

부활하신 후 제자들에게 나타나셔서 하신 말씀대로 '아버지께서 나를 보내신 것 같이 나도 너희 보내노라', '너희가 뉘 죄든지 사하면 사하여 질 것이요 뉘 죄든지 그대로 두면 그대로 있으리라' 는 것은 영원한 질서입니다. 성령이 오셔야 할 이유는 우리가 주님처럼 아버지의 뜻을 따라 살아야 할 장본인들이기 때문입니다. 우리의 힘으로는 주님을 따를 수 없는 연약한 자들입니다. 성령을 보내지 않은 채 복음을 전하면 예수의 복음마저도 우리의 유익과 탐심을 채우는 재료로 응용해버릴 가능성이 있는 존재들입니다. 성령이 오셔서 우리의 사고방식과 편견과 가치관들을 송두리째 빼어버리고 그리스도의 신성으로 다시 채워 넣어주셔야 아버지의 뜻을 따를 수 있습니다.

사도행전에서 오순절 때 성령이 강림하신 후 제자들에게 나타난 표적은 그들에게는 세상이 더 이상 두렵지 않는 모습이었습니다. 거침없이 당시 정치권의 사람들에게 예수의 다시사심을 전하였습니다. 조금 전만 해도 겁에 질려 다락방에 숨어서 겁에 질려 떨고 있던 사람들이 성령의 권능을 받은 후에는 문을 박차고 나가서 예루살렘 네거리를 다니며 만나는 사람마다 그리스도의 부활을 증거 하기 시작하였습니다. 사도들에게 어떤 힘이 작용하였던 것일까요? 자신들의 것이 아닌 전혀 다른 능력이었습니다. 주님께서 약속하신 대로 성령이 오신 결과였습니다.

교회가 출발하면서 예루살렘 미문에 앉아서 날마다 구걸하던 거지 앉은뱅이를 일으킬 때에 베드로가 외쳤던 말이 무엇이었습니까?

"은과 금은 내게 없거니와 내게 있는 것으로 네게 주노니 곧 나사렛 예
수 그리스도의 이름으로 일어나 걸으라 하고"(행 3 : 6).

앉은뱅이에게 있어서 당장에 필요한 것은 은과 금입니다. 그러나 사
도들이 보는 안목에서는 은과 금보다 더 긴급하고 소중한 것은 나사렛
예수였습니다. 죽었다가 다시 사신 부활의 생명이 은과 금과 비교하여
견줄 수 없는 가장 보배로운 선물이었습니다. 사도들이 앉은뱅이를 일
으켜 세우는 일은 은과 금으로는 할 수 없는 것으로 못 박고 외친 메시
지가 무엇이었습니까? 나사렛 예수의 이름입니다. 앉은뱅이로서 몇 푼
돈보다 더 긴급한 것은 일어나 걷는 것이며 이 근원적인 행복은 나사렛
예수의 이름으로라야 가능하다는 것임을 선포한 것입니다.

하나님은 교회의 사명을 명하시면서 처음부터 은과 금으로는 될 수
없음을 못 박았습니다. 교회의 사명은 오직 나사렛 예수 그리스도의 이
름으로만 가능하다는 것을 지적하시면서 요구하는 것은 성령을 받으라
는 것입니다.

우리가 어떤 존재로 사느냐 하면 뉘 죄든지 사하면 하여지고 뉘 죄든
지 두면 그대로 있게 되는 사람입니다. 우리가 부활의 그리스도를 외치
면 한 영혼이 살고 침묵하면 멸망함에 이르게 됩니다. 영혼을 살리는 일
은 성령의 능력을 힘입지 아니하면 불가능합니다.

교회는 물리적인 힘을 길러 하나님의 일을 하는 곳이 아닙니다. 조직
력에 의하여 신앙을 치장할 수 없습니다. 오직 성령의 권능을 받아 주의
뜻을 이루는 곳입니다. 예수께서 평소에 가르치시고 행하시던 일을 계
속하여 수행하여야 하는 곳입니다. 은과 금으로가 아니라 예수의 이름
으로 가능하도록 하셨습니다. 교회는 사람의 힘을 빌려 일하는 곳이 아
니라 성령의 능력에 붙들려 일하는 것입니다.

　지금은 교회가 예수님께서 평소에 가르치시고 행하시던 대로 전하고 외쳐야 할 차례입니다.

　"너희에게 평강이 있을지어다", "은과 금은 내게 없거니와 내게 있는 것으로 네게 주노니 나사렛 예수의 이름으로 일어나 걸어라" 그 자세가 요구되는 때입니다. 예수께서 오셔서 사셨듯이 우리도 이 세상을 그렇게 보냄을 받았다는 것을 한시라도 잊지 않도록 명심합시다.

　"주여, 우리에게 성령을 충만하게 하옵소서."

너는 나를 본고로 믿느냐?

(요 20:26-29)

> "여드레를 지나서 제자들이 다시 집 안에 있을 때에 도마도 함께 있고
> 문들이 닫혔는데 예수께서 오사 가운데 서서 가라사대 너희에게 평강이 있을지어다 하시고
> 도마에게 이르시되 네 손가락을 이리 내밀어 내 손을 보고 네 손을 내밀어
> 내 옆구리에 넣어보라 그리하고 믿음 없는 자가 되지 말고 믿는 자가 되라
> 도마가 대답하여 가로되 나의 주시며 나의 하나님이시니이다
> 예수께서 가라사대 너는 나를 본 고로 믿느냐 보지 못하고 믿는 자들은 복되도다 하시니라"

예수님께서 부활하신 후 제자들에게 나타나셔서 행하신 일에 대한 기록입니다.

그중에서 도마에 관한 기사는 충격적입니다. 도마는 제자로서 가장 듣기 민망스러운 별명, '의심 많은 도마'가 된 것입니다. 우리의 모습을 엿보는 것 같습니다.

24절, "열두 제자 중에 하나인 디두모라 하는 도마는 예수 오셨을 때에 함께 있지 아니한지라"

도마는 제자들 중에 특별합니다. 다른 제자들과 함께 어울리지 않는 성격의 소유자로 보입니다. 공동체를 이탈하는 자입니다. 자기방식이

강한 사람입니다. 홀로 확인하고 홀로 행하는 독립심이 강한 자입니다. 도마에 관한 기사 중에 몇 군데를 살펴보면 알 수 있다.

첫째, 나사로의 죽음의 소식을 듣고 이틀이나 머문 후에 예수께서 "유대로 가자" 하셨을 때 제자들의 반응은 이렇습니다. "랍비여 방금도 유대인들이 돌로 치려하였는데 또 그리로 가시려 하나이까?" (요 11:8) 이때 도마가 나서서 한 말입니다.

"디두모라하는 도마가 다른 제자들에게 말하되 우리도 주와 함께 죽으러 가자 하니라"(요 11:16)하였습니다.

그는 정열의 사나이입니다. 함께 죽음을 각오할 만큼 의리와 정열을 가진 사람입니다. 이를 미루어 보건데 그는 의협심이 강하고 정의롭고 급격한 기질의 사람입니다.

둘째, 주님이 떠나신다는 말에 제자들이 세상 근심에 쌓여 있었을 주님이 이렇게 위로하시며 말씀하셨습니다.

"너희는 마음에 근심하지 말라 하나님을 믿으니 또 나를 믿으라… 내가 너희를 위하여 처소를 예비하려고 가노니… 내가 다시 와서 너희를 네게로 영접하여 나 있는 곳에 너희도 있게 하리라"(요 14:1-3).

이때 도마가 이런 반응을 합니다. "주여, 어디로 가시는지 우리가 알지 못하거늘 그 길을 어찌 알겠삽나이까?"(요 14:5) 도마의 이 질문은 예수님으로 하여금 기독교에 대한 오해를 불식시키는 가장 분명한 진리의 말씀을 하시게 하였습니다.

"예수께서 가라사대 내가 곧 길이요 진리요 생명이니 나로 말미암지 않고는 아버지께로 올 자가 없느니라"(요 14:6).

도마는 그리스도의 사역을 이해하지 못하는 육신적인 사람이었습니다. 예수를 믿기는 하는데 그 생각이 합리적입니다. 현실적입니다. 신앙을 이성적인 안목을 가지고 믿습니다.

도마는 예수님이 가르치시던 하나님이 나라에 관한 이야기를 세상적인 관심사로 이해하였습니다. 주님이 평소에 행하신 일들과 말씀을 통하여 출세의 기회로 삼고 따라다녔습니다.

도마에게는 영적 안목이 없었습니다. 그에게 있어서 주님이 십자가에 죽으셨다는 것은 절망이 아닐 수 없었습니다. 그의 꿈이 완전히 사라진 것입니다. 더 이상 다른 제자들을 신뢰할 수 없었을 것입니다. 그들과 함께 있다는 것 자체가 미련스럽게 느꼈을 것입니다.

그러나 도마는 제자들과 함께 있지 아니함으로 그가 지닌 슬픔과 절망을 진정시킬 기회를 놓치고 말았습니다. 부활의 주님을 만날 기회를 놓쳤단 말입니다. 죽음의 세상을 이기신 승리의 주님과 함께 이루어질 장래의 꿈을 놓치고 말았습니다.

도마는 결국 부활의 주님을 다른 제자들과 함께 만나지 못하는 불행한 자가 된 것입니다. 제자들과 함께 있지 아니함으로 부활의 소식을 듣고도 믿지 못하는 회의와 의심의 사람으로 낙인찍히는 불행을 겪게 된 것입니다.

합리적인 생각에 잡혀 있는 자들은 영적인 모임에 빠지기를 예사롭게 합니다. 자기 생각을 강하게 주장하는 사람은 언제나 독단적입니다. 그는 언제나 홀로 남기를 좋아합니다. 교회가 행하는 일을 못마땅하게 여깁니다. 하나님의 약속에 대하여 믿음으로 결정하는 것에 대하여 반발하여 공동체를 이탈해 버립니다.

교회는 하나님을 경험하는 신령한 공동체입니다. 하나님에 관한 신령한 지식과 내세의 영광에 대하여 큰 확신과 믿음을 굳히는 자리입니다. 그러기 위해서는 구원의 다른 경륜經綸을 배워야 신앙이 자랍니다. 나의 경험만으로는 하나님의 은혜를 풍성히 간직할 수 없습니다. 구원하시는 하나님의 깊고 오묘한 그리고 넓고 풍성한 간섭의 비밀을 아는 훈련이 필요합니다. 교회는 서로의 관계가 신령한 안목을 키워주는 영향 아래 있을 때 교회의 아름다음을 다하는 것입니다.

구원은 다른 구원의 경험을 함께 나누고 기뻐하는 훈련을 통하여 하나님의 사랑과 능력과 권능의 무한하심과 풍성하심을 경험하게 되고 이러한 하나님을 아는 지식을 가질 때 결과적으로 우리 자신이 누리고 소유하는 축복과 번성과 안식의 삶이 이루어지게 됩니다. 관계와 만남과 모임의 활동에 기꺼이 뛰어들 때 하나님의 영광을 만나게 됩니다.

25절, "다른 제자들이 그에게 이르되 우리가 주를 보았노라 하니 도마가 가로되 내가 그 손의 못 자국을 보며 내 손가락을 그 못 자국에 넣으며 내 손을 그 옆구리에 넣어보지 않고는 믿지 아니하겠노라 하니라."
제자들은 부활의 주님을 증거 하였습니다. 우리가 주님을 보았다. 내 눈으로 보았다, 만졌다, 만났다 하는 직접 경험한 자들의 감격과 기쁨의 간증이었습니다.
하지만 도마는 내가 그 손의 못 자국을 직접 확인하지 않고는 믿지 못하겠다는 것입니다. '나는 너희들의 말을 믿을 수가 없다' 라고 합니다. 왜 그렇습니까? 직접 듣지도, 보지도 못했다는 것입니다. 평소와 같은 도마다운 반응입니다.
여기서 눈여겨보아야 할 것은 무엇입니까? 모두가 다 경험을 중심으로 이야기하고 있다는 것입니다. 한편은 하나님을 보았다는 것이고 다른 한쪽은 나도 보아야 믿겠다는 것입니다.
그리고 여드레가 지났습니다. 제자들이 한 자리에 모였습니다. 이때 도마도 함께 있었습니다. 성경은 도마도 거기에 함께 있었다는 것을 강조하면서 여드레를 지나 제자들이 함께 모였다고 서술하고 있습니다.

26, 27절, "여드레를 지나서 제자들이 다시 집안에 있을 때에 도마도

함께 있고 문들이 닫혔는데 예수께서 오사 가운데 서서 가라사대 너희에게 평강이 있을지어다 하시고 도마에게 이르시되 네 손가락을 이리 내밀어 내 손을 보고 네 손을 내밀어 내 옆구리에 넣어보라 그리하고 믿음 없는 자가 되지 말고 믿는 자가 되라.”

예수님에게 있어서 도마는 놓치실 수 없는 중요한 인물임을 보여주시는 장면입니다. 비록 이탈자이기는 하지만 그래도 다른 제자들과 다름없는 동역자라는 것입니다. 도마의 의심을 말끔히 씻겨주시는 주님의 섬세한 배려를 읽을 수 있습니다.

주님이 직접 도마에게 손의 못 자국과 옆구리의 창 자국을 친히 보여주시면서 하신 말씀, “믿음 없는 자가 되지 말고 믿는 자가 되라”는 것이었습니다. 이때 도마의 고백은 아주 감동적입니다.

28절, “나의 주시며 나의 하나님이시니이다.”

주님이 우리에게도 받아내시고 싶은 고백입니다. “나의 주, 나의 하나님이시니이다.”, “나도 하나님을 사랑합니다.”

하나님은 나의 진심어린 항복을 받아내시기까지 우리의 믿음 없는 것까지도 이해하시고 미련함에도 오래 참으시며 우리를 간섭하십니다. 언제까지입니까? “나의 주, 나의 하나님이시니이다”라고 고백할 때까지입니다.

그리고 결론으로 주신 말씀입니다.

29절, “예수께서 가라사대 너는 나를 본고로 믿느냐 보지 못하고 믿는 자들은 복되도다 하시니라.”

기독교 신앙에서 오해되는 부분은 내가 하나님을 직접 경험하는 것을 바탕으로 신앙을 평가하려는 것입니다. 도마처럼 직접 보아야 하겠다는 것입니다. 성경에서 예수님이 부활하셨다는 것만큼 기적이 없습니다. 부활이 없다면 기독교 신앙이 성립되지 않는데 이 기적을 어떻게 믿느냐 하는 것입니다. 직접 보았느냐? 제자들처럼 본 경우에는 나는 보았다, 만났다고 확실한 입장에 설 수 있습니다. 그렇게 직접 본 사람들은 확실한 증거로써 객관적으로 입증이 되는 상황인데도 도마는 믿지를 못했습니다.

그런데 하물며 오늘 우리의 입장에서 부활의 주님을 어떻게 입증할 수 있겠습니까? 우리의 입장에서는 누가 하나님을 보여 달라고 달려들면 이것만큼 난관이 없습니다.

우리가 하나님을 믿을 수 있게 하려면 반드시 인간이 인식할 수 있는 기관인 이성이라는 것을 통과해야 합니다. 이성은 합리성입니다. 논리적입니다. 이해는 곧 수용력입니다. 납득하는 능력입니다. 납득이 되어야 감동하고 움직입니다. 말이 안 되면 마음이 움직이지 않습니다. 행동으로 옮기는 것은 더욱 불가능합니다.

자연만을 알고 있는 내가 초월한 하나님을 어떻게 이해할 수 있겠습니까? 합리성이라는 좁은 틀에 어떻게 창조주 하나님을 집어넣을 수 있습니까? 불가능합니다. 경험한다고 가능할까요? 직접 들으면 이해가 될까요? 하나님을 안 믿는 것은 직접 듣지 못하고 보지 못했기 때문입니까?

아무리 보고 들었어도 합리적으로 설명이 안 되면 받아들이지 않습니다. 하나님의 기적을 체험했다 하더라도 나의 이성으로 통과시키지 않는 것은 시간이 지남에 따라 서서히 사라집니다. 기적에 대한 감동은 있을지라도 합리적이지 않으면 확고한 지식으로 자리 잡지 않습니다.

제자들의 경우를 보면 알 수 있습니다. 오병이어로 기적의 하나님을 경험한 후에 하루도 못되어 풍랑을 만났을 때 비명을 지르면서 죽겠다고 소리쳤습니다. 예수님이 함께 계시는데도 법석을 떨었습니다. 이때 주님이 일어나시며 하신 말씀이, "믿음이 적은 자여 왜 의심하였느냐"(마 14:31)였습니다.

믿음이란 무엇입니까? 우리의 합리성을 훨씬 뛰어넘는 하나님을 수용하는 능력입니다. 이성으로 납득이 안 되는 것을 수용하게 하는 능력입니다. 이는 자연현상이 아닙니다. 그래서 성경은 믿음을 기적의 사건으로 설명합니다. 하나님이 주시는 은혜의 선물이라고 말입니다.

성경의 내용은 모두가 하나님이 친히 행하시는 일들입니다. 사건 자체가 초월한 것들입니다. 합리적인 사건이 없습니다.

기독교 신앙의 원리는 하나님이 행하신 일을 어떻게 나의 지식으로 소유하느냐, 그 분명한 지식을 기초로 하나님의 것을 어떻게 나의 삶에 활용하며 적용하느냐 하는 싸움입니다. 이성으로는 불가능하고 합리적인 사고방식으로는 설득할 수 없습니다. 설명이 안 되고 이야기가 안 되는 것을 성경은 단 하나의 방법, 믿음으로 하라고 합니다.

계시란 무엇입니까? 하나님이 어떻게 해주셔야 가능하다는 것을 내용으로 담고 있습니다. 하나님이 우리의 가슴을 열고 우리의 머리를 변화시켜서 이성으로는 수용이 안 되는 것을 하나님이 수용하도록 간섭하시는 것을 계시라 합니다. 계시의 주권이 하나님이십니다.

다른 종교는 모두가 다 내가 주체입니다. 내가 할 일이 있고 내가 이루고 싶은 일에 동원되는 초월한 신이 있어야 합니다. 거기에 나의 정성을 바치고 나의 진심을 다합니다. 그들의 신은 화액을 가져 올 가능성이 많기 때문에 주로 진사陳謝를 드립니다. 이를 학술용어로는 범신론이라 합니다. 그들은 어디까지나 내가 주인인 종교의 형태를 취합니다.

그러나 기독교는 시작이 하나님이시고 결론이 하나님이십니다. 하나님이 계획하시고 하나님이 이루십니다. 그 이루시는 일에 동원되는 인물이 있고 그 인물이 행하는 일을 돕는 여러 가지 환경과 협력관계가 필요에 따라 수반됩니다. 그렇게 복잡하고 미묘한 현실 속에서 하나님은 언제나 그의 자녀들에게 있어서 사랑이시며 긍휼에 풍성하십니다. 오래 참으시며 형통케 하시며 복을 내리시는 생사화복生死禍福의 주권자이십니다. 믿고 그를 의지하는 삶이 곧 신앙입니다.

우리의 생각의 구조도 도마와 같습니다. '하나님을 보았는가? 천국엘 가봤는가? 확인도 안하고 어떻게 믿을 수 있을까? 이러한 의심을 품고 믿고 있습니다. 도마의 수준이 우리의 수준입니다. 그러나 이러한 의심이 어떻게 깨어져 나갈까요? 우리의 이성의 벽을 허무는 방법은 기적입니다. 하나님이 일으키시는 기적을 직접 보게 함으로 드디어 우리의 입에서 '나의 주, 나의 하나님' 이라고 항복하게 됩니다.

도마의 의심을 말끔히 씻겨주시는 사랑의 배려하심을 보십시오. 27절에서 처럼 "나의 손자국과 옆구리의 창 자국을 만져보라" 직접 경험하게 하심으로 도마로 믿게 하셨습니다.

그러나 기억할 것은 본다고 다 믿는 것이 아니라는 것입니다. 어떻게 일일이 우리가 인식할 수 있는 방법으로 하나님을 확인시킬 수 있을까요? 내가 경험하는 하나님이 전부가 아닙니다. 누구든지 자기 경험만큼 인식합니다. 또한 그만큼 살아갑니다. 그러나 가장 불행한 사람은 자기만큼 살다가 생을 마치는 자입니다. 한 사람이 두 사람의 몫을 살 수 없습니다. 경험은 한계가 분명합니다. 자기 수준 만큼입니다.

성경은 하나님을 섬기며 하나님과 함께 사는 것이 얼마나 감격적이며 기쁨이며 소망인가 하는 것을 참으로 다양한 방향에서 설명하고 있습니다. 성령의 역사는 우리 한 사람이 열 사람 혹은 백 사람이 경험하고 감동한 하나님을 나의 하나님으로 감동하고 기뻐할 수 있는 장을 열어 주셨다는 말씀입니다. 성경에는 내가 경험한 사건들이 없습니다. 하나님의 일에 등용된 신앙의 사람들의 이야기를 가지고 마치 내가 경험한 것과 같은 감동으로 나의 이야기로 들려주십니다.

믿음의 선진들의 이야기 속에서 하나님의 넓고 다양한 그리고 깊고 풍성한 다스리심과 간섭을 배웁니다. 그 동일한 비밀을 가지고 하나님은 지금도 나를 다스리십니다. 마치 나의 경험한 것 이상으로 성경의 이야기 속에서 하나님에 대한 감동과 기쁨과 행복이 나의 가슴을 적십니다. 성경상의 인물들이 쏟아놓은 간증들은 한결같이 믿는 자의 행복과 영광이 세상의 것들과 비교할 수 없었다는 것이었습니다. 그토록 힘겨운 고난의 삶 속에서도 그들이 가진 행복을 세상이 가당치 못하였다는 것을 줄거리로 하여 성경이야기를 들려주고 있습니다.

● ● ● ● ● ● ● ● ●

오늘도 성령과 말씀이 나를 이끌어 성경이야기의 주인공으로 세우시는 간섭과 섭리 속에서 우리의 하루가 흥미진진하게 지나가는 감동을 놓칠 수 없습니다. 보지 못하고 믿는 자의 넓고 다양하고 깊고 오묘한 감동과 환희를 약속하시면서 내리신 결론이 무엇입니까?

이것이 주님이 내리신 결론입니다. 29절, "너는 나를 본고로 믿느냐? 보지 못하고 믿는 자들은 복되도다."

제 21장
새 시대, 새 역사 되시는 예수 그리스도

(요 21:1-17)

"그 후에 예수께서 디베랴 바다에서 또 제자들에게
자기를 나타내셨으니 나타내신 일이 이러하니라 시몬 베드로와
디두모라 하는 도마와 갈릴리 가나 사람 나다나엘과 세베대의 아들들과
또 다른 제자 둘이 함께 있더니 시몬 베드로가 나는 물고기 잡으러 가노라 하매
저희가 우리도 함께 가겠다 하고 나가서 배에 올랐으나 이 밤에 아무 것도 잡지 못하였더니
날이 새어갈 때에 예수께서 바닷가에 서셨으나 제자들이 예수신 줄 알지 못하는지라
예수께서 이르시되 얘들아 너희에게 고기가 있느냐 대답하되 없나이다 가라사대
그물을 배 오른편에 던지라 그리하면 얻으리라 하신대 이에 던졌더니
고기가 많아 그물을 들 수 없더라 예수의 사랑하시는 그 제자가 베드로에게 이르되
주시라 하니 시몬 베드로가 벗고 있다가 주라 하는 말을 듣고 겉옷을 두른 후에
바다로 뛰어 내리더라 다른 제자들은 육지에서 상거가 불과 한 오십 간쯤 되므로
작은 배를 타고 고기든 그물을 끌고 와서 육지에 올라보니 숯불이 있는데
그 위에 생선이 놓였고 떡도 있더라 예수께서 가라사대 지금 잡은 생선을 좀 가져오라
하신대 시몬 베드로가 올라가서 그물을 육지에 끌어 올리니
가득히 찬 큰 고기가 일백 쉰 세 마리라 이같이 많으나 그물이 찢어지지 아니하였더라
예수께서 가라사대 와서 조반을 믹으라 하시니 제지들이 주신 줄 아는 고로
당신이 누구냐 감히 묻는 자가 없더라 예수께서 가셔서 떡을 가져다가 저희에게 주시고
생선도 그와 같이 하시니라 이것은 예수께서 죽은자 가운데서 살아나신 후에
세 번째로 제자들에게 나타나신 것이라 저희가 조반 먹은 후에 예수께서 시몬 베드로에게
이르시되 요한의 아들 시몬아 네가 이 사람들보다 나를 더 사랑하느냐 하시니 가로되
주여 그러하외다 내가 주를 사랑하는 줄 주께서 아시나이다 가라사대 내 어린 양을 먹이라
하시고 또 두번째 가라사대 요한의 아들 시몬아 네가 나를 사랑하느냐 하시니 가로되
주여 그러하외다 내가 주를 사랑하는 줄 주께서 아시나이다 가라사대
내 양을 치라 하시고 세번째 가라사대 요한의 아들 시몬아 네가 나를 사랑하느냐 하시니
주께서 세번째 네가 나를 사랑하느냐 하시므로 베드로가 근심하여 가로되
주여 모든 것을 아시오매 내가 주를 사랑하는 줄을 주께서 아시나이다
예수께서 가라사대 내 양을 먹이라"

예수님의 지상 사역은 사실상 끝난 상태입니다. 죄인의 몸을 입고 오셔서 십자가에서 대속의 역사를 감당하시고 부활하심으로 인류를 구속하시는 사역은 종결된 상태입니다. 그럼에도 불구하고 부활하신 후에 다시 제자들에게 나타나셔서 부활체를 보이시면서 하나님의 나라의 일을 가르치셨습니다.

사도행전이 시작되는 초두에 누가는 예수께서 부활하신 후 승천하시기 전까지의 행적을 요약하여 하나님 나라의 일에 대하여 말씀하셨다고 합니다. 주님께서 평소에 가르치시고 행하시던 일이 계속되고 있음을 증명해주는 장면입니다.

사도행전의 기록은 주님의 평소 사역이던 하나님의 나라의 일들이 사도들을 통하여 어떻게 이루어갔느냐를 내용으로 소개하고 있습니다. 사도행전에서 보여주는 사도들의 모습은 하나님의 나라가 세워지는 역사에 있어서 예수께서 행하시던 일보다 오히려 더 웅장하고 경이롭습니다. 주님이 제자들에게 약속하신 대로였습니다.

> "내가 진실로 진실로 너희에게 이르노니 나를 믿는 자는 나의 하는 일을 저도 할 것이요 또한 이보다 큰 것도 하리니 이는 내가 아버지께로 감이니라"(요 14 : 12).

> "내가 너희에게 실상을 말하노니 내가 떠나가는 것이 너희에게 유익이라 내가 떠나가지 아니하면 보혜사가 너희에게로 오시지 아니할 것이요 가면 내가 그를 너희에게로 보내리니"(요 16 : 7).

보혜사 성령께서 오신 후 제자들은 마치 예수님의 권능이 그대로 이양된 것처럼 평소에 행하시던 모습보다 더 크고 놀랍도록 그리스도의 증인의 역할을 수행하였습니다.

그러나 아직은 우리가 보는 대로 요한복음 마지막 장에서는 사도행전에서의 제자들을 기대할 만한 약간의 희망도 없어 보이는 상태입니다.

본문의 시작은 제자들의 모습이 그리스도의 일을 이어받을 가능성이 없어 보이는 상태에서 주님께서 제자들에게 나타나셔서 마지막으로 하나님의 나라의 일을 맡기시는 장면을 보여주고 있습니다.

제자들의 상황은 베드로가 주인공으로 등장하면서 그는 다른 제자 여섯 명과 함께 갈릴리에서 고기잡이로 돌아간 상태입니다. 이때 다른 네 사람은 아직 여기 일곱 제자들과 합류하지 않은 것으로 보입니다. 마태복음 28장에 보면 열한 제자들이 모두 예수께서 명하시던 곳에 모이기로 되어 있었음을 감안해 볼 때 다른 제자들이 도착하기 전에 베드로가 앞장서서 이미 같이 있던 여섯 제자들과 함께 고기잡이를 하고 있었던 것으로 여겨집니다.

베드로가 고기잡이로 돌아간 이유가 무엇이었을까? 하는 것은 여러 추측을 가능케 하는 대목입니다. 일시적으로 먹을 것을 구하러 갔을 것이라는 것과 다른 할 일이 없어서라는 것과 아예 다 포기하고 옛 생업으로 돌아갔다는 것 등 추측을 낳게 하는 설명이 많습니다.

그 중에서도 베드로가 고기잡이로 돌아간 것이 주님께서 약속하신 사명과 관련이 있는 행동이었을 것이라는 추측이 다른 제자들과 달리 주목을 끄는 대목입니다. 베드로가 어부였던 것과 관련하여 앞으로 사람을 낚는 어부가 되어야 하는 사명에 있어서는 다른 제자들 보다 선봉에 선 입장이었습니다. 특히 예수님께서 베드로를 처음 부르실 때의 장면을 연결해보면 더욱 분명해집니다.

"갈릴리 해변에 다니시다가 두 형제 곧 베드로라 하는 시몬과 그 형제 안드레가 바다에 그물을 던지는 것을 보시니 저희는 어부라 말씀하시되 나를 따라 오너라 내가 너희로 사람을 낚는 어부가 되게 하리라 하시니 저희가 곧 그물을 버려두고 예수를 좇으니라"(마 4 : 18 - 20).

베드로가 제자로 부름을 받을 때가 고기잡이를 한창 하던 중이었습니다. 고기를 잡고 있던 중에 주님이 사람을 낚는 어부가 되게 할 것이라면서 제자로 삼으셨습니다. 누가복음에는 밤늦도록 얻은 것이 없을 때에 주님께서 오셔서 배 오른 편에 그물을 던지게 하여 그물이 찢어지도록 고기를 잡게 하신 후에 이제부터 네가 사람을 취하리라 하시면서 제자로 삼으셨습니다.

이때는 베드로의 직업이 어부였습니다. 생계를 위하여 갈릴리 바다에서 고기잡이하던 자였습니다. 사람을 낚는 어부가 될 것이라는 주님의 부르심에 그물도 버리고 부모까지 떠나 주님의 뒤를 좇는 제자가 된 것입니다. 베드로의 마음속에는 사람을 낚는 어부로서 자신을 잊지 않고 주님의 제자도를 다 했을 것으로 생각됩니다. 베드로는 다른 제자들과는 달리 언제나 주님의 곁을 떠나지 않고 주님이 위험에 처하시면 앞서서 지키고 보호하려는 뜨거운 고백과 의리를 진심으로 품고 다녔었습니다.

주님이 사람들로부터 오해되고 있는 상황에서 주님께서 너희는 나를 누구라 하느냐? 하실 때에 "주는 그리스도시요 살아계신 하나님의 아들이시니이다"(마 16:16)고 한 베드로의 고백을 들으시고 주님이 무척이나 기뻐하셨습니다. 주님은 그 고백을 교회의 터로 삼으시겠다고 하시면서 천국 열쇠를 주시기까지 하였던 제자였습니다. 그러던 그가 한때는 주님을 세 번이나 부인하였었고 주님의 부활을 직접 목격하고도 지금은 어부의 직업으로 돌아간 상태입니다. 베드로가 무엇 때문에 어부의 삶으로 돌아갔을까? 하는 것은 요한복음을 마무리 짓는 즈음에 가장 중대한 메시지가 됩니다.

베드로는 주님을 향한 그의 진심과 열정이 완전히 식어져서 주님을 등졌다고 볼 수는 없을 것입니다. 한때 세 번이나 부인하는 실수가 있었다할지라도 그는 나중에 주님이 예언하신 대로였음을 알고 자신의 무능함을 깨우치고 통곡하며 회개하였습니다. 부활하신 주님을 확인하는 열정에서도 처음 무덤 안으로 들어간 자는 베드로였습니다. 주의 그리스도이심을 믿는 신앙과 열정도 예전 그대로였음은 다른 제자들과 비교가 안 될 정도였습니다.

부활하신 예수님이 나타나셨을 때 베드로의 가슴에 지울 수 없는 것은 하나님의 나라의 일에 대한 사명이었을 것입니다. 또 부활하신 주님께서 가르치시고 분부하시는 말씀이 하나님 나라의 일을 맡기시려는 목적을 가지고 제자들을 확인시키시고 격려하시는 것이 주된 내용이었습니다.

부활하신 주님이 나타나실 때마다 베드로의 심령은 사람을 낚는 어부로서 부름 받은 사명에 대한 자신감에서 절망하고 있었음이 분명합니다. 신앙의 문제가 아니라 사명에 대하여 자신감을 잃고 있는 것입니다. 사명만은 피하고 싶은 심정이었을 것입니다. 베드로는 그가 가지고 있었던 사랑과 진심을 가지고는 주께서 분부하신 사람들을 낚을 수 없음을 경험하였었기 때문입니다. 아직도 주님을 사랑하는 마음 그대로이지만 주님이 남기시려는 일에는 자신할 수 없었습니다.

베드로는 그가 가지고 있던 열정과 신의로 주님을 지키려고 칼을 뽑아 들었던 사람이었습니다. 내가 죽는 데까지 같이 가겠다고 호언장담했던 수제자였습니다. 주님이 예루살렘에서 관원들에게 끌려가 고난을 받을 것이라 하셨을 때 절대로 이런 일이 주님에게 미치지 못할 것이라고 그의 사랑을 피력했던 제자였습니다. 이와 같은 그 자신의 신뢰가 주님이 끌려가시던 날 밤 한 소녀의 고발 앞에 무너져 내리고 말았습니다. 무너져 내리는 자신의 진심과 사랑의 고백이 원망스러웠을 것입니다.

실패와 좌절감에 쌓인 베드로가 다시 고기잡이로 돌아간 것이 이해가 되는 장면입니다. 그의 성격상 면목이 없는 처지에서 주님의 사명을 수행한다는 것은 가식이며 이중인격입니다. 베드로는 자신을 너무나 잘 아는 의협심이 강한 자존심의 사람이었습니다. 자신에 대하여 실망한 베드로가 고기잡이로 돌아간 것은 그에게 있어서 아주 자연스러운 행동이었을 것입니다.

베드로가 동료들과 함께 밤새도록 고기를 잡고 있는데 한 마리도 잡히지 않고 있었습니다. 이때 예수님께서 바닷가에서 서서 소리치셨습니다. "그물을 배 오른 편에 던져라" 하신 말씀대로 던졌더니 고기가 그물에 가득하게 잡혔습니다. 그때까지만 해도 제자들은 주님이신 줄을 몰라보았습니다.

베드로를 처음 제자로 부르실 때의 경우와 같은 환경이 연출된 것입니다. 고기를 잡지 못하고 있던 때에 주님의 말씀에 의지하여 배 오른 편에 던졌더니 그물이 찢어질 정도로 많은 고기를 잡게 되는 표적이 나타난 것입니다. 베드로를 각성케 하시려는 의도가 아닐 수 없는 사건입니다. 주님이 그렇게 만드신 환경이었습니다.

요한이 베드로에게 '주시다' 고 외칩니다. '주시다' 는 말을 듣자마자 베드로가 겉옷을 걸쳐 입고 바다로 뛰어내려 달려갔습니다. 베드로의 주를 향한 심정을 읽을 수 있는 장면입니다. 면목이 없는 처지에서 주님이 찾아오신 것은 감격이었을 것입니다. 그의 마음을 억누르고 있는 무거운 짐은 아직도 주님을 배반하였던 허물이었습니다. 후회와 탄식의 날들을 보내면서 동시에 주님을 향한 그리움이 사무치고 있었습니다.

때를 맞추어 예수께서 베드로를 찾아오신 것입니다. 베드로에게 교회를 맡기시려는 목적이 있는 방문입니다. 베드로의 심정을 이미 훤히 알고 계시는 분은 역시 주님이셨습니다. 주님 편에서 베드로의 심령에 자리하고 있는 사명을 불러일으키고 있습니다. 사명의 용기와 자신감을 불어넣으실 분은 주님밖에 없습니다. 주님이 그를 사람을 낚는 어부가 되도록 간섭하지 않는 한 베드로는 기쁨과 평화를 누릴 수 없습니다. 자신감을 잃고 절망하고 있는 자에게 주님이 찾아오셨습니다. 주님이 이제부터 베드로에게 교회를 감당할 만한 용기와 능력과 지혜를 갖추도록 하실 것입니다.

베드로가 육지에 올라와 보니 예수님은 벌써 조반을 준비하시고 먹으라고 권하십니다. 새벽에 아직 해가 돋기 전입니다. 숯불은 피어오르고 생선과 떡은 준비되어 있습니다. 마치 주님께서 잡히시던 날 밤과 같습니다. 그날 밤 새벽 무렵에 날이 추워 뜰에서 불을 쬐고 있었을 때 문지키는 여종이 베드로에게 너도 이 사람의 제자 중 한 사람이라고 고발하자 나는 아니라고 극구 부인하던 때와 같은 시점입니다. 어두움이 깔린 새벽 닭 울기에 적당한 시간에 주님이 해변에서 숯불을 피워놓고 제자들의 허기진 배를 채우시며 위로하시는 말씀, "와서 조반을 먹으라" 하십니다.

그리고 베드로에게 주님께서 의도적으로 던지는 질문입니다.
15절, "저희가 조반 먹은 후에 예수께서 시몬 베드로에게 이르시되 요한의 아들 시몬아 네가 이 사람들보다 나를 더 사랑하느냐 가로되 주여 그러하외다 내가 주를 사랑하는 줄 주께서 아시나이다 가라사대 내 어린 양을 먹이라."
이와 같은 질문이 무려 세 번이나 계속됩니다. 특히 세 번째 물으실 때에 베드로가 근심에 쌓였다고 묘사하고 있습니다. 주님의 질문에 사실 베드로의 입장에서는 유구무언일 수밖에 없습니다. 주님을 부인하였던 일을 생각하면 대답할 말이 없는 처지입니다. "네가 이 사람들보다 나를 더 사랑하느냐?" "주여 그렇습니다. 주님께서 더 잘 아십니다." 이러한 대화는 베드로에게는 고문과 같은 아픔이 아닐 수 없습니다. 입이 있어도 할 말이 없는 입장에서 내놓은 대답입니다.

우리는 여기서 원문에서 주님께서 던지신 질문에서 사랑이란 단어의 용도가 서로 다름을 짚고 넘어가야 합니다. 주님께서 베드로에게 나를 사랑하느냐고 물으실 때에 첫 번째와 두 번째에서 사용하신 단어는 최고의 사랑으로 표현하는 아가페의 사랑으로 물으셨습니다. "베드로야, 네가 나를 사랑하되 내가 너를 사랑한 것처럼 사랑하였느냐" 라는 뜻으로 물으신 것입니다. 아가페Agape의 사랑은 십자가에서 나타내신 하나님의 사랑입니다.

이때 베드로의 대답은 필레오Phileo의 사랑으로 대답하였습니다. 필레오의 사랑은 수평적 사랑으로 우정을 표현할 때 사용하는 단어입니다. 아가페의 사랑을 확인하는 질문에 최저급의 사랑인 우정으로 대답한 것은 베드로의 양심에서 우러나오는 대답일 것입니다. 만일 아가페의 사랑으로 사랑하였다면 베드로는 지금쯤 자복하고 주님을 기다리는 겸손한 태도로 사명을 준비하고 있었어야 할 것입니다. 그러나 지금은 옛 생업으로 돌아가 버린 상태입니다. 베드로는 최하위급 사랑을 고백하지 않을 수 없습니다.

세 번째 질문에서 베드로가 근심하였다는 것은 주님께서 던지신 질문에서 사용한 단어 때문이었습니다. 세 번째 사용하신 단어는 베드로가 그렇게 대답한 사랑인 필레오의 사랑으로 확인하고 있었기 때문입니다. 그렇다면 '베드로야 네 말처럼 우정으로라도 나를 사랑하였었느냐' 하는 것입니다. 베드로가 당연히 근심에 쌓일 수밖에 없습니다. 주님께서 다 아시고 계시기 때문입니다.

베드로의 양심은 적어도 그때만은 그의 진심이었고 주를 향한 열심 그대로였습니다. 인간으로서 갖는 모든 것을 다 동원하였지만 그것으로는 주님의 뒤를 따를 수 없었다는 것입니다. '모든 것을 주께서 다 아시나이다.' 나의 최선의 노력을 주님은 아시나이다. 그러나 그것의 힘으로는 주님의 일을 감당할 수 없음을 깨닫고 있습니다. 베드로는 드디어 자신의 힘을 의지하였던 것에서부터 주님이 주실 보다 큰 능력과 권능과 지혜를 기다릴 수밖에 없는 입장에 서게 됩니다. 주님이 주시는 능력 이외에는 다른 방도가 없음을 아는 순간입니다.

베드로는 주님께서 약속하신 성령의 권능을 기다리는 법을 배우게 된 것입니다. 한때 그를 괴롭히고 좌절감에 빠져 사명에 대하여 피하고 싶었던 억눌림에서부터 베드로는 마침내 평화와 자유를 얻게 됩니다.

● ● ● ● ● ● ● ● ● ●

우리는 지금 베드로의 좌절을 이기도록 간섭하시는 주님의 사랑을 다시 한 번 확인하는 대목을 만나고 있습니다. 자신의 한계를 알고 주님의 약속을 의지하는 법을 배워가는 베드로를 보십시오. 하나님은 지금 그를 사도행전의 위대한 역사를 이끌 지도자로 키우고 계십니다. 우리도 베드로 못지않게 삶을 사명으로 살도록 부름 받고 있음을 명심하고 분발하는 기회가 되어야 하겠습니다.

(요 21:18-23)

"내가 진실로 진실로 네게 이르노니 젊어서는 네가 스스로 띠 띠고 원하는 곳으로
다녔거니와 늙어서는 네 팔을 벌리리니 남이 네게 띠 띠우고 원치 아니하는 곳으로
데려가리라 이 말씀을 하심은 베드로가 어떠한 죽음으로 하나님께 영광을 돌릴 것을
가리키심이러라 이 말씀을 하시고 베드로에게 이르시되 나를 따르라 하시니 베드로가 돌이켜
예수의 사랑하시는 그 제자가 따르는 것을 보니 그는 만찬석에서 예수의 품에 의지하여
주여 주를 파는 자가 누구오니이까 묻던 자러라 이에 베드로가 그를 보고 예수께 여짜오되
주여 이 사람은 어떻게 되겠삽나이까 예수께서 가라사대 내가 올 때까지 그를 머물게 하고자
할지라도 네게 무슨 상관이냐 너는 나를 따르라 하시더라 이 말씀이 형제들에게 나가서
그 제자는 죽지 아니하겠다 하였으나 예수의 말씀은 그가 죽지 않겠다 하신 것이 아니라
내가 올 때까지 그를 머물게 하고자 할지라도 네게 무슨 상관이냐 하신 것이러라"

요한복음 강해가 끝나는 지점입니다. 요한복음 21장은 예수님의 사역이 끝을 맺고 사도행전의 역사를 열기 전에 일어난 일을 소개하는 장입니다. 사도행전의 역사가 문을 열기 전에 예수께서 제자들을 마지막으로 확인시키시고 격려하시는 장면이 감동적으로 진행되고 있습니다. 그리스도의 가르치시고 행하시던 하나님 나라의 일을 영광과 자랑으로 감당할 교회시대의 주역들을 준비시키시는 주님의 사랑의 능력과 지혜가 나타나는 모습이 역력해지는 장면입니다.

예수님은 베드로를 지목하여 만나시고 그의 지난날의 실수와 허물을 덮으시는 사랑을 보여주셨습니다. 인간적인 좌절감에 허덕이고 있던 베

드로가 마침내 자신의 사명에 대하여 눈을 뜨게 됩니다. 베드로는 자신의 힘에 의존하여 주님을 따르려 했던 지난날의 어리석음을 깨닫고 주님께서 보내실 성령의 능력과 권능을 기다릴 수밖에 없음을 알게 됩니다.

요한복음의 역사가 끝나면 곧바로 사도행전의 웅장하고 영광스러운 교회시대가 막을 열게 될 것입니다. 주님은 아직도 지도자를 잃은 상실과 평소에 자신에게 걸고 있던 꿈과 기대를 놓쳐버린 허탈감으로 방황하고 있는 제자들에게 자신의 일을 계속 이어갈 사명을 분부하시고 떠날 참입니다. 그리스도의 속죄사역은 완성되었습니다. 이는 제자들의 협력이나 도움으로는 이루어질 수 없었던 그리스도의 단독사역이었습니다. 아버지와 아들 사이에서 완성할 영원한 구속의 언약이었습니다. 아들로서 그리스도는 그 사명을 다 이루시고 곧 세상을 떠나 하늘의 보좌로 올라가시게 될 것입니다.

이 땅에는 연약하고 방황하는 제자들만 남아 있는 가련한 상황입니다. 곧 사도행전의 웅장한 역사가 열릴 것인데 요한복음 마지막은 제자들의 나약하고 좌절에 빠진 못난 모습이 그려져 있습니다. 다른 복음서의 마지막 장식은 기쁨과 승리가 풍성하게 약속되어 있어서 제자들의 헌신과 도약이 불타오르는 분위기입니다. 마치 엔진을 벌겋게 달궈 놓은 채 발진명령을 기다리는 전투기와 같은 모습입니다. 곧 복음증거의 막을 여는 감흥과 호기심으로 가득한 느낌을 주고 있습니다. 특히 마가복음은 그 열기가 달아오르고 있습니다.

"또 가라사대 너희는 온 천하에 다니며 만민에게 복음을 전파하라 믿고 세례를 받는 사람은 구원을 얻을 것이요 믿지 아니하는 사람은 정죄를 받으리라 믿는 자들에게는 이런 표적이 따르리니 곧 저희가 내 이름으로 귀신을 쫓아내며 새 방언을 말하며 뱀을 집으며 무슨 독을 마실지라도 해를 받지 아니하며 병든 사람에게 손을 얹은즉 나으리라 하시더라"(막 16 : 15 - 18).

그러나 요한복음서는 제자들의 실망과 허탈감으로 대미를 장식하고 있습니다. 그렇게 침체된 상황에 부활하신 주님이 오셔서 앞으로 다가올 교회의 역사를 맡기시려 합니다. "요한의 아들 시몬아 네가 이 사람들보다 나를 더 사랑하느냐 그러하외다 내가 주를 사랑하는 줄 주께서 아시나이다 가라사대 내 양을 먹이라." 세 번이나 반복되는 대화 가운데 베드로는 자기 자신의 어리석음을 깨닫게 됩니다.

"내 양을 먹이라", "내 양을 치라"고 분부하시는 주님의 뜻을 헤아리는 순간입니다. 자신의 힘으로는 안 되는 사역임을 깨닫습니다. 주님께서 맡기시는 목양사역은 주님의 뜻으로라야 합당하다는 것을 강조하시는 대목입니다. 양은 나의 양이 아닙니다. 주님의 양입니다. 소유권이 내게 있지 아니합니다. 하나님께서 맡기신 것을 돌보고 양육하는 일을 충성을 다하여 이룩할 뿐입니다. 양을 먹이는 양식도, 공급하는 방법과 응용재료도 다 하나님으로부터 내려오는 것이라야 합니다. 이제까지 주님께서 제자들을 돌보고 양육하셨듯이 하나님의 신성으로 이루어야 하나님 나라의 일입니다.

이제까지 베드로가 한 일은 자기에게서 나오는 힘으로 행한 일이었고 그 결과 이토록 좌절감에 빠져 허우적거리고 있는 것입니다. 이러한 자신을 미리 아시고 자신을 찾아오신 주님을 뵈었을 때의 감격과 기쁨은 베드로만이 아는 비밀입니다. 베드로는 자신의 것을 다 버리고 오직 주님이 약속하신 성령을 기다리며 사도의 길을 가야 할 때가 왔음을 깨닫습니다.

주님께서 찾아오심으로 회복된 평화와 자유 그리고 새로운 시대로 진입하는 하나님의 계획에 대한 환상과 꿈을 동시에 갖게 됩니다. 베드로 자신은 지금 당장 그리스도의 복음을 위하여 순교의 자리까지 가기에는 힘이 없는 상태입니다. 그럼에도 불구하고 주님은 베드로의 순교를 예언하십니다.

18, 19절, "내가 진실로 진실로 네게 이르노니 젊어서는 네가 스스로

띠 띠고 원하는 곳으로 다녔거니와 늙어서는 네 팔을 벌리리니 남이 네게 띠 띠우고 원치 아니하는 곳으로 데려가리라 이 말씀을 하심은 베드로가 어떠한 죽음으로 하나님께 영광을 돌릴 것을 가리키심이러라 이 말씀을 하시고 베드로에게 이르시되 나를 따르라 하시니"

주님은 베드로의 실패를 인정하게 하신 후, 이제 후로는 내 양을 먹이고 치는 목양사역은 전적으로 나의 방법으로 이루어야 함을 가르치셨습니다. 주님께서 가르치시던 목양사역의 방법은 무엇이었습니까? 나를 따르라는 것입니다. 나를 따라 오려거든 자기를 부인하고 자기 십자가를 지고 나를 좇을 것이라고 몇 번이나 권면하셨습니다. 베드로에게 다시 상기시키시는 말씀입니다.

베드로의 삶은 더 이상 자신의 의사대로 살 수 없습니다. 그가 대사도의 사명을 받은 이상 자신을 의지하였던 지난날을 청산하지 않으면 안 되는 부르심에 임하고 있는 것입니다. 베드로는 오히려 주님의 분부하심이 비록 순교의 자리일지라도 감격을 억누를 수가 없었을 법합니다. 사람을 낚는 어부의 역할에 대한 부담으로 한 때 고기잡이로 돌아간 자의 좌절과 허탈의 상황에서 주를 위한 순교의 기회가 예견되는 자리는 오히려 새로운 용기와 담대함을 회복하는 순간이 아닐 수 없습니다. 그러나 그는 아직도 대사도의 온전한 수준에는 미치지 못하고 있습니다.

순교에 대한 베드로의 반응이 적나라하게 나타나는 대목입니다.

20, 21절, "베드로가 돌이켜 예수의 사랑하시는 그 제자가 따르는 것을 보니 그는 만찬석에서 예수의 품에 의지하여 주여 주를 파는 자가 누구오니이까 묻던 자러라 이에 베드로가 그를 보고 예수께 여짜오되 주여 이 사람은 어떻게 되겠삽나이까."

베드로는 요한과 비교하여 자신을 계산하는 상대적 신앙관을 벗어나지 못하고 있습니다. 신앙을 남과 비교하여 자신의 것을 결정하고자 하는 이기심은 예나 오늘이나 신앙의 약점이 아닐 수 없습니다. 신앙은 나와 하나님과의 영적이며 절대적인 관계에서 이루어지는 은혜와 사랑의 상태로 평가됩니다.

우리 주변에는 남의 눈을 의식하다가 하나님과의 관계가 소원해지는 경우를 흔히 보게 됩니다. 어떤 분은 자신을 하나님과 연결하여 신앙의 유익을 도모해야 하는 순간에 남의 것을 가지고 자기의 것인 양 자랑하며 살다가 실패하는 경우가 의외로 많음은 교계의 불행입니다.

어느 유명한 교회를 다니는 것으로 자신의 신앙을 치장하는 그릇된 신앙을 자주 봅니다. 내가 다니는 목사가 유명하다는 것은 약간의 유익이 있을 수 있으나 그 목사의 것이 자기의 수준일 수는 없습니다. 하나님 나라의 것을 얼마나 힘 있게 차지하고 하늘에 약속된 면류관을 받아 쓰는 일에 있어서 장본인은 어디까지나 자기 자신입니다. 다른 사람이 대신 쓰게 할 수는 없는 것입니다.

신앙은 다른 사람과의 관계에서 좌우되는 것이 아닙니다. 교회라는 이름으로 만나는 다양한 관계를 가지고 내가 결과적으로 어떻게 하나님과 적극적으로 만나느냐하는 것이 주된 관건입니다. 다른 사람과의 관계로 실족할 이유가 없습니다. 내가 지금 누구와 깊게 교제하며 누구에게 속해 있느냐의 대답으로 우리 주 예수 그리스도와 그의 보내신 자 하나님이시라고 대답할 수 있어야 할 것입니다.

성경은 우리에게 위로 하나님을 사랑하는 수준을 우리의 이웃을 사랑하는 것과 정비례하여 평가하고 있습니다. 하나님을 사랑하듯이 이웃을 사랑하라고 명하고 있습니다. 남을 나보다 귀하게 여기고 대접하기를 즐겨하고 서로 비방하지 말고 용서하되 일곱 번씩 일흔 번을 하라고 권면하고 있습니다. 교회생활에서 우리가 감당해야 할 책임과 의무는 우리를 피곤하게 할 정도로 많습니다.

신앙생활에서 우리는 마땅히 섬김과 봉사와 구제와 전도와 선교와 각종모임과 기도와 예배 등 교회의 요구에 순종하는 사람으로 양육되어야 합니다. 이러한 활동을 통하여 결과적으로 우리 개인이 도달하는 곳은 나와 하나님과의 관계를 더욱 영적, 인격적으로 깊고 풍성하도록 하여 하나님의 나라를 경험하게 하는 것입니다. 사랑과 섬김을 왜 기필코 이루어가야 합니까? 결국 하나님과 나 자신의 영적 만남과 교제를 더욱 넘치도록 누리게 함에 이르는 길이기 때문입니다.

베드로에게 마지막으로 분부하신 말씀입니다.

22절, "예수께서 가라사대 내가 올 때까지 그를 머물게 하고자 할지라도 네게 무슨 상관이냐 너는 나를 따르라 하시더라."

아직도 베드로를 위시爲始하여 제자들은 주님께서 알고 계시는 사도행전의 웅장하고 영광스러운 교회역사를 맡길만한 꿈이나 힘이 생겨난 상태는 아닙니다. 예수님은 그의 인간으로 오셔서 수행해야 할 사명은 다 이루셨습니다. 십자가에 죽었다가 삼일 만에 다시 살아 나셔서 부활의 몸을 제자들에게 보이시고 하나님의 나라의 일을 가르치시고 그 나라의 사명을 일깨워주시는 일까지 주님이 하실 수 있는 모든 가능성을 다 동원하여 행하셨습니다.

그러나 제자들은 주님의 행하시고 가르치시던 일을 계속하여 이루어가기에는 아직도 미완성된 상태입니다. 미완성의 상태 그대로 두고 주님은 제자들을 떠나실 것입니다. 주님은 승천하신 후 아버지와 아들의 이름으로 보내실 성령이 제자들에게 임하시면 제자들이 큰 권능을 받을 것이며 그 때에야 평소에 가르치시던 복음의 말씀과 행하시던 표적들이 나타날 것이며 제자들이 가는 곳마다 하나님 나라의 역사를 온 민족에게 전할 교회들이 세워질 것을 아시고 떠나실 것입니다.

신앙은 결국 내가 하나님 나라의 일에 참여하여 나의 구원을 스스로 완성하는 길입니다. 하나님 나라의 일을 맡기신 유일한 만남과 장소는 교회입니다. 교회생활은 남의 눈에 잘 보이게 하는 온갖 좋은 형식들로 치장하는 행위가 아닙니다. 남과 비교하여 나의 섬김과 희생의 봉사 정도를 책정하는 타인과의 싸움이 아닙니다.

아무리 유명한 지도자가 이끌고 프로그램이 훌륭하다 하여도 그것으로 나의 신앙을 장식하여 자랑 할 수 없습니다. 내가 들어가야 할 천국에는 나를 위한 상급이 따로 마련되어 있을 뿐입니다. 천국의 사명을 불태워야 할 장본인은 내 자신이지 남일 수가 없습니다. 내가 기도하고 내가 전도하고 내가 선교하고 내가 섬기고 봉사하고 구제하는 것이지 남이 나의 몫을 대신할 수 없습니다. 천국은 있는 그대로의 상태를 가지고 평가하는 것이지 남의 것을 가지고 들어갈 수 없는 곳입니다.

베드로는 복음사역의 사명에 부름 받은 자들의 선봉에 선 자임과 동시에 자신의 힘으로 이루려다가 실패한자를 대표하는 인물입니다. 우리가 들어온 땅은 이미 하나님 나라의 영역입니다. 그 나라의 일을 중심으로 사고하고 활동하고 만나고 교제하는 신령한 싸움에 붙여져 있습니다.

하나님은 지금도 우리의 나약함과 부족함을 아시고 여러 가지 방법을 통해 우리 자신의 사명을 불러일으키시고 계십니다. 그래도 우리를 구원하시기 위하여 십자가에 오르신 분은 예수 그리스도이십니다. 그렇게 구원하신 이상 우리 자신의 나약함과 어리석음도 필요하여 잠시 허락하신 은혜의 순간들일 뿐이지, 낙망하여 세상으로 돌아갈 일은 아닙니다. 그 실패와 좌절감에 빠져 고기잡이로 돌아가 버린 베드로를 찾아가신 분은 역시 우리 주님이셨습니다.

교회의 일에 멀어지면 베드로처럼 좌절과 갈등에 시달리게 됩니다. 교회의 사역이 목양사역이 중심이 되는 것임을 알았다면 이는 자신의 힘으로 이룰 수 없는 일임을 확인하는 것부터 깨우쳐야 할 것입니다. 그리고 교회의 일에 있어서 한두 번 실수로 좌절할 이유가 없습니다. 우리

앞에 아직까지도 거대한 사도행전의 역사는 그대로 문을 열고 기다리고 있음을 잊지 마시기 바랍니다.

22절, "예수께서 가라사대 내가 올 때까지 그를 머물게 하고자 할지라도 네게 무슨 상관이냐 너는 나를 따르라 하시더라."

베드로와 요한은 같지 않습니다. 각기 달리 해야 할 일이 있고 천국에서 받을 상급이 따로 있습니다. 하나님의 부르심에는 후회함이 없을 뿐 아니라 우리가 감히 헤아릴 수 없는 하나님의 깊으신 지혜가 찬란하여 이에 감탄할 뿐입니다. 여기까지 온 우리의 걸음이 각기 다릅니다. 어떤 이는 어릴 때부터 모태신앙으로 잘 훈련되어 이 자리에서 목사의 직분을 맡는 경우도 있고 장로의 직분을 감당한 사람도 있습니다. 어떤 사람은 사업에 실패하고 돌아온 사람도 있고 저녁노을의 쓸쓸한 풍경에 끌려 창조주 하나님을 만난 자도 있고 또 어떤 이는 너무 행복해서 하나님을 만난 사람도 있습니다.

● ● ● ● ● ● ● ● ● ●

하나님의 지혜의 부르심이 다양하다는 것은 그만큼 풍성하다는 뜻입니다. 사도들을 부르신 하나님께서 오늘 우리들도 그의 지혜의 아름다움을 다하여 부르셨습니다. 우리 서로 각기 다른 모습일지라도 하나님의 역사를 맡아 일하는 한, 동일한 가치로 영광스럽게 초대되어 있음을 확인하는 은혜가 넘치기를 바랍니다.

우리의 기도는 오직 부르심에 대한 감사와 나를 완성하시려는 간섭이 있는 곳에서 나를 벗어던지고 주님의 것으로 채워달라고 엎드려야 할 것입니다.

"더 크고 놀라운 성령의 권능을 입혀주옵소서." 아멘.